Kohlhammer

Die Herausgebenden

Joachim Köhler ist wissenschaftlicher Mitarbeiter am Lehrstuhl für Sonderpädagogik und Inklusion an der Universität Greifswald, Trainer für Multifamilienarbeit, vormals Sozialarbeiter, Forschungsschwerpunkt Familienklassenzimmer in Mecklenburg-Vorpommern.

Dr. Lena Varuna Wuntke ist wissenschaftliche Mitarbeiterin am Lehrstuhl für Sonderpädagogik und Inklusion an der Universität Greifswald, vormals Sekundar- und Grundschullehrerin für Deutsch, Englisch und Deutsch als Fremdsprache, Forschungsschwerpunkt Konzeption und Evaluation inklusiven Unterrichts im Bereich der emotional-sozialen Entwicklung.

Dr. Yvonne Blumenthal ist wissenschaftliche Mitarbeiterin für die Studienfächer Grundschulpädagogik und Sachunterricht am Institut für Grundschulpädagogik der Universität Rostock, vormals sonderpädagogische Lehrkraft, Forschungsschwerpunkte u. a. Soziale Integration in der Schule – Diagnostik, Prävention und Intervention.

Prof. Dr. Kathrin Mahlau ist Professorin am Lehrstuhl Erziehungswissenschaft/Sonderpädagogik und Inklusion in den Förderschwerpunkten Lernen, Sprache und sozial-emotionale Entwicklung an der Universität Greifswald, vormals Sonderpädagogin, Forschungsschwerpunkt.

Joachim Köhler,
Lena Varuna Wuntke,
Yvonne Blumenthal,
Kathrin Mahlau (Hrsg.)

Familienklasse

Ein Inklusionskonzept bei Schwierigkeiten
im Lernen und Verhalten

Verlag W. Kohlhammer

Dieses Werk einschließlich aller seiner Teile ist urheberrechtlich geschützt. Jede Verwendung außerhalb der engen Grenzen des Urheberrechts ist ohne Zustimmung des Verlags unzulässig und strafbar. Das gilt insbesondere für Vervielfältigungen, Übersetzungen, Mikroverfilmungen und für die Einspeicherung und Verarbeitung in elektronischen Systemen.

Die Wiedergabe von Warenbezeichnungen, Handelsnamen und sonstigen Kennzeichen in diesem Buch berechtigt nicht zu der Annahme, dass diese von jedermann frei benutzt werden dürfen. Vielmehr kann es sich auch dann um eingetragene Warenzeichen oder sonstige geschützte Kennzeichen handeln, wenn sie nicht eigens als solche gekennzeichnet sind.

Es konnten nicht alle Rechtsinhaber von Abbildungen ermittelt werden. Sollte dem Verlag gegenüber der Nachweis der Rechtsinhaberschaft geführt werden, wird das branchenübliche Honorar nachträglich gezahlt.

Dieses Werk enthält Hinweise/Links zu externen Websites Dritter, auf deren Inhalt der Verlag keinen Einfluss hat und die der Haftung der jeweiligen Seitenanbieter oder -betreiber unterliegen. Zum Zeitpunkt der Verlinkung wurden die externen Websites auf mögliche Rechtsverstöße überprüft und dabei keine Rechtsverletzung festgestellt. Ohne konkrete Hinweise auf eine solche Rechtsverletzung ist eine permanente inhaltliche Kontrolle der verlinkten Seiten nicht zumutbar. Sollten jedoch Rechtsverletzungen bekannt werden, werden die betroffenen externen Links soweit möglich unverzüglich entfernt.

1. Auflage 2025

Alle Rechte vorbehalten
© W. Kohlhammer GmbH, Stuttgart
Gesamtherstellung: W. Kohlhammer GmbH, Heßbrühlstr. 69, 70565 Stuttgart
produktsicherheit@kohlhammer.de

Print:
ISBN 978-3-17-043642-8

E-Book-Formate:
pdf: ISBN 978-3-17-043643-5
epub: ISBN 978-3-17-043644-2

Inhalt

1	**Einleitung**	7
2	**Grundlagen von Multifamiliensettings**	10
	2.1 Besondere Schüler*innen .... *Kathrin Mahlau*	10
	2.2 Entstehungsgeschichte von Multifamiliensettings und Familienklassen .... *Yvonne Blumenthal*	14
	2.3 Ziele, Prinzipien, Methoden und Strukturen der Familienklasse .... *Lena Varuna Wuntke*	18
3	**Die Umsetzung der Familienklasse in Deutschland**	24
	3.1 Verbreitung in Deutschland .... *Nico Ernst*	24
	3.2 Die Umsetzung der Familienklasse in Hamburg .... *Kristina Gauding*	30
	3.3 Familienklassenzimmer – Das Dresdner Modell für Grundschulen .... *Maud Rix, Antje Gehrke, Friederike Martin, Lars Junghahn & Lisa Schürmann*	33
	3.4 Die Entwicklung der Familienklassen in Hessen seit 2010 ... *Christian Scharfe*	38
	3.5 FiSch – Familie in Schule© – Multifamiliencoaching in der Schule aus Schleswig-Holstein .... *Thomas Pletsch & Ulrike Behme-Matthiessen*	47
	3.6 Familienklassenzimmer in Mecklenburg-Vorpommern ...... *Selma-Maria Behrndt & Bärbel Brandenburg*	57
	3.7 Modelle der Familienschule in Deutschland – Freiwilligkeit vs. Zwangskontext im städtischen und ländlichen Raum .... *Nicole Schui & Sylvia Beuth*	63
4	**Stimmen aus der Praxis**	73
	4.1 »Hoffnung auf Akzeptanz systemischer Grundhaltung«	73
	4.2 »Die Herkunft tritt schnell in den Hintergrund«	85
	4.3 »In den Rollen klar bleiben«	92

	4.4	»Eltern erleben das Bemühen ihrer Kinder«	108
	4.5	»Das Gefühl von Stabilität«	115

5 Wissenschaftliche Untersuchungen **125**
Lena Varuna Wuntke & Joachim Köhler
	5.1	Multifamilienarbeit im klinischen Bereich	125
	5.2	Multifamilienarbeit im pädagogischen Bereich	126
	5.3	Ausblicke für Wissenschaft und Forschung	129

6 Resümee **133**
Joachim Köhler, Lena Varuna Wuntke, Yvonne Blumenthal & Kathrin Mahlau
Empfehlungen für die nachhaltige Etablierung von
Multifamilienarbeit im Bildungsbereich 135

Abbildungs- und Tabellenverzeichnis **139**

Literaturverzeichnis **140**

1 Einleitung

Wertschätzung und Anerkennung von Diversität nimmt in der Pädagogik einen immer höheren Stellenwert ein – und man darf sagen: zum Glück! Mit dem Gedanken der Inklusion rückt im Bereich der Schule der Bedarf nach Konzepten in den Vordergrund, die den verschiedenen Voraussetzungen und der Vielfalt von Schüler*innen gerecht werden. Da individuelle Förderung und ganzheitliche Bildung zunehmend an Relevanz gewinnen, präsentiert sich die Familienklasse hierbei als ein herausragendes Modell zu deren Umsetzung. Es gestaltet nicht nur die Lernreise der teilnehmenden Schüler*innen, sondern beeinflusst auch nachhaltig das soziale Gefüge ihrer Familien. Das Konzept, geprägt von einem präventiven Ansatz zur Förderung sozialer und emotionaler Kompetenzen, eröffnet eine Brücke zu inklusiver Bildung, die über bloße schulische Leistungen hinausgeht.

Im Mittelpunkt steht die Überzeugung, dass Bildung und Erziehung nicht nur in den Klassenzimmern entstehen, sondern auch durch die partnerschaftliche Zusammenarbeit von Lehrer*innen, Schüler*innen und ihren Familien gestaltet wird. Die Familienklasse repräsentiert nicht nur eine Veränderung im Bildungswesen, sondern eine neue Haltung, die die Grundlagen der Inklusion stärkt und einen neuen Maßstab für eine ganzheitliche und integrative Bildung setzt.

Ausgangspunkt der Familienklasse ist es, »besonderen« Schüler*innen (► Kap. 2.1) Unterstützung und Förderung zukommen zu lassen. Dies geschieht durch den Einbezug der Familien in den Prozess, wodurch der Fokus nicht mehr nur klassisch auf den Schüler*innen liegt, sondern das Umfeld in den Mittelpunkt rückt. Dies meint letztendlich nicht nur die Familie, sondern auch die Lehrkräfte und die Schule als Ganzes. In Deutschland wird das Konzept mittlerweile seit über zehn Jahren in verschiedenen Bundesländern angewendet und erfreut sich zunehmender Beliebtheit. Dieser große Erfolg zeigt, dass Pädagog*innen bundesweit nicht nur große Hoffnung in die Familienklasse setzen, sondern darüber hinaus eine Ergänzung und Veränderung im Schulwesen im Sinne der bereits ein- und durchgeführten Inklusion als notwendig erachten und bereit sind, mit viel Energie, Kreativität und vor allem viel Einsatzbereitschaft diese Änderung anzugehen.

Hierbei ist der systemische Gedanke zentral: Es sind nicht nur Lehrer*innen und Schüler*innen, die miteinander interagieren, sondern es muss das jeweilige Umfeld mitgedacht werden. Die Schüler*innen sind als Kinder grundlegend eingebunden in ihren familiären Kontext und gerade in jungen Jahren sind die Eltern ihre vorrangigen Bezugspersonen. Häufig tritt herausforderndes Verhalten nicht nur in der Schule, sondern auch im Elternhaus auf und stellt alle Beteiligten vor die schwierige Aufgabe, damit umzugehen. Mit dem Konzept der Familienklasse wird es ermöglicht, dass Kinder, Eltern und Lehrer*innen gemeinsam eine Lösung für diese

Aufgabe finden. Damit dies gelingt, werden Kinder zusammen mit jeweils einem Familienmitglied mit anderen Kindern und deren Familien, die ähnliche Problemlagen aufweisen, in Kontakt gebracht. Häufig können Familien, die Schwierigkeiten in der Erziehung ihrer Kinder erleben, andere Familien beratend unterstützen. Die damit einhergehende Erfahrung der Selbstwirksamkeit, aber auch der Solidarität untereinander schafft ein neues Selbstbewusstsein sowohl auf der Seite der Kinder als auch der der Eltern. Für die Coach*innen innerhalb der Familienklassen, die selbst Pädagog*innen sind, bedeutet dies, die klassischen, oft hierarchisch geprägten Rollen aufzugeben und sich auf Augenhöhe mit allen Beteiligten zu begeben. Für die Erziehung und das Wohlbefinden des Kindes sind nicht sie die Expert*innen, sondern die Eltern. Eine Haltung, die den wechselseitigen Respekt auf Seiten aller Beteiligten fördert.

Im vorliegenden Buch wird ein Überblick über die Umsetzung der Familienklasse in Deutschland gegeben. Die Familienklasse ist ein Konzept, dass nicht nur unter verschiedenen Namen umgesetzt wird, sondern auch unterschiedliche Ausrichtungen erfahren hat. Daher wird der Versuch unternommen, einen umfassenden Überblick über die Konzepte in Deutschland und ihre jeweiligen Realisierungen, aber auch über Stolpersteine und Hürden zu geben, die eine Implementierung an den Schulen mit sich bringen kann. Um eine realistische und lebendige Perspektive zu gewährleisten, kommen maßgeblich Praktiker*innen zu Wort, die die vielen Konzepte, die unter dem großen Namen »Familienklasse« zusammengefasst werden können, umsetzen. Das Buch richtet sich somit an alle Interessierten sowie aktiven Akteur*innen, die sich derzeit schon mit dem Konzept der Familienklasse befassen. Es soll als Inspirationsquelle und Nachschlagewerk dienen und Lust darauf machen, Neues in der Familienklasse auszuprobieren oder das Konzept selbst zur Anwendung zu bringen.

Im Eröffnungskapitel erfolgt eine umfassende Einführung in das Konzept der Familienklasse (▶ Kap. 2). Dabei werden zunächst Schüler*innen betrachtet, für die die Familienklasse in besonderem Maße konzipiert wurde. Anschließend wird ein Überblick über die Entwicklungsphasen dieses Konzepts gegeben. Zum Abschluss werden die zentralen Prinzipien, Strukturen und Methoden beleuchtet, nach denen das Konzept in der Praxis umgesetzt wird.

Das folgende Kapitel führt umfänglich in die einzelnen Konzepte und deren Umsetzung in Deutschland ein (▶ Kap. 3). *Nico Ernst*, Leiter der Geschäftsstelle der Landesarbeitsgemeinschaft der Werkstätten für behinderte Menschen und berufliche Teilhabe in Mecklenburg-Vorpommern e. V., befasst sich mit einer Übersicht zur Familienklasse und ihren jeweiligen Konzeptionen in ganz Deutschland. Für den In Via Hamburg e. V. beschreibt *Kristina Gauding*, wie die Familienklasse in Hamburg Anwendung findet. *Maud Rix, Antje Gehrke, Friederike Martin, Lars Junghahn* und *Lisa Schürmann* berichten von der Kinder- und Jugendhilfe Dresden drefugio und dem dort praktizierten Modell des Familienklassenzimmers. *Christian Scharfe*, Leiter des familienorientierten Bereichs des Albert-Schweitzer-Kinderdorfes in Wetzlar, beschreibt die Umsetzung der Familienklasse in Hessen. Das Konzept »Familie in Schule – FiSch« wird vorgestellt von *Thomas Pletsch* und *Ulrike Behme-Matthiessen*, systemische Ausbilder*innen und Leiter*innen des Instituts für Weiterbildung und Entwicklung in Schleswig (IWES). *Selma-Maria Behrndt* und *Bärbel Brandenburg*, die maßgeblich am Aufbau und der Koordination in Mecklenburg-Vorpommern beteiligt waren und sind, stellen das dortige Familienklassenzimmer vor. Die Familienschule, eine besondere Form der Familienklasse, da sie auch in Zwangskontexten angewandt wird, besprechen *Nicole Schui* und *Sylvia Beuth*, beide langjährige Coach*innen in diesem Format.

Erfahrungen und Einschätzungen aus der Praxis kommen im vierten Kapitel zur Geltung (▶ Kap. 4). Hier berichten Praktiker*innen von ihren Erlebnissen innerhalb des Formats, von Herausforderungen und Möglichkeiten zu deren Überwindung sowie von den schönen und erfolgreichen Momenten der Arbeit in der Familienklasse an der Schule. Die zu diesem Zweck geführten Interviews geben die zentralen Eindrücke der Interviewpartner*innen wieder. Zu Beginn berichten *Selma-Maria Behrndt* und *Bärbel Brandenburg* über die Entstehung und Implementierung des Familienklassenzimmers in Mecklenburg-Vorpommern. Im Anschluss führt *Carina Bründlinger*, die Leiterin des Berliner Zentrums für Präsenz und Kompetenz in Beziehungen, ihre Erfahrungen mit »Familie in Schule« im Raum Berlin aus. *Ulrike Behme-Matthiessen* und *Thomas Pletsch* vom IWES stellen die Besonderheiten der Ausbildung von FiSch-Coach*innen und der Anwendung des Konzepts in Schleswig-Holstein dar. *Miriam Staak*, langjährige Lehrerin in Mecklenburg-Vorpommern und Coach für das Familienklassenzimmer, erzählt uns von ihren Erfahrungen mit dem System Schule und wie das Familienklassenzimmer sich darauf auswirkt. Die Multifamilientrainer*innen *Manuela Wallenstein* und *Christian Hahlgans* vom Albert-Schweitzer-Kinderdorf Wetzlar berichten abschließend von der Familienklasse in Hessen und den dort zur Anwendung kommenden Methoden und den Zielen, die ihrer Arbeit zugrunde liegen.

Über den aktuellen Forschungsstand wird im fünften Kapitel berichtet (▶ Kap. 5). Es wird darin, nach einem kurzen Abstecher in den klinischen Bereich, eine Auswahl der bisher relevanten Studien zur Familienklasse sowohl in Deutschland als auch international dargeboten. Ein Ausblick auf derzeit geplante Forschungsprojekte beschließt den aktuellen Forschungsstand.

Das abschließende Kapitel bietet ein Resümee (▶ Kap. 6). Hier wird zusammengefasst, welche Hilfestellungen es für die Arbeit mit dem Konzept der Familienklasse gibt und wie diese sinnvoll in der schulischen Praxis umgesetzt werden können.

Die einzelnen Kapitel können unabhängig voneinander gelesen werden. Wir wünschen den Leser*innen viele neue und spannende Einblicke in das Konzept der Familienklasse.

2 Grundlagen von Multifamiliensettings

Das Prinzip der Gruppenarbeit mit Patient*innen, um diese zu therapieren, ist innerhalb des klinischen Kontextes schon länger verbreitet. Die Patient*innen lernen zum einen, dass es noch andere Menschen mit ähnlichen Problemlagen gibt, und treten zum anderen in die Funktion der wechselseitigen Beratung. Dieses klassische Gruppensetting wurde im systemischen Sinne erweitert, indem nicht mehr nur andere Patient*innen, sondern die Familien in den therapeutischen Prozess einbezogen wurden. Der leitende Gedanke war hierbei, die unmittelbaren Bezugspersonen mit einzubinden und somit eine Genesung zu unterstützen. Das Konzept der Familienklasse setzt sich durch seine schulische Ausrichtung vom klinischen Kontext ab, indem es auf eine eigene Zielgruppe ausgerichtet ist und eigene Zielstellungen und Methoden entwickelt. Im Folgenden werden die Grundlagen des Multifamiliensettings und wie diese an teilnehmenden Schulen eingesetzt werden vorgestellt, um einen Überblick über die Ausrichtung auf besondere Schüler*innen zu geben, die Geschichte der Familienklasse einzuordnen und die Prinzipien und Strukturen darzulegen, nach welchen die Familienklassen funktionieren und die in allen Variationen der jeweiligen Konzeptionen wiederzufinden sind.

2.1 Besondere Schüler*innen

Kathrin Mahlau

Schüler*innen, die in eine Familienklasse aufgenommen werden, zeigen im regulären Schulsetting sehr herausfordernde Verhaltensweisen im Lern- und Sozialverhalten. Nicht selten sind es Kinder aus Familien mit problematischen sozioökonomischen Rahmenbedingungen. Symptome und Merkmale, wie aggressives Verhalten, Hyperaktivität, Ängste, Unstrukturiertheit, schlechte Lernleistungen, fehlende Lernmotivation bis hin zu Schulabstinenz, sind kennzeichnend für Schüler*innen einer Familienklasse.

Ursachen herausfordernden Verhaltens

Die Ursachen problematischen Verhaltens sind komplex und multikausal. Die psychologische Forschung unterscheidet individuelle Faktoren, die biologisch oder auch psychisch sein können, und soziale Faktoren. Je nachdem, welche Faktoren auf das Kind und sein Verhalten einwirken, können sich psychische Auffälligkeiten zeigen, aber auch unterdrückt werden.

Herausforderndes Verhalten begünstigende *biologische Faktoren* sind niedrige Cortisolwerte, eine reduzierte Serotoninaktivität, Belastungen während der Schwangerschaft (z. B. Infektionen, Schockerlebnisse, Suchtmittelmissbrauch), Komplikationen bei der Geburt (z. B. Sauerstoffmangel) und ein geringes Geburtsgewicht. Das Geschlecht kann ebenfalls als biologische Ursache angesehen werden, da Jungen häufiger betroffen sind als Mädchen. *Psychische Faktoren*, die die Ausprägung herausfordernden Verhaltens beeinflussen, sind ein schwieriges Temperament bereits im Kleinkindalter, niedrige kognitive Fähigkeiten, eingeschränkte Impulskontrolle und Emotionsregulation, eine überzogene Selbsteinschätzung, eine verzerrte sozial-kognitive Informationsverarbeitung und ein geringes Einfühlungsvermögen (Petermann & Petermann, 2023; Tewes, 2021).

Fachlicher Konsens herrscht darüber, dass insbesondere das *soziale und familiäre Umfeld* die Ausprägung problematischen Lern- und Sozialverhaltens bedingt oder verhindert. So verweist das Robert Koch Institut (Klipker et al., 2018) darauf, dass ein mangelndes Kommunikations- und Erziehungsverhalten der unmittelbaren Bezugspersonen Verhaltens- und Lernauffälligkeiten der Kinder begünstigt. Eine inkonsequente, zu strenge oder gleichgültige Erziehung, mangelnde elterliche Zuwendung, ein zu geringes Interesse am Kind, seinen Problemen und Bedürfnissen, Trennungserfahrungen, Suchtmittelmissbrauch, aber auch psychische Erkrankungen der Eltern stellen Risikofaktoren für die Entstehung und Aufrechterhaltung von Problemverhalten dar (ebd.). Weitere soziale Risikofaktoren sind familiäre Stressbelastungen (z. B. alleinerziehendes Elternteil, beengte Wohnverhältnisse, geringes Familieneinkommen), aber auch soziale Ablehnung oder negative Einflüsse durch Gleichaltrige (Tewes, 2021). Das Erziehungs- und Zuwendungsverhalten der unmittelbaren Bezugspersonen bzw. des sozialen Umfeldes führt zu entwicklungsstimulierenden Prozessen beim Kind und Jugendlichen. Ein belastetes Interaktionsverhalten erschwert daher die Entwicklung sozial angemessenen Verhaltens und kann zu ausgeprägtem Problemverhalten führen (Petermann & Petermann, 2023).

Ein kausaler Zusammenhang zur Entstehung herausfordernden Verhaltens wird im Zuwendungsverhalten der Bezugspersonen im Baby- und Kleinkindalter und damit im Aufbau von Bindungsverhalten angesehen. Kinder sind von Geburt an mit einem Bindungssystem ausgestattet, das sich in den ersten Lebensjahren abhängig vom Zuwendungsverhalten der Eltern entwickelt. Erfährt ein Kind ausreichend Zuwendung, fühlt es sich sicher und entwickelt in der Folge ein Explorationsverhalten, das es ihm ermöglicht, die Umwelt altersgerecht zu erkunden. Erfährt ein Kind jedoch beim Bedürfnis nach Sicherheit und Zuwendung eher Unsicherheit, indem die Bezugspersonen auf sein Rufen, Weinen oder auch Lächeln nicht adäquat reagieren, bleibt das Bindungsverhalten (Suche nach Nähe) aktiviert und das Explorationsverhalten der betroffenen Kinder eingeschränkt. Das heißt, sie können ihre Umwelt nicht entwicklungsbegünstigend und altersgerecht erkunden, wodurch wichtige Lernerfahrungen und soziale Erfahrungsräume nicht erfolgen können (Ainsworth, 1969; Bolz et al., 2019).

Diagnosen herausfordernden Verhaltens

Die Symptome problematischen Verhaltens sind vielfältig und münden in unterschiedliche Diagnosen. Aus schulrechtlicher Sicht kommt es zur Feststellung eines *Unterstützungsbedarfs im sonderpädagogischen Förderschwerpunkt emotionale und soziale Entwicklung* (esE), wenn Schüler*innen »Beeinträchtigungen der emotionalen und sozialen Entwicklung, des Erlebens und der Selbststeuerung« (KMK, 2000, S. 10) aufweisen. Diese müssen so erheblich sein, dass die Schüler*innen »in ihren Bildungs-, Lern- und Entwicklungsmöglichkeiten so eingeschränkt sind, dass sie im Unterricht der Allgemeinen Schule auch mit Hilfe anderer Dienste nicht hinreichend gefördert werden können« (ebd.). Dies traf im Schuljahr 2021/22 deutschlandweit auf 103.520 und damit auf ca. 1,4 % aller Kinder und Jugendlichen der ersten bis zehnten Klasse allgemeinbildender Schulen zu (KMK, 2022). Deutlich wird, dass diese Definition bzw. Beschreibung der Gruppe der Schüler*innen mit dem Förderschwerpunkt esE sehr allgemein gehalten und davon auszugehen ist, dass es hinsichtlich der Prävalenz eine sehr viel größere Gruppe von Kindern und Jugendlichen mit problematischen Verhaltensweisen gibt (Hennemann et al., 2020).

Vor dem Hintergrund einer sonderpädagogisch-fachwissenschaftlichen Sichtweise erweist sich die Definition einer *Gefühls- und Verhaltensstörung*, wie sie u. a. von Opp (2003) verwendet wird, als spezifischer und präziser. Danach liegen Gefühls- und Verhaltensstörungen vor, wenn folgende Kriterien zu beobachten sind:

- lange Zeitdauer und hoher Schweregrad der Symptome (s. unten);
- Symptome treten in mindestens zwei Settings auf, von denen eines die Schule ist;
- eine Intervention üblicher Erziehungsmaßnahmen ist bzw. war nicht erfolgreich.

Nach Lindsay (2007) schätzen Lehrkräfte Kinder und Jugendliche mit einer Verhaltensstörung als besonders herausfordernd ein. Internationale Studien verweisen auf eine hohe Prävalenzrate von 10 bis 20 % aller Kinder und Jugendlichen (Hövel et al., 2015), die bei der Hälfte aller betroffenen Personen persistieren. Dabei weisen externalisierende Störungsformen, wie Hyperaktivität oder aggressives Verhalten, die bereits im frühen Kindesalter beginnen, besonders ungünstige Verläufe auf (Ihle & Esser, 2008).

Schüler*innen mit Gefühls- und Verhaltensstörungen (Opp, 2003) können somit eine Zielgruppe für die Familienklasse darstellen, die unabhängig vom schulrechtlich anerkannten sonderpädagogischen Unterstützungsbedarf esE oder von der Diagnose einer psychiatrischen Störung (Casale & Hennemann, 2019) zu sehen ist. Zu den häufigsten psychiatrischen Diagnosen zählen die Störung des Sozialverhaltens, ein Aufmerksamkeitsdefizit-(Hyperaktivitäts-)Syndrom (AD[H]S) und ängstliches bzw. sozial unsicheres Verhalten (Tewes, 2021). Daher sollen die Formen nun genauer vorgestellt werden.

Nach einer allgemeinen Definition (Petermann & Petermann, 2023) liegt eine *Störung des Sozialverhaltens* vor, wenn absichtlich und unter Missachtung altersadäquater Normen und Regeln die Schädigung einer oder mehrerer Personen erfolgt. Nach Linderkamp (2022) gehören dazu das Brechen gesellschaftlicher Normen und Regeln, das wiederholte und anhaltende Verletzen der Rechte anderer, aggressives Verhalten gegenüber Menschen und Tieren, Schule schwänzen sowie bedeutsame Beeinträchtigungen in sozialen oder schulischen Funktionsbereichen. Es ist davon auszugehen, dass unter diesen Voraussetzungen das gezeigte Verhalten generalisiert ist und auf mehrere oder sogar alle Lebensbereiche übertragen wird. Diese Symptome können auch in Form eines *oppositionellen Trotzverhaltens* aufgrund von Entwicklungsschüben oder familiären Belastungen als zeitlich begrenztes Phänomen auftreten (Petermann, Petermann & Blumenthal, 2016). Insgesamt finden sich je nach Studienmethodik Prävalenzraten von 1,5 bis 7,1 % (Petermann, Döpfner & Görtz-Dorten, 2016).

Liegt eine *Aufmerksamkeitsdefizit-/Hyperaktivitätsstörung* vor, sind die Kernsymptome Unaufmerksamkeit, Hyperaktivität und Impulsivität häufig beobachtbar. Diese müssen mindestens sechs Monate regelmäßig auftreten, sind nicht mit dem altersnormalen Entwicklungsstand des Kindes vereinbar und verursachen einen deutlichen Leidensdruck bzw. eine manifeste Beeinträchtigung der sozialen und schulischen Funktionsfähigkeit (Linderkamp, 2022).

Vielfältige Begleit- und Folgeprobleme zeigen sich in Erziehungsschwierigkeiten, im problematischen Umgang mit Gleichaltrigen, schlechten Schulleistungen und einem geringen Selbstkonzept. Diese typischen Symptome beeinträchtigen insbesondere schulische oder anderweitige Lernsituationen, wie Unterricht, Hausaufgaben oder andere soziale Situationen, in denen zielgerichtet und strukturiert gearbeitet werden sollte.

Kindern mit ADHS wird schnell langweilig, d. h., dass neue und anregende Inhalte das Verhalten durchaus positiv beeinflussen können. Trotz dieser ungünstigen Voraussetzungen haben Kinder mit Aufmerksamkeitsstörungen viele positive Eigenschaften, die es zur Kompensation der Symptomatik zu fördern gilt. So sind sie begeisterungsfähig, freundlich, hilfsbereit und sehr belastbar (Petermann, Petermann & Blumenthal, 2016).

Die Problematik *sozial unsicherer* oder *ängstlicher Kinder* darf von den Pädagog*innen nicht unterschätzt werden. Sozial unsichere oder ängstliche Kinder sind in der Interaktion mit Gleichaltrigen oder Erwachsenen unverhältnismäßig schüchtern, ängstlich und zeigen erhebliches soziales Vermeidungsverhalten bis dahin, dass sie den Schulbesuch oder jegliche soziale Ereignisse verweigern. Sie umgehen alle sozialen Situationen, in denen sie Beschämung oder Verlegenheit ausgesetzt sein könnten, und sind daher oft sozial isoliert und sozial inkompetent (Petermann & Petermann, 2015). Eine soziale Angststörung kann dazu führen, dass die betroffenen Kinder nicht mehr das Haus verlassen, nicht ans Telefon gehen oder erhebliche psychosomatische Beschwerden, wie Kopf- und Bauchschmerzen bis hin zu Erbrechen, aufweisen (Plag & Hoyer, 2022). Um die Diagnose einer sozialen Angststörung zu stellen, müssen die Symptome mindestens sechs Monate andauern und in verschiedenen sozialen Situationen (im Elternhaus, in der Schule, bei Verwandtenbesuchen, in unterschiedlichen Unterrichtsfächern, bei Gleichaltrigen und Erwachsenen) auftreten.

Ursächlich werden neben genetischen (nachgewiesene Zusammenhänge im Auftreten der sozialen Ängstlichkeit und Variationen des Serotonin-Transporter-Gens 5-HTT) und psychischen (z. B. Verhaltenshemmung) auch psychosoziale Risikofaktoren diskutiert, die insbesondere das elterliche Erziehungsverhalten als ursächlich benennen. Der Forschungsstand zeigt, dass sowohl die Verhaltenshemmung als auch das Erziehungsverhalten der Eltern, zum Beispiel ein überbeschützender und -besorgter Erziehungsstil, große Bedeutung bei der Entstehung sozialer Ängstlichkeit haben und beide Faktoren vermutlich miteinander interagieren (Laakmann et al., 2015).

Wie auch bei anderen psychiatrischen Diagnosen liegen bei der sozialen Angststörung im Kindesalter mit 0,5 % (Essau et al., 1999) bis 7 % (Beesdo et al., 2009) sehr heterogene Prävalenzangaben vor, wobei Mädchen häufiger als Jungen betroffen sind.

Ängstliche und expressive ausagierende Verhaltensweisen gehen häufig mit komorbiden Störungen und schwerwiegenden Nachfolgeproblemen einher (Laakmann et al., 2015). Sie zeigen sich in praktisch allen Kombinationen und Ausprägungen. So kann aggressives Verhalten auch mit weiteren Verhaltensauffälligkeiten, wie ADHS, Ängsten oder starken Stimmungsschwankungen, auftreten (Visser, Büttner & Hasselhorn, 2019). Hohe Komorbiditätsraten zwischen Verhaltens- und Lernstörungen werden in bis zu 50 % aller Fälle beobachtet (Hövel et al., 2015). Dies stellt eine Verschärfung der Problematik dar, auf die insbesondere in einem inklusiven Bildungssystem eine frühzeitige und nachhaltige Antwort gefunden werden muss. Präventive Maßnahmen müssen Risikofaktoren verringern und Rahmenbedingungen schaffen, die helfen, die bereits gezeigte Symptomatik abzubauen oder zu vermindern. Dazu gehört auch der adäquate Umgang der Eltern und Lehrkräfte mit dem schulischen Verhalten der Kinder. Ein Konzept einer erfolgreichen präventiven Maßnahme kann die Familienklasse darstellen.

2.2 Entstehungsgeschichte von Multifamiliensettings und Familienklassen

Yvonne Blumenthal

Familienklassen basieren auf dem Ansatz der Multifamilientherapie (MFT), deren Ursprung wiederum im klinischen Kontext liegt. Dort etablierte sich seit den 1940er Jahren die Familientherapie in Kombination mit einer systemischen Sichtweise. Eia Asen, der Gründungsvater der MFT im schulischen Kontext, wurde in den Anfängen der Arbeit mit »Multi-Problem-Familien« von Walter Lorenz, einem deutschen Sozialwissenschaftler, inspiriert. Dieser entwickelte für die Arbeit mit benachteiligten Familien einen interdisziplinären, systemischen Ansatz, in dem er Sozialarbeit und Psychologie miteinander verband (Asen, 2007).

Ausgehend von der Annahme, dass Störungen nicht im Individuum verortet sind, sondern aus dem engen psychosozialen System und der darin praktizierten Interaktion und Kommunikation resultieren, initiierten Laqueur und Kolleg*innen (1964) vor etwa 50 Jahren simultane therapeutische Interventionen mit hospitalisierten schizophrenen Patient*innen und deren Familien in New York. Die Angehörigen wurden eingeladen, um direkt in Gespräche über das häusliche Leben und Behandlungsfragen eingebunden zu werden. Das Ziel war es, die Kommunikation innerhalb der Familie zu verbessern. Da mehrere Familien an einer Sitzung teilnahmen, konnten alle Familienmitglieder Lösungsideen für Probleme entwickeln. Diese Gruppen wurden als »beschützte Workshops zur Familienkommunikation« bezeichnet und fanden alle zwei Wochen für zwei Stunden statt. Die Familien tauschten Erfahrungen und Ideen mit anderen Familien aus und lernten voneinander. Später fand der Multifamilienansatz auch bei der Therapie anderer Störungsbilder, etwa der Anorexie, suizidalen und depressiven Störungen im Erwachsenenalter, Delinquenz sowie Drogen- oder Internetsucht, großen Anklang (u. a. McFarlane, 1983; Lemmens et al., 2009; Liu et al., 2015, Rigter et al., 2013). Es stellte sich heraus, dass die betroffenen Familien es hilfreich fanden, einige ihrer eigenen Interaktions- und Kommunikationsmuster bei anderen Familien zu sehen und zu reflektieren. Dieses Vorgehen bewirkte sowohl Veränderungen während als auch nach den Familiengruppensitzungen im häuslichen Umfeld, wie die Reduzierung familiärer Verstrickungen, die Normalisierung der intra- und interfamiliären Kommunikation, die Bewältigung akuter Krisen, die Resozialisierung sowie die Verringerung von Stigmatisierung (Asen, 2007).

In den 1970er Jahren adaptierte das Team des »Marlborough Family Service« in London die Ideen der Multifamilienarbeit auf sogenannte Multi-Problem-Familien (Cooklin et al., 1983; Asen et al., 1982). Unter Multi-Problem-Familien subsumiert Asen Familien, die mit Gewalt und Missbrauch, Familienzerfall, schweren psychischen Erkrankungen, Drogen- und Alkoholmissbrauch, Bildungsversagen und sozialer Ausgrenzung konfrontiert sind (Asen, 2007). Das Marlborough-Team begleitete für mehrere Monate täglich sechs bis acht dieser Familien, um eine Art »therapeutische Gemeinschaft dysfunktionaler Familien« zu schaffen. Die Familien wurden ermutigt, sich gegenseitig zu helfen und voneinander zu lernen, während die Kliniker*innen und andere Helfer*innen im Hintergrund blieben. Dieses besondere Setting basiert auf der Erkenntnis, dass Menschen in Problemlagen trotz einer eingeengten Sichtweise für die eigene Problematik oftmals eine hohe Sensibilität für ähnliche Konfliktlagen anderer Menschen besitzen (Asen & Scholz, 2017). Die Innovation lag vor allem in dem Paradigmenwechsel der Therapeut*innenrolle, von der traditionellen therapeutischen Helfer*innenposition hin zu der Haltung, Familien nicht zu entmündigen, sondern die Fähigkeit mitzuentwickeln, anderen und sich selbst zu helfen. Den Multifamilientherapeut*innen kommt hierbei vor allem die Aufgabe zu, Kommunikation, Interaktion, Reflexion und Selbsterfahrung bei den Familien anzuregen (Wengler & Asen, 2012), sodass sie selbst sowie andere professionelle Unterstützer*innen langsam in den Hintergrund treten können. Ein stark strukturiertes Tagesprogramm mit explizit eingebauten kontrollierten Krisensituationen – ähnlich derer, die den Familien in ihrem häuslichen Umfeld begegnen könnten – befähigte die Familien dazu, Probleme des täglichen Lebens in einem therapeutischen Kontext anzugehen. Ziel war es, diese Familien in die Lage zu versetzen, neue Formen der Selbsthilfe zur Krisenbewältigung zu erkennen und die Einbeziehung von Fachpersonal zu reduzieren.

In den 1980er Jahren etablierte sich die »Marlborough Family Day Unit« (Cooklin et al., 1983). Seitdem wurden dort über 2000 Kinder und ihre Familien behandelt. Anfänglich war die Arbeit der Marlborough Family Day Unit sehr intensiv und langwierig, da die Familien dieses Unterstützungsangebot acht Stunden pro Tag und fünf Tage pro Woche über einen Zeitraum von vielen Monaten, wenn nicht sogar einem ganzen Jahr besuchten. Nach zahlreichen Weiterentwicklungen wurde die Dauer der therapeutischen Arbeit im Durchschnitt auf zwölf Wochen reduziert und ein Gleichgewicht zwischen klinischer und häuslicher Arbeit realisiert. Während ihrer Anwesenheit im therapeutischen Setting erleben die Familien einen strukturierten Stundenplan, der von ihnen im Laufe des Tages häufige Übergänge und Änderungen abverlangt. In unterschiedlichen Gruppenkonstellationen (z. B. alle teilnehmenden Familien zusammen oder Eltern und Kinder getrennt) findet eine Mischung aus handlungsorientiertem und reflektierendem Arbeiten statt. Ein wesentliches Prinzip dieser Arbeit ist Offenheit und Transparenz, nicht nur zwischen den Familien, sondern auch zwischen den Mitarbeiter*innen und den Familien. Zusätzlich etablierte sich die Videografie, um die Interaktionen in der Familie aufzuzeichnen und damit den Familien die Möglichkeit einer Metaperspektive zu geben. Ziel war es, gemeinsam zu beraten, wie die betroffenen Familien Änderungen vornehmen können. Die Videografie wurde auch im häuslichen Setting eingesetzt, um einen individuellen Film über das tägliche Leben oder bestimmte Themen zu erstellen und im Anschluss mit den anderen Familien zu besprechen. So wurden die einzelnen Mitglieder unterschiedlicher Familien »Berater*innen« für andere Familien. Der methodische Gewinn wird vor allem in der gegenseitigen Unterstützung, in der Selbstreflexion sowie in der Netzwerkbildung zur Unterstützung isolierter Familien außerhalb des Programms gesehen (Asen, 2007).

Neben der Arbeit mit der Familiengruppe trafen sich die Familienhelfer*innen 14-tägig zu »Reflection Meetings«, angelehnt an reflektierende Team-Praktiken nach Andersen (1987). Diese Meetings unterstützen den Aspekt der Transparenz als einen wechselseitigen Prozess, bei dem die Mitarbeiter*innen ihre Ansichten und Beobachtungen offen äußern. Bei diesem ebenfalls videografierten klinischen Treffen tauschen die Familienhelfer*innen Informationen und Ansichten über die Dynamiken jeder Familie aus und fassen Stärken und Schwächen zusammen, die in den vergangenen Wochen beobachtet wurden. Im Anschluss an diese ca. 30-minütigen Treffen wird die Videoaufzeichnung einer*einem anderen Mitarbeiter*in des Marlborough-Teams gegeben, der bzw. die nicht an dem klinischen Treffen teilgenommen hat. Dieser wiederum trifft sich mit allen Eltern (normalerweise zehn bis zwölf Personen), um das Videoband des klinischen Treffens gemeinsam anzusehen und die Ansichten, Meinungen und Überlegungen des Fachpersonals zu reflektieren. Während dieser Sitzung wird einem der Eltern oder anderen Erwachsenen die Fernbedienung für den Videorecorder mit dem Auftrag gegeben, selbständig zu entscheiden, ob der jeweilige Videoabschnitt ganz ablaufen oder pausiert werden soll, damit über bestimmte Aspekte gesprochen werden kann. Nach Asen (2007) entscheiden sich die meisten Eltern dafür, die Aufnahme anzuhalten und neu zu starten, da das Anhalten des Bandes es den Familienmitgliedern ermöglicht, sofort auf die Ansichten des Personals zu reagieren und einen Reflexionsprozess zu beginnen. Die Aufgabe der systemischen Kliniker*innen besteht zuvorderst darin, die Familien neugierig aufeinander zu machen und sie zu ermutigen, sich gegenseitig zu beraten, zu kritisieren und zu unterstützen. Die Mitarbeitenden der Family Day Unit sind während des videobasierten Reflexionstreffens nicht im Raum, sondern beobachten das Treffen durch einen Einwegbildschirm. Dadurch entsteht für die Kliniker*innen eine reine Beobachtungsposition, in der sie den Reflexionen zuhören, die die Familien über deren fachliche Reflexionen machen. Diese Vorgehensweise verhindert längere Diskussionen mit den Familien, um beispielsweise zuvor Gesagtes zu begründen. Stattdessen hören sie sich die Reflexionen der Familienmitglieder an, ohne sofort etwas richtigstellen zu müssen. Die Eltern wiederum werden von der bzw. dem systemischen Berater*in, die bzw. der mit ihnen das Reflexionstreffen führt, ermutigt, darüber zu spekulieren, wie das Personal ihre Reflexionen verarbeiten könnte. Das Reflexionstreffen ist insbesondere bei den Familien eine beliebte Methode, da nicht nur sie selbst, sondern auch die professionellen Mitarbeiter*innen bei der Arbeit beobachtet werden können. Dies trägt erheblich zum Grundprinzip der Offenheit und Transparenz der Family Day Unit bei. Ein anschließendes »Post-Reflection-Meeting«, an dem nur die bzw. der systemische Berater*in und die klinischen Mitarbeiter*innen teilnehmen, schafft eine weitere Kontextebene, indem die Mitarbeiter*innen über die Reflexionen der Familien reflektieren. Dieses zirkuläre Modell begleitet den gesamten Arbeitsprozess fortlaufend (Asen, 2007).

In den letzten 30 Jahren hat die Marlborough Family Day Unit in London Pionierarbeit bei der Einrichtung des ersten dauerhaften Modells für mehrere Familientage geleistet, das speziell für die Arbeit mit scheinbar hoffnungslosen Familien konzipiert und ausschließlich dieser gewidmet ist. Insgesamt hat das systemische Arbeiten im Multifamiliensetting zu einem deutlich verbesserten Engagement mit scheinbar »verlorenen« Familien geführt und dazu beigetragen, chronisch ungünstige Beziehungen zu Fachleuten zu neutralisieren. Während der Schwerpunkt auf der Mehrfamilienarbeit liegt, werden bei Bedarf auch andere therapeutische Interventionen wie die Einfamilienarbeit und Einzelinterventionen, einschließlich psychodynamischer Arbeit, eingesetzt. Auf diesem Modell basierende Projekte wurden in unterschiedlichen europäischen Ländern entwickelt, darunter Skandinavien, Deutschland, Belgien, Italien und Frankreich, und von der Europäischen Kommission gefördert.

Ebenfalls zu Beginn der 1980er Jahre übertrug der Londoner »Marlborough Family Service« den Ansatz der Multifamilienarbeit auf schulische Settings und den Umgang mit Kindern, bei denen die Gefahr bestand, aus Regelschulen ausgeschlossen zu werden, oder die bereits ausgeschlossen worden waren. In diesem »Marlborough Model« steht die Elternpräsenz in Schulen im Mittelpunkt. Die Idee, Eltern in die Auseinandersetzung mit den schulischen Problemen ihrer Kinder einzubeziehen und Familienklassen für den Grundschul- und Sekundärbereich zu entwickeln, geht auf die Regelschullehrkräfte Brenda McHugh und Neil Dawson (1994) zurück. Mit dem Ziel, substanzielle und langanhaltende Veränderungen bei schwierigen Kindern und ihren Familien zu erreichen, wurden in der Folge familienfokussierte Interventionen in zahlreichen Schulen implementiert, dabei weiter adaptiert und in unterschiedlichen europäischen Ländern umgesetzt (Dawson & McHugh, 2017; Asen, 2017a).

Vor dem Hintergrund dieser Entstehungsgeschichte fassen die folgenden Worte Eia Asens die Entwicklung des Marlborough-Modells sehr treffend zusammen:

> »So hat sich das ehemalige ›Marlborough-Modell‹ über die Jahrzehnte sehr gewandelt, und es gibt – Gott sei Dank! – die verschiedensten Anwendungen und Variationen: In der Tat so viele, dass es nicht mehr angebracht ist, von einem »Marlborough-Modell« zu sprechen. Man könnte vielleicht treffend ausrufen:»Das ›Marlborough‹ ist tot. Lang lebe die MFT in ihrer Vielfalt!« (Asen, 2017a)

Die Vielfalt in der Umsetzung wird auch in den Implementationen innerhalb des deutschen Schulsystems sichtbar. Detaillierte Informationen zur Verbreitung und über die einzelnen Umsetzungsmodelle finden sich unten (▶ Kap. 3).

2.3 Ziele, Prinzipien, Methoden und Strukturen der Familienklasse

Lena Varuna Wuntke

Nachdem in den vorangegangenen Kapiteln die Entstehung der Familienklasse sowie besondere Schüler*innen und deren Familien als Zielgruppe beschrieben wurden, soll im Folgenden die konzeptionelle Rahmung der Familienklasse selbst dargelegt werden. Wie in den oberen Textabschnitten deutlich wurde, hat sich die Familienklasse als ein nicht therapeutisches, präventiv ansetzendes und damit niederschwelliges Bildungsangebot aus der klinischen Multifamilientherapie heraus entwickelt. Diese Transformation wurde am *Anna Freud*, einem Zentrum für Forschung, Ausbildung und Behandlung im Bereich der psychischen Gesundheit von Kindern in London, durch das Malborough-Team um Eia Asen entscheidend vorangetrieben (▶ Kap. 2.2). Die nachfolgenden Darstellungen orientieren sich daher maßgeblich an den Publikationen aus dieser Forschungsgruppe (Asen & Scholz, 2017; Dawson et al., 2020; Fonagy, Gergely & Target, 2015).

Ziele der Familienklasse

Für Schüler*innen hat die Teilnahme an der Familienklasse das übergeordnete Ziel der Bewältigung von Anforderungen des Schulalltags. Dazu gehören das Erlernen neuer Handlungsmuster, Akzeptanz von Regeln und Strukturen, eine positive Veränderung des Lern- und Sozialverhaltens und eine bessere Integration in die inklusive Schulklasse. Durch den Einsatz unterschiedlicher Methoden zielt die Familienklasse darauf ab, im Schulkontext einen geschützten Raum zu schaffen, in dem gegenseitige Beratung, Unterstützung und Sensibilisierung für Erlebens- und Verhaltensweisen sowie das Erkennen und Üben alternativen Verhaltens möglich werden. Auf diese Weise sollen lösungs- und ressourcenorientierte Sichtweisen bei allen Beteiligten entwickelt werden (Asen & Scholz, 2017). Durch eine gelingende Kooperation zwischen Kindern, Eltern und den Familienklassencoach-Teams, zu denen mindestens eine multisystemisch geschulte Fachkraft gehört, werden die Beziehungen der Beteiligten untereinander gestärkt und die Basis dafür geschaffen, gemeinsame Problemlösestrategien zu entwickeln und umzusetzen (Dawson et al., 2020). Die Familienklasse zielt darauf ab, Lern- und Verhaltenserfolge zu stärken, die Erziehungskompetenz der Eltern weiterzuentwickeln und durch den Transfer auf das häusliche Umfeld die Entwicklung des Kindes kontextübergreifend und systemisch nachhaltig positiv zu beeinflussen. Weiterhin stehen folgende Schlüsselkonzepte bei der Arbeit mit Multifamiliengruppen im Schulkontext im Vordergrund: Entstigmatisierung, Aufhebung von Isolation, Erfahrung von Erfolgen, Lernen sowie Reflexions- und Veränderungsprozesse (ebd., S. 16).

Prinzipien der Familienklasse

Den theoretischen Hintergrund der Familienklasse bilden systemische und gruppentherapeutische Ansätze. Das von Peter Fonagy und Mary Target Anfang der 1990er Jahre entwickelte Mentalisierungskonzept (Fonagy et al., 2015), welches Ideen der Psychoanalyse, Bindungstheorie und der empirisch-orientierten Entwicklungspsychologie miteinander verbindet, soll hier als eine zentrale Grundlage für die Struktur und Methodik der Familienklasse dargestellt werden. Mentalisieren bezeichnet eine imaginative Fähigkeit, sich Gründe des eigenen Verhaltens und des Verhaltens anderer vorzustellen. Dies können Emotionen, Wünsche, Kognitionen und Ziele sein (Asen, 2017b, S. 44 ff.). Menschen, die nur über schwach entwickelte Mentalisierungsfähigkeiten verfügen – sichtbar etwa anhand mangelnder Problemlösefähigkeiten, einem festen Beharren auf einem Standpunkt oder wenig Neugierde für die Sichtweise anderer Menschen – haben oft Probleme, ihre eigenen Emotionen zu regulieren und mit anderen Menschen erfolgreich zu kommunizieren (Dawson et al., 2020, S. 78). Mentalisierungsfähigkeiten werden mit frühen mangelnden Bindungserfahrungen von Kindern in Verbindung gebracht (▶ Kap. 2.1), wobei auch die Schwierigkeit, seinen eigenen mentalen Zustand zu erkennen und den anderer Menschen nachzuvollziehen, Bindungsbeziehungen stören kann. In der mentalisierungsorientierten therapeutischen Arbeit (Fonagy et al., 2015) geht man davon aus, dass Mentalisierungsfähigkeiten verbessert werden können, indem Probleme zunächst lokalisiert und darauf aufbauend Fähigkeiten weiterentwickelt werden. Neben der Förderung von effektiverem Mentalisieren zielt die Familienklasse darauf ab, Bindungsbeziehungen zu fördern und epistemisches Vertrauen aufzubauen (Dawson et al., 2020). Letzteres wird als das basale Vertrauen in eine Person als sichere Informationsquelle beschrieben (Asen, 2017b; Wilson & Sperber, 2012). Der schwerwiegende Verlust von Vertrauen kann in der Folge die

Hemmung sozialen Lernens nach sich ziehen (Müller, 2021) und damit auch den Schulerfolg negativ beeinflussen. Die Förderung von effektivem Mentalisieren hingegen unterstützt Lehr- und Lernprozesse und lässt sich gut in der Schule und in Klassenzimmern anwenden (Dawson, 2020, S. 80). In dem von Dawson und Team (2020) entwickelten Superhighway of Learning (▶ Abb. 1) wird das Zusammenspiel von Bindungserfahrungen, epistemischem Vertrauen, Mentalisierungsfähigkeiten und schulischem Lernen veranschaulicht.

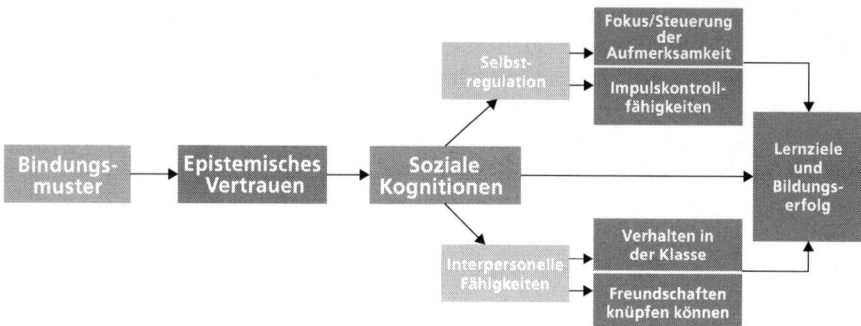

Abb. 1: Superhighway of Learning (Dawson et al., 2020, S. 12)

Methoden der Familienklasse

In der Familienklasse werden systemische und gruppentherapeutische Techniken angewandt, von denen einige ausgewählte Beispiele im Folgenden dargestellt werden. Unterschieden wird hierbei zwischen Fähigkeiten und/oder Eigenschaften der multisystemisch ausgebildeten Fachkräfte selbst und den konkreten Methoden und Techniken, die diese zur Anwendung bringen. Folgende ausgewählte zentrale Fähigkeiten bzw. Eigenschaften liegen der Arbeit multisystemisch arbeitender Coach*innen zugrunde (Asen & Scholz, 2017; Dawson et al., 2020):

- Paradigmenwechsel in der Therapeut*innenrolle (»Was sollten wir als Therapeut*innen tun, damit die Eltern die Verantwortung für ihr Kind übernehmen und/oder die Gruppe aktiv und selbständig arbeiten kann?«): Coach*in auf dem »Rücksitz« bzw. als Kopilot*in; sich selbst als Coach überflüssig machen; Verantwortungsübergabe an die Eltern (»Eltern sind für ihre Kinder verantwortlich«)
- Multi-Positionalität: Nachdem eine Interaktion eingeführt wurde (Coach*innen als »Kontextmacher«), nehmen sich die Coach*innen zurück und verschaffen sich einen Überblick über die entstehenden Gruppeninteraktionen; Einnehmen einer beweglichen Metaposition zwischen Nähe und Distanz (Scholz, 2020, S. 26 ff.)
- Gruppenkohäsion (»im selben Boot sitzen«): grundlegend für gelingende Multifamilienarbeit; Verschwiegenheit und Achtung der Privatsphäre; gegenseitiges Vertrauen aufbauen; Eisbrecherübungen; Entstigmatisieren/Isolation auflösen; Aha-Momente in der Gruppe teilen; Ermutigung zum Feedback; Installieren einer Elterngruppe; Verbindungen herstellen; Mitglieder der Gruppe ermutigen,

sich gegenseitig über Probleme oder Ressourcen auszutauschen (»Sie haben davon erzählt, wie Sie diese Situation einmal zu Hause gelöst haben. Was haben Sie nochmal getan, dass das funktioniert hat?«)

Im Folgenden werden einige ausgewählte Methoden, die in Familienklassen zur Anwendung kommen, vorgestellt.

- Das Fünf-Schritte-Modell (Scholz, 2017b, S. 33): grundlegende systemische Technik in fünf Schritten zur Steuerung von Interaktionen im Rahmen einer Multifamiliengruppe, angeleitet durch den Familienklassencoach:
  1. Beobachten (»Ich bemerke, dass…«): Auffällige oder problematische inner- oder interfamiliäre Interaktionen werden neutral und wertfrei formuliert.
  2. Wahrnehmungsabgleich (»Habe ich das richtig verstanden?«): Beobachtungen werden mit den Wahrnehmungen der Familie verglichen; kein Beharren auf Beobachtung, falls diese nicht geteilt wird.
  3. Bewertung (»Ist das so in Ordnung für Sie?«): Die betroffene Familie und ihre Mitglieder werden zum Bewertungsabgleich eingeladen.
  4. Veränderungswunsch (»Wie wünschen Sie es sich?«): Familienmitglieder werden eingeladen, ihre Ideen über mögliche Veränderungen zu teilen.
  5. Aktion (»Was würden Sie sagen oder tun, um das zu verwirklichen? Was wäre der erste Schritt?«): Familienmitglieder werden aufgefordert, darüber nachzudenken, wie man diese Veränderung erreichen kann.
- Mentalisierungsschleife (Asen, 2020b, S. 48): ähnlich dem Fünf-Schritte-Modell, allerdings mit stärkerem Fokus auf das Mentalisieren »im Hier und Jetzt« in einem rekursiven Prozess kontinuierlicher Reflexion und Rückschau (»Schleife«), um nicht zu früh nur auf das Verändern von Verhalten zu fokussieren
- Rollentausch/-spiele: Minirollenspiele, die realistische Situationen in der Schule oder zu Hause widerspiegeln; spannend und amüsant etwa, wenn Kinder Erwachsene (z. B. die Mutter oder die Lehrkraft) und Erwachsene Kinder spielen; eröffnet Raum für Diskussionen und Reflexionen
- Speeddating zur Problemlösung: schnelles Interviewformat, das bei auftretenden Problemen in Gruppenphasen kurzfristig einberufen wird, um eine rasche und direkte Problemlösung zu initiieren und verschiedene Perspektiven auf Themen zu entwickeln; Kinder (im Außenkreis) beraten beispielsweise Eltern (im Innenkreis) und andersherum; jeweilige Minikonsultationen sollten nicht länger als zwei Minuten dauern (Dawson et al., 2020, S. 86)
- Fishbowl (Goldfischtechnik): Methode des Reflecting Teams; in einem Innenkreis diskutieren einzelne Mitglieder (bspw. die Kinder) ein bestimmtes Thema, während die anderen Gruppenmitglieder in einem Außenkreis zuhören; nach einiger Zeit werden die Positionen getauscht und die Gruppenmitglieder des Außenkreises (bspw. Eltern) reflektieren im Innenkreis über das Gehörte; nach einem erneuten Wechsel reflektieren wiederum die Kinder über die Reflexionen der Eltern
- Blitzlicht: Eine Interaktion wird – »von der Hitze der Aktion zur relativen Kühle der Reflexion« (ebd., S. 91) – vorübergehend gestoppt, um Mentalisierungen

anzuregen (»Die Stimmung hier ist ziemlich angespannt. Ich denke, wir sollten kurz eine Pause machen und darüber nachdenken, was gerade passiert ist.«)

In einigen Familienklassen findet flankierend zu den systemischen und gruppentherapeutischen Methoden eine lerntheoretisch fundierte Arbeitsweise durch den Einsatz von Tokensystemen (Verstärkersystemen) Anwendung. Die Verstärkerpläne werden im Team (Kinder, Eltern und Familienklassencoach) und ausgehend vom aktuellen Verhaltensziel des Kindes gemeinsam erarbeitet. Oftmals beziehen sie sich konkret auf die Lernorganisation, die Hausaufgabenbewältigung und/oder das Sozialverhalten und begleiten die Entwicklung des Kindes damit sowohl in der Schule, im Unterricht als auch im häuslichen Umfeld (Behrndt et al., 2021, S. 86).

Strukturen der Familienklasse

Familienklassen sind in der Regel nach einer ähnlichen Grundstruktur organisiert. Dawson et al. widmen dieser Form von Rhythmisierung fast die Hälfte ihrer Publikation zur Familienklasse, da diese helfen würde, Kommunikations-, Beziehungs- und Mentalisierungsfähigkeiten entscheidend voranzubringen (2020, S. 19 ff.). Bei den unterschiedenen fünf Phasen – Ziele, Planung, Aktivität, Reflexion und Transfer, kurz ZPART (▶ Abb. 2) – handelt es sich um einen »zirkulären« Prozess, der über die Ziele der Schüler*innen aus der Familienklasse in die Schule und Stammklasse hinein, nach Hause und schließlich wieder zurück in die Familienklasse wirkt.

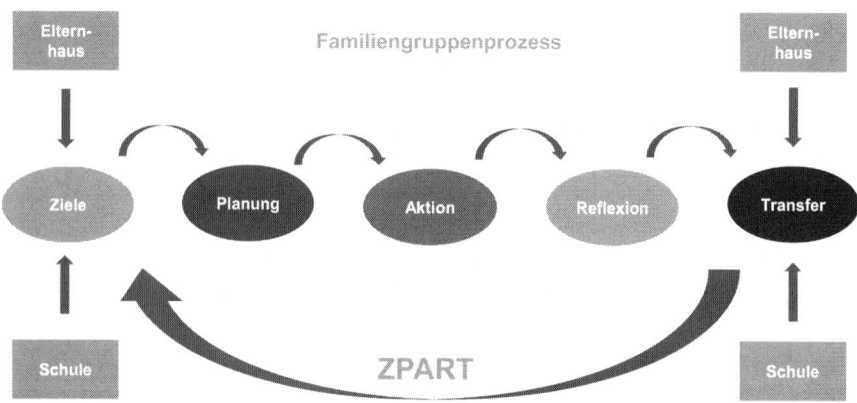

Abb. 2: Familiengruppenprozess anhand der ZPART-Struktur (Dawson et al., 2020, S. 29)

Im folgenden Überblick werden die fünf Phasen erläutert:

- Ziele: Zu Beginn der Familienklasse einigen sich Kind, Elternteil und Coach auf drei oder vier Verhaltensziele für das Kind, die erreichbar und messbar sind. Die Ziele orientieren sich daran, was sich ändern müsste, damit das Kind sich in der

Schule und zu Hause »angemessener« verhält und »zufriedener und erfolgreicher« ist (ebd., S. 20).
- Planung: Anhand der Reflexion des Erreichten der vergangenen Woche werden Themen und spezifische Zielsetzungen für das Familienklassentreffen benannt und Fähigkeiten, die für die nachfolgende Gruppenaktivität gebraucht werden, identifiziert. Die Tagesziele können mit den Wochenzielen verbunden sein oder sich auf andere relevante Themen beziehen. An den individuellen Tageszielen kann in der gesamten Multifamiliengruppe, in einzelnen Familien, im Switch-Over bzw. in einer Rollentausch-Situation oder in Kleingruppen (ein bis zwei Familien) gearbeitet werden.
- Aktivität: Im Rahmen einer gemeinsamen Aktivität, einer Übung oder eines Spiels sollen die Familien durch gemeinsames Handeln und Tun mit den neuen Ideen experimentieren, unterschiedliche Perspektiven entwickeln und neue Fähigkeiten üben. Die Coach*innen leiten die Aktivität ein, können aber auch Gruppenmitgliedern die Verantwortung für Erklärungen und Aufgabenstellungen übertragen.
- Reflexion: Während einer gemeinsamen Reflexion über die in der Aktivitätsphase gemachten Erfahrungen und Erkenntnisse sowie Auswertungen der spezifischen Zielsetzungen soll neben dem beobachtbaren Verhalten vorrangig über Intentionen, Bedürfnisse und Gefühle gesprochen werden (Mentalisierungsfähigkeiten). Reflexionen können während einer Aktivität oder danach, über die vorgenommenen Ziele oder auch deren Transfer geführt werden.
- Transfer: In der Transferphase werden Überlegungen darüber angestellt, wie man die neuen Ideen, Verhaltensweisen, Fähigkeiten und Erfahrungen in das familiäre und das schulische Umfeld übertragen kann.

Die in diesem Abschnitt dargestellten Ziele, Prinzipien, Methoden und Strukturen skizzieren das der Familienklasse zugrunde liegende Konzept und können als deren theoretisches Gerüst verstanden werden. Der Blick in die Praxis und aus ihr heraus macht deutlich, dass sich Multifamiliensettings im Bildungsbereich maßgeblich auf die hier beschriebenen Grundlagen stützen. Bei der konkreten inhaltlichen Ausgestaltung und Schwerpunktsetzung gehen die Bildungseinrichtungen aber stellenweise recht unterschiedliche Wege. Einen umfassenden Einblick in die konkrete pädagogische Umsetzung der aus der Multifamilientherapie stammenden Fördermaßnahme bieten die nächsten beiden Kapitel.

3 Die Umsetzung der Familienklasse in Deutschland

Das Kapitel bietet einen umfassenden Überblick über den aktuellen Stand und die Ausgestaltung des Konzepts der Familienklasse in Deutschland. Neben einer allgemeinen Betrachtung zur Verbreitung dieses Ansatzes werden auch ausgesuchte Organisationen vorgestellt, die die Idee der Multifamilienarbeit an Schulen bereits erfolgreich in ihren jeweiligen Bundesländern oder Kommunen umgesetzt haben.

Im Fokus steht nicht nur die Darstellung der Familienklasse, sondern auch die Untersuchung der praktischen Umsetzung und Anpassung in realen Bildungseinrichtungen. Jede vorgestellte Organisation repräsentiert einen einzigartigen Fall, in dem das Konzept der Familienklasse auf individuelle Weise eingeführt und angepasst wurde, um den spezifischen Gegebenheiten und Bedürfnissen vor Ort gerecht zu werden. Die Vielfalt der dargestellten Organisationen spiegelt die Vielseitigkeit der Implementierung der Familienklasse wider. Jede Einrichtung hat ihre eigene Herangehensweise entwickelt, um den individuellen Herausforderungen und Chancen angemessen zu begegnen. Leser*innen erhalten somit nicht nur einen umfassenden Überblick über den aktuellen Stand der Familienklasse in Deutschland, sondern auch wertvolle Einblicke in die verschiedenen Ansätze und Strukturen, die in diesem Bereich existieren.

3.1 Verbreitung in Deutschland

Nico Ernst[1]

Obwohl das Konzept der Multifamilienarbeit in Schulen schon seit den 1980er Jahren in Großbritannien und seit etwa 2005 in Deutschland angewendet wird, erlangte dieses Modell erst in den letzten Jahren bundesweit an Bedeutung. Zunächst wurde das deutschlandweit erste Familienklassenzimmer sehr nah am Konzept aus Großbritannien nach Eia Asen umgesetzt und im Jahr 2005 als rehabilitative Maßnahme ausschließlich im klinischen Bereich unter der Bezeichnung »Familie in Schule (FiSch)« in Schleswig-Holstein verwirklicht. Im Jahr 2009 wurde daraufhin eine FiSch-Klasse erstmalig als Präventionsangebot außerhalb des klinischen Kon-

---

1 Der Autor ist bei der Landesarbeitsgemeinschaft der Werkstätten für behinderte Menschen in M. V. e. V. tätig.

texts in Kooperation mit einer Allgemeinen Schule etabliert. Dieses Projekt ging aus einer Initiative von Lehrer*innen der Allgemeinen Schulen in Schleswig-Holstein hervor. Im weiteren Verlauf konnten sich vereinzelte Projekte in Hessen (2008) und in Bremen (2009) unter dem Namen »Familienklasse« etablieren (vgl. Dawson et al., 2020, S. 9; Wuntke et al., 2023, S. 149; Behme-Matthiessen & Pletsch, 2020, S. 140).

Inzwischen haben sich jedoch im gesamten Bundesgebiet, außer im Saarland und in Bayern, viele verschiedene Angebote der Familienklasse verbreitet, die je nach Region sehr unterschiedlich finanziert, geplant und durchgeführt werden. In den meisten Fällen werden sie als »Familienklasse« bezeichnet. Es gibt sie aber, neben dem bereits aufgeführten FiSch, auch als Familienklassenzimmer, wobei sich die Konzepte inhaltlich und organisatorisch unterscheiden. Eine detaillierte Darstellung findet sich in den folgenden Kapiteln zu den einzelnen Bundesländern. Außerdem nimmt die Zahl der Angebote, die aus dem Projektstatus in eine langfristige Umsetzung mit gesicherter Finanzierung übergehen, zu (vgl. Dawson et al., 2020, S. 9; Wuntke et al., 2023, S. 149). Eine Übersicht zur Verbreitung der Familienklassen in Deutschland ist in Abbildung 3 zu sehen (▶ Abb. 3).

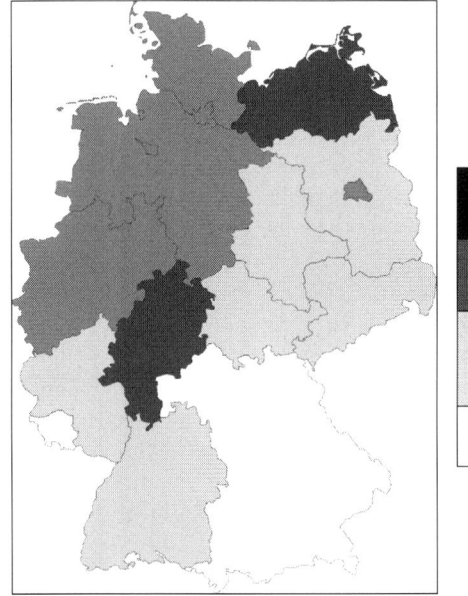

Abb. 3: Verbreitung von Familienklassenzimmern in Deutschland (Wuntke, Blumenthal, Köhler & Mahlau, 2023, 2023, S. 149)

Die Gemeinsamkeit aller Projekte besteht darin, dass mehrere Familien innerhalb eines gemeinsamen Gruppenangebotes in den Schulkontext eingebunden werden, um Kinder in der Schule zu unterstützen. Dabei sollen die Familien zur gegenseitigen Hilfe und Unterstützung angeregt werden. Weiterhin sind alle Angebote auf Verhaltensziele sowie auf Begleitung und Präsenz der Eltern ausgerichtet. Überwiegend arbeiten die Familienklassen sowohl mit Unterrichtssituationen als auch mit klassischen multifamilientherapeutischen Methoden und Übungen, die von Teams aus einer bzw. einem Lehrer*in und einer bzw. einem Multifamilientrainer*in/Therapeut*in umgesetzt werden. Insbesondere die Anwendung von multitherapeutischen Methoden setzt eine Ausbildung in der Multifamilientherapie/Multifamilienarbeit voraus. Dennoch gibt es aktuell keine einheitliche spezifische Ausbildung zur Durchführung einer Familienklasse, wodurch sich die Angebote weiterhin in vielen Aspekten unterscheiden. Teilweise werden die Familienklassen von Familientherapeut*innen unterstützt, die oftmals aus der Jugendhilfe kommen und multisystemisch ausgebildet sind. In anderen Familienklassen haben Lehrkräfte und weiteres pädagogisches Personal gemeinsame Aus- und Fortbildungen besucht, um die Familienklassenzimmer kooperativ durchführen zu können (vgl. Dawson et al., 2020, S. 9; Wuntke et al., 2023, S. 150). Außerdem liegt in einigen Projekten die Unterrichtssituation mit Elterncoaching im Fokus, wohingegen andere Angebote auf die Familiendynamik und multifamilientherapeutische Kooperationsübungen ausgerichtet sind (vgl. Dawson et al., 2020, S. 9).

Die Finanzierung der Projekte unterscheidet sich je nach Region. Da die meisten Familienklassen in Kooperation zwischen einer Schule und einem Jugendhilfeträger umgesetzt werden, läuft die Finanzierung über Gelder der Jugendhilfe oder in einer Mischfinanzierung aus Schule und Jugendhilfe. Es gibt jedoch auch einige Angebote, die über befristete Förderprogramme und Spenden finanziert werden. In Einzelfällen finanzieren die Schulen die Familienklassen über eigene Mittel, wie beispielsweise in Bremen über das »Regionale Beratungs- und Unterstützungszentrum Süd« (ReBUZ Süd). Im Gegensatz zur Finanzierung durch das Gesundheitssystem, sind die Projekte in Kooperation mit der Jugendhilfe nicht von Diagnosen abhängig, wodurch mehr Finanzierungsmöglichkeiten gegeben sind (vgl. Dawson et al., 2020, S. 9 f.). In Hessen und Mecklenburg-Vorpommern wurden die Familienklassen bereits langfristig verankert, wodurch dort die Finanzierung sowie die Organisation und Ausbildung der mitwirkenden Lehrkräfte gesichert werden konnte (vgl. Wuntke et al., 2023, S. 149).

Auch in der strukturellen Umsetzung unterscheiden sich die Familienklassen, da einige Angebote fest an einer Schule angebunden sind, andere hingegen die Kinder nach Regionen zusammenlegen. Eine besondere Form der Multifamilienarbeit in Schulen ist zusätzlich in Berlin und dem Landkreis Cuxhaven zu finden. Dort gibt es sogenannte Familienschulen, die Kinder, Jugendliche und ihre Familien begleiten, für die das niedrigschwellige Angebot der Familienklasse nicht ausreicht. Die Familienschule findet schulübergreifend an vier Tagen pro Woche statt. An einem Tag in der Woche besuchen die Kinder regulär ihre Herkunftsschule, die weiterhin die Verantwortung für die Schüler*innen trägt. Das Angebot der Familienschule ist dabei auf ein halbes bis ganzes Jahr befristet (vgl. Dawson et al., 2020, S. 9 f.).

Ulrike Behme-Matthiessen und Thomas Pletsch benennen die Angebote als »Multifamiliencoaching« und unterscheiden sie vom Begriff »Multifamilientherapie«. Sie vertreten die Auffassung, dass Regelschulen und außerklinische Förderzentren keinen therapeutischen Auftrag haben und damit andere Zielsetzungen verfolgen. Behme-Matthiessen und Pletsch fassen zusammen, dass FiSch-Projekte an Regelschulen und Förderzentren präventiv orientiert sind, während sie im klinischen Kontext eine rehabilitative Zielsetzung im Sinne eines Behandlungsmoduls verfolgen (Behme-Matthiessen & Pletsch, 2020, S. 140).

Weiterhin hebt Jasmin Föllmer in einer Untersuchung zu allen Formen der Familienklasse in Deutschland hervor, dass alle FiSch-Angebote als Familienklassenzimmer einzuordnen sind, aber nicht alle Familienklassenzimmer als FiSch-Angebote, da die FiSch-Angebote ausschließlich auf dem Konzept von Eia Asen beruhen (Föllmer, 2021, S. 39).

Zusammenfassend werden alle Gemeinsamkeiten und Unterschiede der Familienklassen in Deutschland in Tabelle 1 dargestellt.

Tab. 1: Gemeinsamkeiten und Unterschiede der Umsetzung der Familienklassen in Deutschland (in Anlehnung an Föllmer, 2021, S. 36; Wuntke et al., 2023, S. 149)

Gemeinsamkeiten	Unterschiede
Grundgedanke der Multifamilienarbeit in Schulen auf Grundlage systemischer Ideen Präsenz von Eltern/Familie in der Schule Orientierung an Verhaltenszielen Team aus Lehrkräften und Multifamilientherapeut*innen meist Kooperation zwischen Eltern, Schule und Jugendhilfe	Bezeichnung des Angebots: • »Familienklassenzimmer« • »Familienklassen« • »Familie in Schule« (kurz FiSch) Organisation innerhalb der Bundesländer Finanzierung Durchführung der Angebote: • inhaltliche Methoden • Umfang • Dauer • Anzahl beteiligter Familien • Beteiligung von Kooperationspartner*innen • Ausbildung der Fachkräfte • Zusammensetzung der Teams

Wie bereits deutlich geworden ist, erfolgt die Umsetzung der Familienklassen in den einzelnen Bundesländern sehr unterschiedlich: Das Bundesland *Mecklenburg-Vorpommern* kann in Bezug auf die Familienklasse insofern als Vorreiter benannt werden, als die dort umgesetzten »Familienklassenzimmer« Teil der Inklusionsstrategie sind. Im Jahr 2010 startete das erste Familienklassenzimmer in der Klinikschule in Stralsund. Ab 2013 wurde das Angebot auch an Grundschulen in der Region umgesetzt, bis sich über die Jahre immer mehr Projekte gebildet und teilweise fest etabliert haben. So verfügt Mecklenburg-Vorpommern im Jahr 2023 über knapp 60 Familienklassenzimmer. Die Schulen können sich selbst für die Einrichtung einer Familienklasse entscheiden. Sie bewerben sich dann über die Staatlichen Schulämter für eine einheitliche und verbindliche Fortbildung für die Lehrkräfte, die in einem Familienklassenzimmer arbeiten werden. Umgesetzt wird diese Fortbildung unter dem Titel »Systemische Kompetenz« vom Institut für Qualitätsentwicklung Mecklenburg-Vorpommern. Auch die Standards für das Familienklassenzimmer sind in Mecklenburg-Vorpommern vereinheitlicht und werden ebenfalls vom Institut für

Qualitätsentwicklung Mecklenburg-Vorpommern vorgegeben (vgl. Föllmer, 2021, S. 40 f.).

In *Hessen* werden die Angebote unter dem Begriff »Familienklassen« als Kooperationsprojekt zwischen dem Land Hessen und den einzelnen Städten und Landkreisen umgesetzt. Dafür ist vom hessischen Kultusministerium ein Gesamtbudget geplant worden, über das die Schulen die Familienklassen einrichten können. Dazu müssen sich die Schulen mit dem Staatlichen Schulamt und dem Schulträger abstimmen, um die Unterstützung durch das Land zu erhalten. Anschließend prüft der Schulträger die pädagogischen und finanziellen Rahmenbedingungen, um dann eine Kooperationsvereinbarung mit dem hessischen Kultusministerium zu schließen. Die Trainer*innen für Multifamilientherapie sind in Hessen bei Trägern der öffentlichen oder freien Jugendhilfe angestellt. Von der Schule werden für die Familienklassen Lehrer*innen oder sozialpädagogische Fachkräfte in der Familienklasse eingesetzt (vgl. Föllmer, 2021, S. 41).

Im Bundesland *Bremen* erfolgt seit 2015 die Organisation und Umsetzung der »Familienklassenzimmer« als schulergänzende Maßnahme an Grundschulen durch das »Regionale Bildungs- und Unterstützungszentrum Süd« (ReBUZ SüD), welches eine Einrichtung der Bildungsbehörde darstellt. Aktuell gibt es im Land Bremen sieben schulübergreifende Standorte für Familienklassenzimmer. Aus insgesamt zwölf Grundschulen nehmen Schüler*innen mit ihren Familien an diesen zentralen Familienklassenzimmern teil. Vor Beginn der Corona-Pandemie gab es zusätzlich Familienklassen an drei Oberschulen, die in Kooperation von einem freien Träger und der Bildungsbehörde durchgeführt wurden (vgl. Föllmer, 2021, S. 41 f.).

Schon seit 2009 wird in *Schleswig-Holstein* das Projekt »Familie in Schule« im Regelschulbereich durchgeführt. In Schleswig, wo die ersten FiSch-Klassen etabliert wurden, gibt es mittlerweile mehrere zentrale Standorte, die mit den umliegenden Schulen zusammenarbeiten. Über die Jahre wurden jedoch auch in weiteren Landkreisen FiSch-Standorte eingerichtet. Inzwischen wurden die FiSch-Abläufe und Standards mit dem Bildungsministerium vereinheitlicht und eine Zertifizierung für FiSch-Angebote in Schleswig-Holstein eingeführt. Dennoch ist in Schleswig-Holstein die Familienklasse kein schulrechtlich gesichertes Element im Rahmen der Inklusion und nicht zentral erfasst (vgl. ebd., S. 42 f.).

In *Hamburg* sind sowohl Familienklassen als auch FiSch-Klassen vorzufinden. Dabei werden die Familienklassen als gemeinsames Angebot von dem Verein »IN VIA Hamburg e. V.«, dem Regionalen Bildungs- und Beratungszentrum, den Bezirksämtern Harburg und Bergedorf und den beteiligten Grundschulen umgesetzt. Die Familienklassen finden zentral im Regionalen Bildungs- und Beratungszentrum Nord für drei Schulen statt. Daneben wird im Bezirk Hamburg-Nord seit 2018 auch das Projekt »Familie in Schule« nach dem Vorbild aus Schleswig-Holstein an neun Grundschulen durchgeführt. Zu Beginn waren nahezu alle Schulen des Bezirks Hamburg-Nord beteiligt, mittlerweile sind es nur noch einzelne interessierte Schulen. Die Gewinnung und Vermittlung von Schüler*innen wird teilweise über das Regionale Bildungs- und Beratungszentrum Nord realisiert (vgl. ebd., S. 42).

In *Berlin* ist die »Familienklasse« nicht zentral eingeführt und wird seit 2011 vom Jugendhilfeträger »Familie e. V.« in Kooperation mit vier Berliner Grundschulen in Kreuzberg und Neukölln angeboten. Im Bezirk Berlin-Spandau wird seit einigen

Jahren an einer Grundschule eine Familienklasse vom »Gemeinwesenverein Heerstraße Nord e.V.« umgesetzt. Es ist geplant, das Angebot auf den ganzen Bezirk auszuweiten. Außerdem sind in Berlin auch einige FiSch-Klassen vertreten. »Jugendwohnen im Kiez e.V.« bietet für vier Grundschulen eine FiSch-Klasse am Campus Rütli an. Im Stadtteil Wedding werden für drei Schulen FiSch-Klassen vom »Pfefferwerk Stadtkultur Berlin e.V.« angeboten (vgl. ebd., S. 43).

Auch in *Niedersachsen* sind Familienklassenangebote nicht schulrechtlich im Rahmen der Inklusion verankert. Hier gibt es »Familienklassenzimmer« als Initiativen von einzelnen Schulen und Gemeinden. Die erste Schule in Niedersachsen, die eine Familienklasse etablierte, war die Grundschule Scharnebeck. Seit 2012 werden dort vier Grundschulen von mehreren Gemeinden betreut. Zusätzlich gibt es Familienklassenzimmer an drei Schulen in Lüneburg. Zwischen den Projekten in Scharnebeck und Lüneburg wird ein fachlicher und konzeptioneller Austausch gepflegt. Auch in Cuxhaven wird seit 2012 ein Familienklassenzimmer angeboten. Drei Projekte im gleichnamigen Landkreis pausieren jedoch seit dem Beginn der Corona-Pandemie (vgl. ebd.).

In *Nordrhein-Westfalen* ist das »Familienklassenzimmer« zwar nicht zentral verankert, es wird jedoch in einigen Städten und Schulen als Konzept zur Prävention umgesetzt. Die »Caritas-SkF-Essen gGmbH« hat 2007 das erste Familienklassenzimmer in Nordrhein-Westfalen unter dem Namen »Familie Aktiv in Schule« etabliert. Das Angebot wird in Kooperation mit den teilnehmenden Schulen und dem Jugendhilfeträger umgesetzt und wurde bisher auf neun Grundschulen sowie Förder- und weiterführende Schulen in Essen erweitert. Weiterhin gibt es seit 2014 in der Gemeinde Hövelhof eine Familienklasse an einer Grundschule, welche 2019 auch auf eine Realschule erweitert wurde. Im Jahr 2018 wurde das Konzept auf zwei Gesamtschulen in Gütersloh übertragen. Der Verein »IN Via Paderborn e.V.« bietet ebenfalls Familienklassenzimmer an zwei weiteren Gesamtschulen in Gütersloh an. Auch in Bochum und Bergheim sind Familienklassenzimmer vorzufinden (vgl. ebd., S. 44).

In *Thüringen* wurden Familienklassen nicht von zentraler Stelle aus eingeführt. Laut der schon erwähnten Untersuchung von Jasmin Föllmer aus dem Jahr 2021 wird das Familienklassenzimmer nur an einer Grundschule in Pößneck angeboten. In *Baden-Württemberg* wird das Konzept Familienklassenzimmer nur an der Albert-Schweizer-Schule in Stuttgart praktiziert. In *Rheinland-Pfalz* gibt es die Möglichkeit, dass die Jugendämter die Einrichtung von Familienklassen in Zusammenarbeit mit den Schulen anregen können (vgl. ebd.). In *Brandenburg* wurden erst vor Kurzem einzelne Familienklassen-Angebote auf den Weg gebracht (Wuntke et al., 2023, S. 149). Weiterhin sind in *Sachsen* Familienklassen an einzelnen Schulen zu finden, wurden jedoch nicht zentral eingeführt. In Dresden werden »Familienklassenzimmer an mehreren Grundschulen als Modellprojekt angeboten. In *Sachsen-Anhalt* war die Einrichtung von Familienklassen an zwei Förderschulen und einer Grundschule geplant. Die Umsetzung wurde allerdings aufgrund der Corona-Pandemie für einige Zeit ausgesetzt. Sowohl in *Bayern* als auch im *Saarland* wird das Konzept der Familienklassen bisher nicht umgesetzt (vgl. Föllmer, 2021, S. 44f.).

In der Übersicht der Bundesländer zeigt sich, dass das Konzept der Familienklasse keineswegs einheitlich oder flächendeckend praktiziert wird. Die aktuelle Praxis beruht größtenteils auf Projektumsetzungen, die an einzelnen Standorten vorgenommen werden. Mit Blick auf die Gründung der BAG MFT (Bundesarbeitsgemeinschaft für Multifamilientherapie) und dem wachsenden bundesweiten Interesse an Familienklassen und Multifamilientherapie ist es jedoch denkbar, dass die bestehenden Strukturen weiter ausgebaut und vereinheitlicht werden (Dawson et al., 2020, S. 9).

3.2 Die Umsetzung der Familienklasse in Hamburg

Kristina Gauding[2]

Die ersten beiden Familienklassen unter Beteiligung von »IN VIA Hamburg e. V.« starteten zum Schuljahr 2018/19 an den Grundschulen »Am Johannisland« und »An der Haake« im Bezirk Hamburg-Harburg. Zuvor hatten die Schulleitungen der beiden Schulen die Idee entwickelt, Familienklassen an ihren Grundschulen zu etablieren und mit den beteiligten Institutionen Jugendamt und Regionales Bildungs- und Beratungszentrum (ReBBZ) im Bezirk Harburg ausgearbeitet. IN VIA Hamburg e. V. hat sich auf das daraus resultierende Interessenbekundungsverfahren beworben und wurde ausgewählt. Innerhalb der Schulen konnten sich interessierte Mitarbeitende des Schulkollegiums für die Familienklassen melden. Von vornherein war gewünscht, dass alle vier an den Familienklassen beteiligte Pädagoginnen die Weiterbildung zur Trainerin in der Multifamilientherapie (MFT) durchlaufen sollten. Alle vier absolvierten diese Fortbildung bei den Multifamilientherapeutinnen Karin Bracht und Petra Kiehl während des ersten Schuljahrs, in dem die Familienklasse umgesetzt wurde.

Bei der Familienklasse handelt es sich um ein Kooperationsprojekt zwischen Jugendhilfe und Schule, welche eine »integrierte Lerngruppe« gemäß der Rahmenvereinbarung »Regionale Kooperationen zwischen Schule und Jugendhilfe für die Bildung und Betreuung von Kindern und Jugendlichen mit besonders herausforderndem Verhalten« der Behörde für Arbeit, Soziales, Familie und Integration (BASFI) und der Behörde für Schule und Berufsbildung (BSB) sowie der Bezirke Hamburgs ist. Neben den Schulen und dem Träger sind das Jugendamt/Allgemeiner Sozialer Dienst (ASD) Region Süderelbe und das ReBBZ Süderelbe involviert. Ressourcen für das Projekt werden sowohl seitens des Trägers als auch seitens der Schule zur Verfügung stellt. Die Projektfinanzierung auf Trägerseite erfolgt durch Mittel des Bezirks Hamburg-Harburg. Dafür stellt der Träger jährlich einen neuen Antrag. Während der Startphase und bis 2022 wurden die beiden Familienklassen finanziell durch das Projekt »heimspiel. Für Bildung. Neuwiedenthal« der Alfred Toepfer Stiftung F. V. S. und der Joachim Hertz Stiftung unterstützt – diese Un-

---

2 Die Autorin ist bei IN VIA Hamburg e. V. tätig.

terstützung hat es u. a. ermöglicht, dass alle vier Pädagoginnen die MFT-Weiterbildung absolvieren konnten.

Auf Leitungsebene existiert eine Steuergruppe, die sich einmal monatlich trifft. Mitglieder der Steuergruppe sind die beiden Schulleitungen, die Bereichsleitung Schule des Trägers IN VIA e. V., die Leitung des ReBBZ Süderelbe sowie eine*r der Netzwerkmanager*innen des ASD Süderelbe. Diese Treffen dienen dazu, strategische und organisatorische Themen der Familienklassen auf Leitungsebene zu besprechen, sowie der Einsteuerung der teilnehmenden Kinder und ihrer Familien. Auch der ASD sowie das ReBBZ können Kinder vorschlagen, wozu es bis jetzt aber noch nicht gekommen ist. Bisher sind alle teilnehmenden Kinder seitens der Schulen vorgeschlagen worden. In den Schulen werden nach Erstgesprächen zwischen Klassenteams und dem Team der jeweiligen Familienklasse Hospitationen durchgeführt. Nach Erstgesprächen mit den Eltern sowie deren schriftlich erfolgte Schweigepflichtentbindung werden »Falleingabebögen« ausgefüllt, in denen Informationen zum Kind und der Familie festgehalten werden, sowie eine Begründung seitens des Klassenteams für die Teilnahme an der Familienklasse und Punkten wie Ressourcen, Themen der Familie und eine Zielsetzung. Die Falleingabebögen werden an den ASD und das ReBBZ weitergereicht. Sollte es schon eine Zusammenarbeit (einer) dieser Institution(en) und dem Kind bzw. der Familie geben, werden Informationen untereinander ausgetauscht bzw. in den Bogen aufgenommen und zurückgeleitet an die Pädagoginnen der Familienklasse. Unter Einbezug des Falleingabebogens entscheidet die Steuergruppe über die Aufnahme eines Kindes und seiner Familie. In der Zusammenarbeit der Familienklassen mit dem ASD und dem ReBBZ gibt es regelmäßig, vorausgesetzt Zuständigkeiten sind vorhanden, u. a. Fachgespräche, Gespräche/Austausch mit zuständigen Fachkräften im ASD/ReBBZ, Familienhelfer*innen oder Erziehungsbeiständen, z. T. Teilnahme an Hilfeplangesprächen und runden Tischen, Fallberatungen etc.

Wenn ein Kind seitens der Steuergruppe aufgenommen wird, startet die Teilnahme unverzüglich. Pro Familienklasse gibt es maximal sechs Plätze. Im Schnitt verweilen die Kinder ein Schuljahr in der Familienklasse. In Einzelfällen wird die Teilnahme vorzeitig beendet, wenn beispielsweise die verabredeten Ziele erreicht wurden bzw. eine Besserung der schulischen Situation eingetroffen ist. Manchmal führt die Aufnahme einer Berufstätigkeit der Eltern o. ä. zu einem vorzeitigen Ende. Bedingt durch die Corona-Pandemie wurden einige Teilnahmen verlängert. An beiden Schulstandorten sind die Kinder an zwei Schultagen in der Familienklasse. Die Familienklassentage sind stets zweigeteilt: Während der ersten Phase arbeiten die Kinder an ihren individuellen Schulmaterialien. Es folgt die gemeinsame Einnahme des Mittagessens in der Gruppe und eine Pause für alle. Der zweite Teil des Tages ist geprägt von der Multifamilienarbeit – es werden kreative Übungen der MFT angeleitet und der Rahmen dafür geschaffen, dass die Familien miteinander in Kontakt sein können.

An der Grundschule »Am Johannisland« kommen die Kinder an beiden Tagen gemeinsam mit ihren Eltern in die Familienklasse. An der Grundschule »An der Haake« sind die Pädagoginnen dazu übergegangen, nur noch einen Tag mit den Eltern durchzuführen, da viele Familien aufgrund unterschiedlicher Gründe nicht an beiden Tagen teilnehmen können. Einer der beiden Familienklassentage wird hier von den beiden Pädagoginnen ohne Eltern mit den Kindern zum sozialen Lernen genutzt. Dabei werden den Kindern bedürfnisorientierte Angebote gemacht – das Spektrum der Angebote und Projekte ist breit: So wurden Experimente durchgeführt, Karten- und Zaubertricks eingeübt, Einheiten zur gewaltfreien Kommunikation abgehalten und es sind auch immer wieder Spielphasen gegeben. Mittlerweile befinden sich die Familienklassen an den beiden Grundschulen im Bezirk Harburg in ihrem fünften Schuljahr und sind an ihren jeweiligen Standorten etabliert. Das Angebot wird von den Kollegien der Schulen gut angenommen.

Zu den Familienklassen im Bezirk Harburg kam im Jahr 2020, leider zeitgleich mit der Corona-Pandemie, die Familienklasse^{plus} an der Clara-Grunwald-Schule im Stadtteil Allermöhe hinzu. Die Familienklasse^{plus} ist ebenfalls eine integrierte Lerngruppe mit ähnlichen, wie oben beschriebenen, Rahmenbedingungen. Jedoch gibt es neben dem Familienklassentag für Kinder und Eltern den »Plus«-Teil, bei dem die Kinder an zweieinhalb weiteren Tagen zur Lerngruppe kommen. Das Team der Familienklasse^{plus} besteht aus vier Pädagog*innen (je zwei seitens der Schule und seitens des Trägers), zwei für die Lerngruppe und zwei für den Familienklassentag. Der Familienklassentag wird von einer Trainerin für Multifamilientherapie und einem Sonderpädagogen der Schule durchgeführt. Die Lerngruppe und der Familienklassentag haben verbindende Elemente, wie das Arbeiten an gleichen Zielen, ähnlichen Tagesabläufen und gleichen Ritualen. Das Projekt der Familienklasse^{plus} ist zudem Teil des Netzwerkprojekts »ZUSAMMEN!WACHSEN in Allermöhe« dreier Grundschulen, bei welchem es sich um ein Pilotprojekt zur Etablierung von Schulsozialarbeit an Grundschulen handelt. Dieses wird seitens der Universität Oldenburg wissenschaftlich begleitet.

Wie bei den Familienklassen im Bezirk Harburg ist die Familienklasse^{plus} ein Kooperationsprojekt zwischen Jugendhilfe und Schule, auch hier erfolgt die Finanzierung seitens des Trägers über Gelder des Bezirks, hier Bergedorf. Anders als in Harburg gibt es keine Steuergruppe, die über Einsteuerungen entscheidet. Das System der Falleingaben ist zwar gleich, aber hier erfolgt die Einsteuerung durch die Praktiker*innen vor Ort zusammen mit einer zuständigen Mitarbeitenden im ASD Bergedorf (die Netzwerkmanagerin) und für den Schulstandort zuständige Mitarbeitende des ReBBZ Bergedorf. Auf Leitungsebene gibt es eine Steuergruppe für das gesamte Netzwerkprojekt, bei der sowohl Schulleitungen, die Bereichsleitung von IN VIA Hamburg e.V., die Leitung ReBBZ Bergedorf, die Schulaufsicht, ein strategischer Mitarbeiter des ASD sowie Pädagog*innen bzw. Schulsozialarbeitende der beteiligten Schulen teilnehmen. Kooperiert wird ähnlich wie in Harburg mit den verschiedenen Institutionen bezüglich der Belange der Kinder der Familienklasse, aber auch im Rahmen des Netzwerkprojekts.

3.3 Familienklassenzimmer – Das Dresdner Modell für Grundschulen

Maud Rix, Antje Gehrke, Friederike Martin, Lars Junghahn & Lisa Schürmann[3]

Erste Ideen zum Aufbau eines Familienklassenzimmers gab es bereits im Jahr 2012. Der damalige Geschäftsführer des Jugendhilfeträgers Auguszt & Jetter GmbH (seit 2018 drefugio) hatte sich mit dem Jugendamt und dem Amt für Schule und Bildung in Verbindung gesetzt, um die eigene Projektidee vorzustellen und das Interesse der Ämter für ein solches Vorhaben auszuloten. Im Jahr 2014 wurde eine Projektgruppe gegründet, in der Vertreter*innen vom Landesamt für Schule und Bildung und dem Jugendamt an einer möglichen Umsetzung und an einer machbaren Finanzierungskonzeption arbeiteten. Dass es schließlich einen positiven Entscheid zum Aufbau eines Familienklassenzimmers als Modellprojekt gab, ist dem Engagement einer einzelnen Schulleiterin und der neuen Geschäftsführerin von drefugio zu verdanken. Von März 2015 bis Juli 2017 lief das Modellprojekt; die Arbeit im Familienklassenzimmer wurde begleitend evaluiert, qualitativ ausgewertet und in einem ausführlichen Abschlussbericht zusammengefasst. Daraus ergab sich eine Überführung des Modellprojektes in die Form der Regelfinanzierung. Trotz der langen Vorlaufzeit und einiger organisatorischer und formaler Hürden ist es durch die Initiative vieler Beteiligter aus unterschiedlichsten Institutionen und Ebenen gelungen, die anfängliche Konzeptidee in ein regelhaftes Angebot zu überführen. In der Trägerschaft von drefugio werden in der Stadt Dresden aktuell regelmäßig vier Familienklassenzimmer an verschiedenen Grundschulen durchgeführt.

Inhaltliche Arbeit im Familienklassenzimmer – Besonderheiten des Dresdner Modells

Im Dresdner Modell für Grundschulen wird mit bis zu neun Familien in einer geschlossenen Gruppe über ein Schulhalbjahr (16 Vormittage) gearbeitet. Der Vormittag beginnt in der ersten Unterrichtsstunde mit einer Elterngruppe. Die Kinder besuchen in dieser Zeit noch ihre Regelklasse. In der zweiten und dritten Stunde kommen die Kinder aus ihren Klassen zur gemeinsamen Unterrichtszeit in das Familienklassenzimmer. Sie arbeiten hier – unterstützt von dem anwesenden Elternteil – an den von den Klassenlehrer*innen vorbereiteten Aufgaben (in der Regel Mathe und Deutsch). Eine Lehrerin leitet den Unterricht an, die Familiengruppe trägt das Geschehen. In der vierten und fünften Unterrichtsstunde findet die eigentliche Multifamilienarbeit statt. Der gesamte Vormittag wird von zwei Multifamilientherapeut*innen geleitet. Die Lehrerin ist nur während der beiden Unterrichtsstunden anwesend. Sie ist verantwortlich für den Kontakt und Austausch mit

---

3 Die Autor*innen sind bei drefugio – Kinder- und Jugendhilfe Dresden beschäftigt.

dem Kollegium, auch die Gewinnung von Eltern und Kindern liegt vornehmlich in den Händen der Schule, die Multifamilientherapeut*innen sind regelmäßig bei den Vorgesprächen zusätzlich anwesend. Die Multifamilientherapeut*innen sind für die inhaltliche Netzwerkarbeit und systemische Einbettung der einzelnen Familien verantwortlich, dies umfasst zum Beispiel Kontakte zu Lehrer*innen, Therapeut*innen, Familienhelfer*innen, zur Schulsozialarbeit und zum Jugendamt.

Der Gruppenprozess eines Familienklassenzimmer-Durchgangs teilt sich in verschiedene Phasen: Zu Beginn liegt der therapeutische Fokus auf je eigener und gegenseitiger Wertschätzung und Ressourcenaktivierung sowie auf dem Aufbau einer Gruppenkohäsion im Sinne von sich gegenseitig kennenlernen und in Verbindung kommen. Es folgt eine intensive Arbeitsphase mit unterschiedlichen Modulen, die sich an den jeweiligen Themen der Familien und der Gruppe orientieren. Mögliche Themenschwerpunkte können sein: Umgang mit schulischen Anforderungen, Aufgabenerledigung, Verweigerung, Mediennutzung, soziale Kompetenzen, Erörterung unterschiedlicher Erziehungshaltungen, Familienregeln und Rollenverteilung. Zum Abschluss entstehen im besten Fall Lösungslandkarten für jede Familie, in denen die Ergebnisse der inhaltlichen Arbeit zusammengefasst werden und die einen Transfer in den Familienalltag ermöglichen können. Für die Arbeit mit den Kindern werden zu Beginn kleinschrittige und umsetzbare Verhaltensziele vereinbart. Diese Ziele werden täglich von den Klassenlehrer*innen eingeschätzt, sodass der Transfer in den Schulalltag gewährleistet ist. Die Zielerreichung wird in der Familiengruppe gewürdigt, ermöglicht den Kindern die Erfahrung der Selbstwirksamkeit und initiiert die ersten Schritte zu einer Verhaltensänderung. Die Verhaltensziele werden regelmäßig mit den Klassenlehrer*innen abgeglichen und ggf. angepasst.

Dieses Grundkonzept unseres Dresdner Modells wird an den verschiedenen Schulen flexibel den Gegebenheiten vor Ort angepasst. Dies meint eine Anpassung an die unterschiedlichen Strukturen und Gegebenheiten an jeder Schule, insbesondere aber auch eine Anpassung gegenüber den Adressat*innen, also den Familien im Familienklassenzimmer. Die Herausforderungen bestehen darin, teilweise bis zu drei Fremdsprachen sowie unterschiedlichste kulturelle Hintergründe und Sozialisationsgeschichten zu integrieren. Auf der anderen Seite der Medaille stehen »Fachchinesisch«, »Psychosprech«, »Lehrer*innendenke« und »Schubladendenken« – auch dies verlangt von allen Beteiligten eine hohe Anpassungsleistung. Zentral für das Gelingen des Familienklassenzimmers ist eine gute Verbindung zwischen der Arbeit mit den Familien und dem Anliegen der Schule bzw. den Sorgen der Lehrer*innen in Bezug auf das Kind. Es gibt dafür regulär für jede Familie bzw. für jede*n Schüler*in zu Beginn des Familienklassenzimmers einen Übergabebogen mit den wichtigen Anliegen der Schule sowie Zielen für jede*n Schüler*in. Eine Schweigepflichtentbindung ermöglicht eine entsprechende Transparenz und einen Austausch über schulische Themen. Bei Bedarf kann diese Schweigepflichtentbindung um die Schulsozialarbeit und andere Helfer*innen erweitert werden. Der Umgang gerade mit sensiblen Themen der Familie bleibt trotzdem immer wieder ein Balanceakt zwischen wechselseitiger Transparenz und Schutzraum. Entsprechendes gilt bei der Verschwiegenheitserklärung innerhalb der Familiengruppe.

Fachliche Qualitätsstandards, Vernetzung und Finanzierung

Die Familienklassenzimmer des Dresdner Modells werden alle nach hohen fachlichen Standards geführt. Die Therapeut*innen wurden im Weiterbildungsgang »Multifamilientherapie« am MFT Institut Dresden nach DGSF-Richtlinien ausgebildet und zertifiziert. Die Qualitätsstandards für die Durchführung von Familienklassenzimmern, die von der Bundesarbeitsgemeinschaft Multifamilientherapie (BAG MFT) festgelegt wurden, werden somit über das vorgegebene Maß hinaus erfüllt. Es gibt regelmäßige Teambesprechungen und supervisorischen Austausch. Es ist eine Vernetzung mit der BAG MFT und dort speziell mit der Regionalgruppe Ost vorhanden. Zudem sind alle Therapeut*innen mit den klinischen Angeboten sowie den Jugendhilfe-Angeboten der Stadt Dresden seit Jahren vertraut, sodass auch zu diesen Systemen eine gute Verbindung besteht. Rechtliche Grundlage des Familienklassenzimmers in Dresden ist § 29 SGB VIII, die Soziale Gruppenarbeit im Rahmen der Hilfen zur Erziehung.

Herausforderungen und Stolpersteine

Von Niederschwelligkeit bis Zwangskontext

Die Teilnahme am Familienklassenzimmer beruht für die meisten Familien auf Freiwilligkeit und ist damit ein niederschwelliges Angebot. Für wenige Familien wird durch die Schule ein ›selbstkreierter Zwangskontext‹ gesetzt (dringend angeratene Teilnahme zur Auflösung der schulischen Problematik). Die Schule macht mit den Eltern einen Vertrag zur Teilnahme und stellt somit einen verbindlichen Rahmen her.

Regelmäßige Teilnahme, Motivation zur Veränderung und Selbstwirksamkeitserleben

Die regelmäßige Teilnahme der Familien und die entsprechende Eigenmotivation kann jedoch letztendlich nur therapeutisch erzeugt werden – durch die positiven Erfahrungen in der Familiengruppe und das Eigenerleben von Wirksamkeit. Lernen ist ein Prozess; Arbeit und Erleben im Familienklassenzimmer können wirksam sein, jedoch brauchen diese Entwicklungen viel Zeit und die Geduld aller Beteiligten. Mitunter sind Familien aus verschiedenen Gründen so belastet, dass dieses gut gemeinte Unterstützungsangebot nicht greifen kann. Explizites Ausschlusskriterium sind akute Fälle der Kindeswohlgefährdung sowie eine akute und nicht versorgte Suchterkrankung oder schwere psychische Beeinträchtigungen; eine ggfs. zu hohe Eigenbedürftigkeit bei den Eltern ist für den Einzelfall sorgsam zu prüfen.

Gruppenzusammensetzung

Die ideale Gruppengröße liegt bei fünf bis acht Familien. Bei der Auswahl der Familien ist auf eine günstige Mischung aus hochbelasteten und eher gut motivierten Familien zu achten, um im Familienklassenzimmer arbeitsfähig zu bleiben. Um für eine Atmosphäre gegenseitiger Wertschätzung bei allen Beteiligten zu sorgen, bedarf es eines möglichst verbindlich gesetzten und gehaltenen Rahmens und entsprechend gemeinsam getragenen Regeln (Pünktlichkeit, Verbindlichkeit), was oftmals einen durchaus mühsamen Prozess darstellt.

Hohe Erwartungshaltungen

Sowohl von Seiten der Schule als auch von Seiten der Eltern besteht mitunter eine hohe Anspruchshaltung an dieses Konzept (Stolperstein Zeitaufwand, Kosten-Nutzen-Abwägung). Hier gilt es, insbesondere die Lehrer*innen durch freundlichen, persönlichen Kontakt mit den Multifamilientherapeut*innen aufmerksam mitzunehmen, immer wieder einzuladen und einzubinden sowie insgesamt eine ausreichende Transparenz für das Geschehen herzustellen.

Zusammenfassung

Ein wesentlicher Effekt der Arbeit im Familienklassenzimmer ist die Verbesserung der Beziehung zwischen Eltern und Lehrer*innen. Wenn diese – nahezu zwangsläufig über das Kind und im Entwicklungsraum Schule – in Kontakt kommen und zunehmend miteinander statt übereinander sprechen, können gegenseitige Vorbehalte und einseitige Schuldzuschreibungen abgebaut werden. Es entsteht ein ganzheitlicher Blick darauf, was mit dem Kind ›wirklich‹ ist und was es braucht, um besser lernen zu können. In diesem Prozess spiegelt sich unser systemischer Anspruch und unser Selbstverständnis, Schule dabei zu begleiten, die Kinder und Familien ganzheitlich zu sehen. Im besten Fall entwickelt sich eine veränderte gegenseitige Wertschätzung für das, was die Lehrer*innen mit den einzelnen Schüler*innen und was die Eltern mit dem Kind leisten. Insgesamt scheint sich die elterliche Perspektive auf Schule (welche ja oft von unguten eigenen Vorerfahrungen mit Schule geprägt ist) in positiver Weise zu verändern.

Diese Veränderung der Eltern-Schule-Kooperation wirkt auch weit über die aktive Zeit des Familienklassenzimmers hinaus und ist damit besonders nachhaltig.

Wenn es gelingt, in guter Weise Gruppenkohäsion herzustellen und eine konstruktiv-arbeitsfähige Gruppe entstehen zu lassen, erleben die Familien, zumeist Mütter mit ihren Kindern, ein Gefühl von ehrlicher Verbundenheit und von Gesehenwerden und Aufgehobensein. Getragen von der Gruppe und in entsprechend geschütztem Rahmen (gegenseitige Verschwiegenheitserklärung!) können in der Elterngruppe auch sehr tiefe Themen angesprochen und miteinander bewegt werden.

Gefühle von Isolation und Alleinsein mit den Problemen können angesprochen und aufgelöst werden – es kann Hoffnung auf eigene nächste Schritte, neue Lösungsoptionen, die bislang undenkbar waren, entstehen.

Die Kinder erleben die Zeit im Familienklassenzimmer als durchgehend wertvoll und genießen die Zeit mit ihren Eltern und den anderen Familien. Sie können Freude am Lernen erleben und Selbstwirksamkeit erfahren, sowohl in der Gruppe mit den anderen Kindern und Eltern als auch insbesondere mit den eigenen – oft von schweren Problemen betroffenen – Müttern bzw. Vätern. Dies sind wichtige Gelingenserfahrungen für die Kinder mit ihren Eltern – und umgekehrt.

Zitate von Beteiligten

- »*Das Familienklassenzimmer ist für unsere Schule, an der über 350 Schüler*innen ganz unterschiedlicher sozialer und kultureller Herkunft gemeinsam lernen, eine unwahrscheinliche Bereicherung.*« *(eine Lehrerin)*
- »*Im Familienklassenzimmer sehe ich Familien über sich und ihr bisheriges Rollenverständnis hinauswachsen.*« *(eine Lehrerin)*
- »*Ich bin sehr froh, dass mein Kind Sie (als Lehrerin) hat.*« *(eine Mutter)*
- »*Mein Kind hat früher immer alles nachgefragt und war sehr unsicher. Durch das Familienklassenzimmer ist es mutiger geworden und kann Schulaufgaben selbständiger erledigen.*« *(eine Mutter)*
- »*Ich merke es den Kindern hier an der Schule nachher immer noch an, dass sie im Familienklassenzimmer mitgemacht haben; sie haben ein verändertes Verhalten.*« *(eine Lehrerin)*
- »*Die Elterngruppe finde ich auch gut, es ist gut von anderen zu hören.*« *(eine Mutter)*
- »*Die Elterngruppe ist mal unsere Zeit.*« *(ein Vater)*
- »*Man sieht die Dinge anders, wir finden neue Wege.*« *(eine Mutter)*
- »*Es ist schwierig für uns, das Familienklassenzimmer in den Alltag einzuplanen, eigentlich habe ich vormittags immer Arbeit. Aber unserem Kind tut es ja gut, wenn wir da sind.*« *(ein Vater)*
- »*Ich habe verstanden, dass wir eine tolle Familie sind, trotz einiger Belastungen. Und ich bin sehr froh, dass wir das hier mitgemacht haben.*« *(eine Großmutter)*
- »*Mir hat das Arbeiten mit der Zielemappe gefallen – weil wenn man Willen zeigt, hat man Spaß und kann es schaffen.*« *(Kind, 4. Klasse)*
- »*Wann sehen wir uns wieder? In einer Woche? Ist das lang?*« *(Kind, 1. Klasse)*

3.4 Die Entwicklung der Familienklassen in Hessen seit 2010[4]

Christian Scharfe[5]

Für viele Kinder und ihre Eltern ist die Schulsituation an der Grundschule sehr belastend und konfliktbehaftet. Oftmals stellen die Lehrer*innen fest, dass der schulische Erfolg der Kinder gefährdet ist und die Kinder sich im Schulalltag nicht angemessen verhalten. In dieser angespannten Situation ist häufig der kooperative Austausch zwischen den Lehrer*innen und den Eltern schwierig. Die Eltern entwickeln Schuldgefühle und nehmen sich für das Scheitern ihrer Kinder als verantwortlich wahr. Diese Gefühle führen oft zu einem Rückzug der Eltern und ein regelmäßiger, unbelasteter Kontakt zwischen Lehrer*innen und Eltern scheint nicht mehr möglich. Zudem kommt es häufig vor, dass Eltern ihre eigenen negativen Schulerlebnisse auf die Situation ihrer Kinder übertragen. An dieser Stelle setzt das Projekt Familienklasse an.

Die Grundidee

Zu Beginn der 1990er Jahre wurde im Bereich der Kinder- und Jugendhilfe gesetzlich verankert, dass Familien aktiv an den zu gestaltenden Hilfeprozessen zu beteiligen sind. Die Position, dass Veränderungsprozesse in der Familie nur mit den verantwortlichen Erwachsenen erfolgreich zu gestalten sind, spielte hierbei eine zentrale Rolle. Systemisch ausgerichtete Träger, wie der Albert-Schweitzer-Kinderdorf Hessen e.V., suchten deshalb am Bedarf der Familien orientierte Angebote und Methoden, um die Familien aktiv in Veränderungsprozesse einzubinden. Dies führte im Verlauf der weiteren Entwicklungsschritte zu grundsätzlichen Einstellungsänderungen mit neuen methodischen und strukturellen Ansätzen. Ein Ergebnis dieses Prozesses war die Umsetzung der Methode der Multifamilientherapie nach Eia Asen im pädagogischen Alltag des Albert-Schweitzer-Kinderdorfes Hessen e.V. Die Methode der Multifamilientherapie beinhaltet die simultane Arbeit mit mehreren Familien. Sie verbindet auf systemischer Grundlage handlungsorientierte und familientherapeutische Interventionen mit einem Gruppenkontext. Das Angebot der Multifamilientherapie wird im Albert-Schweitzer-Kinderdorf Hessen e.V. im stationären, teilstationären und ambulanten Bereich in unterschiedlichen Settings umgesetzt. Aufgrund der erlebten Wirksamkeit der Methode und der damit verbundenen Einstellungsänderung hat das Albert-Schweitzer-Kinderdorf analog zum Ansatz von Eia Asen das Konzept »Familienklasse« zur Umsetzung von Mul-

---

4 Der gesamte Artikel orientiert sich an dem Entwicklungsbericht Familienklasse des Albert-Schweitzer-Kinderdorf Hessen e.V. Der ausführliche Bericht ist auf der Internetseite des Trägers nachzulesen: https://ask-hessen.de/user/pages/05.downloads/entwicklungsbericht-familienklasse-2010-2028-erscheinungsjahr-2019.pdf

5 Der Autor ist bei Albert-Schweitzer-Kinderdorf ASK Hessen e.V. tätig.

tifamilientherapie in der Schule entwickelt und in Kooperation mit der Bundesarbeitsgemeinschaft Multifamilientherapie als »Familienklasse BAG MFT« patentieren lassen. Hierbei wird die Methode der Multifamilientherapie im Rahmen eines Kooperationsmodells zwischen Eltern, Kindern, Schule und Jugendhilfe im Schulalltag eingesetzt.

Die Umsetzung

Die erste Familienklasse nach dieser konzeptionellen Ausrichtung wurde 2010 in Aßlar im Lahn-Dill-Kreis eröffnet. Mittlerweile werden über das Albert-Schweitzer-Kinderdorf in Hessen 27 Familienklassen und im Rahmen der hessenweiten Verstetigung knapp 40 Familienklassen in Kooperation mit Schulen, Kultusministerium, Kommunen und Jugendhilfeträgern umgesetzt. Die Zahl der Familienklassen in Hessen ist weiterhin steigend.

Mit der Umsetzung der Familienklasse sollen folgende Ziele erreicht werden:

- Das Kind lernt, den Schulalltag in der Stammklasse zu bewältigen.
- Das Kind wird aktiv unterstützt, die individuellen Lernziele zu erreichen.
- Die Erziehungskompetenzen der Eltern werden gestärkt.
- Die Beziehung zwischen Eltern und Kind wird gestärkt.
- Die sozialen Kompetenzen des Kindes werden verbessert.
- Die Kooperation zwischen Eltern, Kind und Schule wird gefördert.
- Die systemische Haltung der Multifamilientherapie wirkt nachhaltig in die Institution Schule.
- Die Veränderungen wirken in die häusliche Situation des Kindes.
- Übergänge aus dem Kindergarten und in die weiterführende Schule können gut begleitet werden.

Durch das Konzept der Familienklasse wird eine gelingende Kooperation zwischen den Angeboten der Jugendhilfe, der Schule und den Familien verwirklicht. Die Familienklasse stellt einen Teil des Netzwerkes innerhalb des sozialen Lebens- und Erlebnisraumes von Familien dar. Hierdurch sollen gleiche Entwicklungschancen von Kindern und Jugendlichen durch eine stärkere Nutzung der Beteiligung und Verantwortungsübernahme von Eltern und Kindern und eine ressourcenorientierte Grundhaltung im Lebensraum Schule gefördert werden. Die Orientierung am eigenen Veränderungswillen der beteiligten Familienmitglieder im Hinblick auf die Schule und die Aktivierung der eigenen und im Netzwerk vorhandenen Ressourcen stehen im Vordergrund der methodischen Arbeit der Familienklasse. Dies wird vor allem durch positive Effekte des Zusammenspiels und der Abstimmung der verschiedenen Kooperationspartner ermöglicht. Die Familienklasse geht von der Idee aus, dass eine gelingende Kooperation zwischen Lehrer*innen, Kindern und Eltern die Schullaufbahn der Kinder positiv verändert. Die gelingende Kooperation der drei Parteien führt zu besseren Beziehungen der Beteiligten untereinander. Die

Lernerfolge aus der Familienklasse stärken die Erziehungskompetenz der Eltern und entlasten die häusliche Situation.

Die Grundlage für die gelingende Zusammenarbeit in der Familienklasse bildet die Methode der Multifamilientherapie. Die Multifamilientherapie ist nicht nur eine neue Methode, sondern bedeutet einen Einstellungswandel in der pädagogischen Arbeit. Die Pädagog*innen und Therapeut*innen verstehen sich als Kontextmanager*innen und schaffen Alltagssettings, in denen die Familien sich unterstützen und voneinander lernen. Die Familien erleben Wertschätzung und ihre Ressourcen werden aktiviert. Dies führt zu einer hohen Beteiligung der Familien am Gruppenangebot und zu einer hohen Wirksamkeit. Zudem verringert sich die Dauer der Hilfen.

Die Rahmenbedingungen

Die Familienklasse ist ein präventives Projekt. Der Aufenthalt eines Kindes in der Familienklasse dauert in der Regel sechs Monate. Schüler*innen einer Regelschule, deren schulischer Erfolg dadurch gefährdet ist, dass sie die Anforderungen beim Einhalten von Regeln und Arbeitsstrukturen nicht ausreichend erfüllen können, sollen mit aktiver Unterstützung ihrer Eltern diese Kompetenzen in der Familienklasse erwerben. Dieses Ziel lässt sich nur erreichen, wenn Eltern in die Veränderungsprozesse mit eingebunden werden. Deshalb werden im Rahmen eines multifamilientherapeutischen Ansatzes Familien und Schule in der Familienklasse zusammengeführt. Jedes Kind besucht die Familienklasse in Begleitung eines Elternteils einmal pro Woche. Die Familienklasse bietet fünf bis acht Plätze für Kinder aus allen Jahrgangsstufen der Schule. Sie wird geleitet von einer*einem Lehrer*in und einer*einem Multifamilientrainer*in. Die Lehrkraft kommt vom regionalen Beratungs- und Förderzentrum oder ist an der Schule, als Lehrkraft oder UBUS-Fachkraft[6] tätig.

Die Eltern lernen im Klassenzimmer eigenständig und angemessen auf schwierige Situationen im Umgang mit ihrem Kind zu reagieren. Dabei entwickeln sie ein Gespür für die alltäglichen schulischen Anforderungen und Strukturen, die ihr Kind zu erfüllen hat. Die Eltern unterstützen sich gegenseitig und erfahren positive Stärkung aus der anwesenden Elterngruppe in der Familienklasse. Dies führt oftmals zu einer dauerhaften Vernetzung der Familien untereinander, auch außerhalb der Schule. In der Familienklasse wird zielorientiert an den bei der Aufnahme formulierten Arbeitszielen für das Kind gearbeitet. Hierfür werden Laufzettel mit der Familie entwickelt. Diese Laufzettel enthalten die Rückmeldungen aus der Stammklasse. Sie helfen, die Entwicklungsschritte des Kindes transparent und messbar zu machen. Die Arbeitsziele werden jede Woche in der Familienklasse und alle sechs Wochen in einem Austauschgespräch mit dem*der Klassenlehrer*in und der Familie ausgewertet. Mindestens ein Elternteil nimmt regelmäßig an der Fa-

---

6 UBUS ist die Abkürzung für »unterrichtsbegleitende Unterstützung durch sozialpädagogische Fachkräfte« und wurde in den vergangenen Jahren flächendeckend durch das Kultusministerium an den hessischen Schulen eingeführt.

milienklasse teil, fast die Hälfte der Eltern schafft die Teilnahme an der Familienklasse trotz Berufstätigkeit. Die Leistungen der Kinder in der Schule werden besser und die Eltern tragen deutlich stärker die Verantwortung für die schulische Entwicklung ihrer Kinder. Abschließend bestätigen die Beteiligten in der Regel, dass sich die Kooperation untereinander erheblich verbessert hat. Diese Ergebnisse sind durch das Albert-Schweitzer-Kinderdorf selbst evaluiert und können in einem ausführlichen Entwicklungsbericht auf der Internetseite des Trägers nachgelesen werden.[7] Die Haltung und Methodik der Multifamilientherapie zieht sich durch den gesamten Ablauf der Familienklasse. Insbesondere in der multifamilientherapeutischen Arbeitseinheit werden familienrelevante Themen angesprochen und vertieft.

Wie sieht ein Schultag in der Familienklasse aus?

Der Ablauf eines Vormittags gliedert sich in vier Phasen, verteilt auf fünf Schulstunden:

a) Eingangsrunde
In der Eingangsrunde findet die Auswertung der Laufzettel der vorangegangenen Schulwoche statt. Die Tagesziele für die Eltern/Bezugspersonen werden von diesen selbst festgelegt.

b) Arbeitsphase
Die Kinder bearbeiten Unterrichtsinhalte mit der Unterstützung ihrer Eltern. Die Unterrichtsinhalte werden von der*dem Klassenlehrer*in zusammengestellt und in Form eines Tagesplans an die Lehrer*innen der Familienklasse weitergegeben. Die*Der Lehrer*in bildet im Klassenzimmer der Familienklasse mit den Schüler*innen reale Unterrichtseinheiten ab. So können die Eltern das Verhalten ihrer Kinder von außen beobachten. Entwickeln sich schwierige Situationen mit den Kindern, wird der Unterricht unterbrochen. Die*Der Multifamilientrainer*in bezieht in dieser Situation die Eltern aus der Beobachterrolle mit ein, um gemeinsame Lösungen zu entwickeln. Zudem gestaltet die*der Lehrer*in eine Arbeitsphase, in der die Eltern analog zur häuslichen Hausaufgabensituation gemeinsam mit den Kindern Schulaufgaben bearbeiten.

c) Multifamilientherapeutische Arbeitseinheit
Mit der Methode der Multifamilientherapie werden in der Arbeitseinheit Konflikte, Erziehungsfragen und Beziehungsdynamiken der Familien in der Gruppe besprochen und reflektiert. Orientiert an den Entwicklungszielen der Kinder wird von der*dem Multifamilientrainer*in die Sitzung gestaltet. Der Schwerpunkt geht in dieser Arbeitsphase über den schulischen Rahmen hinaus und berücksichtigt zusätzlich die familiäre Situation. Die Multifamilientrainer*innen bringen Familien miteinander ins Gespräch und fördern so eine Verknüpfung zwischen den beteiligten Personen. Ziel ist es, den Austausch der Gruppenteilnehmer*innen zu stärken und für auftretende Problemlagen durch die Größe der Gruppe viele Lösungsperspektiven zu entwickeln. Die Multifamilientrainer*-

---

7 https://ask-hessen.de/unser-angebot/familienklasse

innen sind für den Rahmen verantwortlich, beteiligen sich aber nicht durch Ratschläge oder eigene Vorschläge an der Lösung. Die ratsuchende Person wird gestärkt, aus den erbrachten Vorschlägen ihren eigenen Lösungsweg zu finden. Sie kann in der nächsten Sitzung über ihre Erfahrung und die Umsetzung berichten. Durch den positiven Druck der Gruppe entsteht Verbindlichkeit zwischen den Teilnehmenden untereinander. Das Interesse der beratenden Teilnehmer*innen ist groß, Informationen zu erhalten, ob eine gemeinsam entwickelte Lösung umgesetzt wurde und wie sie gewirkt hat. Die Haltung der Multifamilientrainer*innen ist neben dem methodischen Arbeiten der entscheidende Aspekt zum Gelingen dieses Konzeptes. Eine wichtige Grundlage für das Arbeiten ist die Überzeugung, dass sich die Familien mit ihren vielschichtigen Problemlagen verändern können. Die Multifamilientrainer*innen müssen den Familien auf Augenhöhe begegnen, ihnen Respekt und Wertschätzung entgegenbringen und Beziehungs- und Kommunikationsmuster wertfrei beobachten können. Sie sollten einerseits experimentierfreudig und kreativ in der Gestaltung der Gruppe auftreten, also Reflexionsprozesse initiieren können, und andererseits humorvoll und aktivierend sein. Es ist zudem das Ziel, dass die Familien in dem von den Multifamilientrainer*innen gesetzten Rahmen für die Abläufe in der Gruppe immer mehr die Verantwortung tragen und die Pädagog*innen sich immer mehr zurücknehmen. Die Auseinandersetzung mit den Themen Bindung, Beziehung und Kommunikation und der Blick auf die Rollen innerhalb des Familiensystems bilden einen Schwerpunkt der Arbeit. Fragen wie die folgenden werden in diesem Kontext erörtert: Wer gestaltet einen sicheren Rahmen für die Kinder? Wer gibt Orientierung und geht somit auch in die elterliche Verantwortung? Was sind die Entwicklungsaufgaben der Kinder? Wo brauchen sie Unterstützung und wodurch können sie sich selbstwirksam erleben? Den Eltern gelingt es, positive Momente zwischen ihnen und ihrem Kind bewusst wahrzunehmen. Den direkten Einfluss von diesem Effekt auf das Lernverhalten und damit auf die benannten Ziele der Kinder wird in graphischen Entwicklungskurven für Eltern und Kinder durch die*den MFT-Trainer*in sichtbar gemacht. In diesen Prozessen werden die in der Gruppe vorhandenen Kompetenzen genutzt, um die Kompetenzen der einzelnen Teilnehmer*innen zu erweitern. Die Familien erleben Selbstwirksamkeit und vernetzen sich über das Angebot der Familienklasse hinaus.

d) Abschlussrunde
In der Abschlussrunde wird der Familienklassentag reflektiert. Die Ziele der Kinder und Eltern werden ausgewertet. Zum Abschluss findet ein gemeinsamer Ausblick auf die nächste Woche statt.

Finanzierung

Mit dem Konzept der Familienklasse ist es gelungen, dass unterschiedliche Kostenträger eine gemeinsame Projektfinanzierung sicherstellen. Dadurch haben die Familien einen niederschwelligen, kostenfreien Zugang zu dem Unterstützungsangebot und müssen keinen offiziellen Hilfeantrag bei einer Behörde stellen. Dieses

Verfahren unterstützt den präventiven, sozialräumlichen Ansatz der Familienklasse. Die Finanzierung erfolgt als Projektfinanzierung über das Hessische Kultusministerium und die zuständige Kommune. Zudem gibt es freiwillige Förderer, die das Projekt zusätzlich unterstützen. Dadurch, dass die Familienklasse als Gruppenangebot konzipiert ist, sind die realen Kosten pro Familie im Vergleich zu anderen Jugendhilfemaßnahmen sehr gering.

Ergebnisse zur Wirksamkeit

Mit dem Start der Familienklassen im Lahn-Dill-Kreis Hessen hat das Albert-Schweitzer-Kinderdorf Hessen e.V. als zuständiger Jugendhilfeträger eine Eigenevaluation zur Wirksamkeit erstellt. Befragt wurden unabhängig voneinander Eltern, Kinder und Klassenlehrer*innen.

Es gab Befragungen zu Beginn, bei Beendigung und sechs Monate nach Beendigung der Familienklasse, Letzteres um die Nachhaltigkeit der Maßnahme zu prüfen. Anfang 2019 fand eine Befragung der mit den Familienklassen in Kontakt stehenden Lehrkräfte statt, deren Angaben in den Bericht eingeflossen sind. Die vorliegenden Ergebnisse beziehen sich auf den Erhebungszeitraum vom Start der ersten Familienklasse im November 2010 bis Dezember 2018.

In diesem Zeitraum haben insgesamt 320 Familien an den Familienklassen teilgenommen. Davon haben sich 239 Familien an der Befragung beteiligt. Die neun teilnehmenden Familienklassen verteilen sich auf den Bereich Wetzlar/Lahn-Dill-Kreis und umfassen ein Einzugsgebiet von ca. 5.000 Grundschüler*innen. Die erfassten Strukturdaten ermöglichen einen Überblick über bestimmte Lebensumstände der teilnehmenden Familien und deren individuelle Ausgangssituation. Sie geben Auskunft über Teilnahmegründe und die Nutzung des Angebotes »Familienklasse«.

Von den in der Erhebung erfassten 239 Familien gaben 56% der teilnehmenden Eltern an, verheiratet und 41% ledig zu sein. Getrennt lebten 3% der Eltern. Insgesamt gaben 33% der teilnehmenden Eltern an, alleinerziehend zu sein. 48% der Eltern gingen zum Zeitpunkt der Befragung einer Berufstätigkeit nach. 52% gaben an, keiner Berufstätigkeit nachzugehen. Dies macht deutlich, dass auch berufstätige Eltern das Angebot der Familienklasse nutzten. Die Familien entwickelten individuelle Lösungsmodelle innerhalb ihres Netzwerkes oder mit ihrem Arbeitgeber, um die Teilnahme zu ermöglichen.

Neben den erfassten 239 Kindern, die durch die direkte Teilnahme an der Familienklasse erreicht wurden, konnten zusätzlich über das Angebot Familienklasse 310 Geschwisterkinder an den Veränderungen der Familienbeziehungen partizipieren. Insgesamt konnten also 549 Kinder im Erhebungszeitraum direkt oder indirekt durch das Angebot der Familienklasse erreicht werden. Bezieht man die Kinder ein, deren Familien nicht an der Befragung teilgenommen haben, erhöht sich diese Zahl noch einmal auf insgesamt 622 erreichte Kinder. Hierbei sind die Geschwisterkinder der nicht erfassten Familien noch nicht mit einbezogen. Die Anwesenheitsquote in der Familienklasse betrug im Erhebungszeitraum durchschnittlich 81%. Entschuldigt fehlten 17% der Beteiligten und nur 2% unentschuldigt. Dies spiegelt eine sehr hohe Bereitschaft zur Teilnahme an dem Angebot der Familienklasse wider.

Aus den Ergebnissen des Entwicklungsberichtes lassen sich für die Eltern folgende Schlüsse ziehen. Die Eltern erlebten sich in der Familienklasse auf Augenhöhe mit allen anderen Beteiligten, auch mit Lehrer*innen. Für Bereiche, in denen sie vorhandene Ressourcen nutzen konnten, machten sie die Erfahrung, dass sie als kompetente Ansprechpartner*innen betrachtet wurden. In der Auseinandersetzung mit der Gruppe konnten sie darauf aufbauend neue Kompetenzen entwickeln. Hierdurch entstanden Selbstwirksamkeitserfahrungen und Sicherheiten im eigenen Handeln. In einer wertschätzenden Atmosphäre erlebten die Eltern ihre Familie nicht mehr als »die« Problemfamilie, sondern teilten ihre Erfahrungen mit anderen, profitierten von deren Lösungsversuchen und konnten eigene Erfahrungen konstruktiv einbringen. Durch die konsequente Haltung und Unterstützung der Multifamilientrainer*innen, die Verantwortung für die Kinder und deren Verhalten bei den Eltern zu belassen, erlebten Kinder ihre Eltern wieder als wirksam und handelnd. Eine intensive Beziehungsarbeit mit Eltern und Kindern ließ neue Entwicklungsräume für alle Beteiligten entstehen. Dies sind aus Sicht des Autors die wesentlichen Aspekte, die zu dieser hohen Verbindlichkeit bei der Teilnahme der Familien führte.

Die Verweildauer der Familien in der Familienklasse betrug entsprechend der Konzeption durchschnittlich 23,25 Wochen. Die Kinder konnten im Verlauf der Familienklassenzeit die beim Start vereinbarten individuellen Ziele in einem hohen Maß erreichen. Die Zielerreichung lag in der Regel am Ende der Hilfe bei 80 %. Dies führte dazu, dass die Kinder sich ausgesprochen wirksam erlebten. Die Beziehungssysteme der Kinder entspannten sich sowohl im schulischen als auch im häuslichen Kontext deutlich. So gaben bei Beendigung 62 % der Kinder an, dass sie wegen der Schule, und 61 %, dass sie wegen der Hausaufgaben weniger Familienstreit zu Hause hatten. Sechs Monate nach Beendigung erhöhte sich dieser Wert auf 68 % bzw. 69 % in diesen Bereichen. 56 % der Kinder benannten bei Beendigung, dass sie sich besser mit ihren Lehrer*innen verstünden, dieser Wert stieg sechs Monate nach Beendigung auf 62 %. Nach Beendigung der Familienklasse fanden also anhaltende und sogar sich steigernde positive Effekte statt.

Auch in anderen Settings der Jugendhilfe, in denen die Methode der Multifamilientherapie genutzt wurde, zeigten sich diese Nachhaltigkeitseffekte. Der Albert-Schweitzer-Hessen e. V. bietet seit 2008 Multifamilientherapie in seinen Tages- und Wochengruppen an. Zudem wurden verschiedene ambulante Angebote in dem Bereich entwickelt. Aus den Familienklassen wurden auch Angebote in kooperierenden Familienzentren sowie eine Form der intensiven Familienklasse als Interventionsprojekt aufgebaut. Zudem wird für hochstrittige Eltern das Projekt »Kinder aus der Klemme« angeboten.

Die Lehrkräfte beschrieben durchgängig eine positive Veränderung im Verhalten der Kinder. So gab es bei der Einschätzung zum respektvollen Umgang der Kinder gegenüber den Lehrkräften eine Steigerung um 7 %. Das Sozialverhalten der Kinder verbesserte sich den Lehrkräften zufolge um 13 % und das Arbeitsverhalten ebenfalls um 13 %. Bemerkenswert ist, dass bei der Frage der Nachhaltigkeit die erreichten positiven Veränderungen mehrheitlich annähernd stabil blieben oder sich sogar verbesserten. So bewerteten die Lehrkräfte die Kinder bei Beendigung um 7% kooperativer, also weniger anstrengend als zu Beginn. Sechs Monate nach Beendigung steigerte sich dieser Wert gegenüber dem Beginn sogar auf 15%. Ungefähr sechs Monate nach Beendigung der Familienklasse antworteten 100% der befragten Kinder, dass die positiven Veränderungen bis heute angehalten hätten. 98% der Kinder würden Mitschüler*innen die Familienklasse weiterempfehlen. 39% der Eltern beschrieben bei Beendigung, 31% bei der Nachhaltigkeit, dass ihr Kind lieber und auch motivierter die Schule besuche. Bei Beendigung glaubten 90% der Kinder, dass die positiven Veränderungen so blieben, bei der Befragung zur Nachhaltigkeit waren es sogar 93% der Kinder. Dies bedeutet, dass die Kinder einen hoffnungsvollen Blick auf die Nachhaltigkeit der Veränderungen entwickeln konnten.

Die Ergebnisse zeigen, dass durch die Familienklasse eine positive emotionale und schulische Entwicklung der Kinder gefördert wurde. Ausschlaggebend hierfür waren pädagogische Interventionen, die im Rahmen der Familienklasse auf der Grundlage der Methodik der Multifamilientherapie umgesetzt wurden. Beziehungen wurden konstruktiver gestaltet und neue Strategien im Umgang miteinander entwickelt. Eine konstruktive Kooperation zwischen Eltern und Lehrer*innen auf Augenhöhe sowie den Kindern, orientiert an deren Bedürfnissen und Ressourcen, ist eine Voraussetzung für eine positive schulische Entwicklung des Kindes. Sie wird umso bedeutsamer, je mehr die Kinder aufgrund unterschiedlicher familiärer oder auch ökonomischer Belastungslagen unter Stress stehen. Die Verbesserung der Zusammenarbeit der verschiedenen Akteure im System Schule – Familie hilft, Ressourcen zu bündeln, gemeinsam Lösungen zu entwickeln und Widerstände aufzulösen.

Ein zentrales Ziel der Familienklassenarbeit war es, Entwicklungschancen von Kindern durch eine Stärkung der Zusammenarbeit Eltern – Kind – Schule zu verbessern. Die Familienklasse konnte hierzu einen Beitrag leisten und die einzelnen Akteure miteinander in einen konstruktiveren Kontakt bringen. Bei Beendigung der Familienklasse beschrieben 70% der Eltern, dass sie die Zusammenarbeit mit den Lehrern*innen als hilfreich empfanden. Bei der Befragung zur Nachhaltigkeit, also sechs Monate nach Beendigung der Familienklasse, steigerte sich dieser Wert auf 72% bei den Eltern und etwas weniger als die Hälfte der Eltern gab an, dass sich die Kooperation mit der Schule verbessert habe. 62% der Lehrer*innen stimmten der Aussage zu, dass sich die Kooperation und Zusammenarbeit zwischen Eltern und Schule/Lehrern*innen verbessert hat, 38% stimmten dem eher zu. Alle befragten Lehrkräfte beschrieben eine Verbesserung der Kooperation zwischen Schule und Eltern. Zudem erlebten die Lehrkräfte eine positive Entwicklung in der Qualität des Kontaktes zu den Eltern. Sie bewerteten die Kontaktqualität gegenüber den Eltern bei Beendigung der Familienklasse auf einer Skala von 0 (sehr schlecht) bis 10 (sehr gut) mit 7,8. Außerdem erlebten die Lehrer*innen die Eltern bei Beendigung der Familienklasse um 4% kooperativer als zu Beginn. Alle Werte steigerten sich bei der Befragung zur Nachhaltigkeit noch einmal um mehrere Prozentpunkte.

Die Grundsituation vieler teilnehmender Familien war oft geprägt durch Konflikte und Auseinandersetzungen im familiären Alltag. Auslöser waren häufig schulische Themen und Anforderungen. Eltern fehlte oftmals ein klares Erziehungsmodell. Sie kamen in Überforderungsprozesse, die zu Eskalationen führten.

Die positiven Auswirkungen der Familienklassenarbeit auf die häuslichen Situationen wurden wie folgt beschrieben: Wenn zu Beginn noch 30 % der Eltern angaben, dass es keinen Streit wegen Hausaufgaben zu Hause gab, waren dies bei Beendigung der Familienklasse 52 % der Eltern. Dies traf auch auf die Frage nach Familienstreit wegen unangemessenen Verhaltens der Kinder in der Schule zu. Waren es hier zu Beginn 35 % der Eltern, die angaben, dass es keinen Streit deswegen in der Familie gab, waren es bei Beendigung 43 % der Eltern. Bei der Befragung zur Nachhaltigkeit steigerte sich dieser Wert sogar auf 53 %, was sechs Monate nach Beendigung einer Verbesserung um 18 % entspricht. Dies weist darauf hin, dass die Eltern nachhaltig eine deutliche Beruhigung der häuslichen Situation wahrnahmen. Eltern erlebten sich im Verhalten gegenüber den Kindern als konsequenter und ruhiger, jeweils mit einer Steigerung um 10 %. Fast die Hälfte der Eltern beschrieben, dass sich in der Zeit der Familienklasse die Beziehung zu ihrem Kind verbessert habe. Diese Einschätzung hält sich auch sechs Monate nach Beendigung auf demselben Niveau. Von dieser Entspannung im häuslichen Umfeld profitierten im erfassten Zeitraum neben den 239 Kindern der Familienklasse auch deren 310 Geschwisterkinder.

Die sehr dichte Zusammenarbeit mit den Beziehungsgeflechten der Familiensysteme wirkte über das System Schule hinaus. Dies wurde durch entsprechende Strukturen und Interventionen im multifamiliären Rahmen der Familienklassen ermöglicht. Die Ergebnisse der Familienklasse zeigen, dass die Einbindung der Familien in das System Schule nachhaltige und gewinnbringende Prozesse für das Kind fördern. Auf Grundlage einer systemischen Arbeitsweise kann an den ursächlichen Konflikten der Beteiligten gearbeitet werden. Dies führt zu einer spürbaren Entlastung der teilnehmenden Kinder, Eltern und Lehrer*innen.

Fazit

Die Ergebnisse der Eigenevaluation und die qualitativen Rückmeldungen aus den Schulen durch die Lehrkräfte zeigen, dass die Ziele, die mit Einführung der Familienklassen formuliert wurden, erreicht werden konnten. Die Nachhaltigkeit positiver Effekte wurde bestätigt.

- Die Familienklasse kann Schulkinder unterstützen, indem sie ihnen eine positive Lernumgebung bietet, in der sie durch die Interaktion mit anderen Familienmitgliedern und Familien ihre schulischen Fähigkeiten verbessern können. Durch die Unterstützung der Familienmitglieder können Schüler*innen ihr Selbstvertrauen und ihre Motivation steigern, was zu einem verbesserten Lernverhalten führt.
- Die Kinder profitieren eindeutig im Verhaltens- und Lernbereich von der Teilnahme an der Familienklasse. Zudem gelingt eine bessere Kooperation zwischen den Lehrkräften, den Kindern und den Eltern. Vor allem die Lehrkräfte und Eltern entwickeln ein größeres Verständnis für die gegenseitigen Positionen und können auf dieser Basis die Zusammenarbeit kooperativer gestalten.

- Die Eltern werden stärker an den Veränderungsprozessen hinsichtlich der schulischen Entwicklungen ihrer Kinder beteiligt.
- Die Ergebnisse bestätigen, dass sich die häusliche Situation der Familien deutlich entspannt und die Eltern ihr Erziehungsverhalten positiv verändern.

Die systemische, ressourcenorientierte Haltung in der Umsetzung von Multifamilientherapie verbessert die Kooperation zwischen Eltern und Schule/Lehrer*innen. Die Lehrkräfte entdecken neue Stärken und Ressourcen bei Eltern und Kindern. Die Basis für eine gelingende Arbeit in den Familienklassen ist eine gute Kooperation zwischen den Grundschulen und dem Jugendhilfeträger. Die Zusammenarbeit ist deshalb konstruktiv und gewinnbringend, weil das Konzept der Familienklassen klar strukturiert ist und die Aufgaben und Rollen der beteiligten Partner genau beschrieben sind. Das Bindeglied zwischen den Beteiligten ist die Haltung der Akteure der Multifamilientherapie.

Ohne die pädagogische Ausrichtung der Multifamilientherapie wären die Erfolge der Familienklassen nicht erreichbar. Die Ergebnisse zeigen, dass die von außen kommende fachliche Ausrichtung der Multifamilientherapie, gekoppelt mit den Standards der Jugendhilfe, unabdingbar ist, um eine neue Haltung im System Schule zu implementieren. Darüber hinaus kann die Familienklasse die individuellen Bedürfnisse der Kinder für die Eltern sichtbar machen. Damit zeigt die Familienklasse als präventives Angebot an Regelschulen, wie wirksam sie ist und wie sie die aktuellen Bedürfnisse, Themen und Rahmenbedingungen inhaltlich aufgreifen und integrieren kann. Die Familienklasse beweist in der fachlichen Umsetzung und in der gemeinsamen Steuerung, dass eine gelingende Kooperation unterschiedlichster Partner bei einer klaren Konzeption nachhaltig gelingen kann und auf dieser Basis Kinder und ihre Eltern von dem Angebot langfristig profitieren. Eine der beeindruckendsten Aussagen der Kinder in der Eigenevaluation ist, dass am Ende der Familienklasse knapp 70 % sagen, dass sie wieder Spaß an der Schule haben.

3.5 FiSch – Familie in Schule© – Multifamiliencoaching in der Schule aus Schleswig-Holstein[8]

Thomas Pletsch & Ulrike Behme-Matthiessen[9]

Ein Beispiel:
Leon ist neun Jahre alt. Er besucht die dritte Klasse der Grundschule. Seine

---

8 Dieser Artikel wurde auch in der Broschüre der GEW Lüneburg zur pädagogischen Fachtagung in Cuxhaven 2022 »Bildung in der Krise« veröffentlicht und hier von den Autoren

Mutter, Frau Petersen, organisiert den Haushalt und versorgt zu Hause das zwei Jahre alte Geschwisterkind Lukas. Leons Schwester, Marie, wird im nächsten Schuljahr eingeschult. Herr Petersen arbeitet als Dachdeckermeister im eigenen Familienbetrieb. Leons Klassenlehrerin beklagt immer wieder, dass Leon sich nicht an die Klassenregeln halte, laut dazwischenrufe, andere Kinder provoziere und auf dem Schulhof ständig in Auseinandersetzungen gerate. Frau Petersen ahnt mittlerweile schon Böses, wenn am Vormittag das Telefon klingelt. Herr Petersen erklärt, nicht ständig aus der Firma zur Schule fahren zu können, um, wie er sagt, die Probleme zwischen der Lehrerin und Leon zu lösen. Zu Hause kommt es immer wieder zu Diskussionen zwischen den Eltern, die sich gegenseitig Vorhaltungen machen. Leon zieht sich seit vielen Wochen immer mehr aus dem Familienleben zurück und verbringt viel Zeit allein in seinem Zimmer. Die Situation ist auf allen Seiten sehr angespannt.

Die Ausgangslage: Überforderte Eltern – überforderte Schulen

Die Verhaltensprobleme von Kindern nehmen zu – und das nicht erst seit der Corona-Pandemie. Das wirkt sich vermehrt auf den Schulalltag aus, Schulen werden dadurch schon seit einigen Jahren vor neue Herausforderungen gestellt. Dazu wurden unterschiedliche Unterstützungsangebote entwickelt: zeitlich begrenzte Kleingruppenbeschulung, Inselprojekte usw. Die Zahl der Schulbegleiter*innen steigt ebenfalls in den letzten Jahren kontinuierlich an. Häufig wird der Unterricht verkürzt, um Schüler*innen nicht zu überfordern, aber auch um die Lehrkräfte und die Klassen zu entlasten.

Diese Situation führt bei den betroffenen Familien zu Hause zu einer Zunahme der familiären Belastung: Arbeitszeiten müssen verändert oder die Arbeit eines Elternteils zeitweise aufgegeben werden. Besonders kritisch ist die Verkürzung der Unterrichtszeiten für Alleinerziehende. Die Probleme zwischen Eltern und Kindern eskalieren nicht selten. Häufig fühlen sich die Familien ausgegrenzt und stigmatisiert und ziehen sich zurück. Die Distanz zwischen Eltern und Schule vergrößert sich. Die Eltern vermeiden, wenn möglich, den Kontakt zur Schule. Oft weil sie mit weiteren Anforderungen rechnen, die sie überfordern.

FiSch – Familie in Schule

Aus diesen Gründen wurde, unter anderem inspiriert durch vergleichbare Modelle aus Dänemark, 2005 das schulbezogene, multifamilientherapeutische Konzept »FiSch – Familie in Schule©« entwickelt. In Deutschland gibt es seit vielen Jahren Multifamilienarbeit in der Schule. Dabei existiert das Modell »Familie in Schule –

---

um die Punkte Fokus Transfer und Schule, Weiterbildung, Finanzierung und Vernetzung in der Region und Fazit ergänzt.
9 Thomas Pletsch und Ulrike Behme-Matthiessen leiten das Institut für Weiterbildung und Entwicklung Schleswig (IWES).

FiSch« (Behme-Matthiessen & Pletsch, 2012) parallel zu dem der »Familienklasse« (Dawson, McHugh & Asen, 2020). Beide Modelle basieren auf den Grundideen der Multifamilientherapie nach Eia Asen und Michael Scholz.

»FiSch« wird sowohl präventiv als auch therapeutisch-rehabilitativ eingesetzt. Entwickelt wurde dieser Arbeitsansatz im therapeutischen Setting der Schleswiger Kinder- und Jugendpsychiatrie. Er wurde hier bei der Behandlung von psychischen Erkrankungen bei Kindern und Jugendlichen, die sich fast immer belastend auf Schule auswirken, zu einem Modul in einem multimodalen Behandlungskonzept eingesetzt. In der Weiterentwicklung wurde das Konzept auf die Anwendung in Regelschulen und Förderzentren modifiziert und ist heute in vielen Bundesländern aus der Schullandschaft nicht mehr wegzudenken.

Veränderte Expertenrolle: Multifamiliencoaching

Eltern und Kinder arbeiten in »FiSch« gemeinsam an Arbeits- und Verhaltenszielen, die in der Schule beobachtbar sind. Diese können zum Beispiel sein: »Ich melde mich, wenn ich etwas sagen möchte.«, »Ich bin freundlich zu Kindern und Erwachsenen.«, »Ich melde mich, wenn ich Hilfe brauche.« usf. Die Ziele werden täglich in jeder Unterrichtsstunde bewertet und wöchentlich einer Auswertung unterzogen. Einmal pro Woche gibt es dann den »FiSch-Tag«. Das ist der Tag, an dem die Eltern ihre Kinder in eine »FiSch-Klasse« in einer Schule begleiten und im Verbund mit anderen Familien und mit Unterstützung eines geschulten Teams (Lehrer*in und Elterncoach) an diesen Zielen arbeiten. Beim Multifamiliencoaching in der Schule sind die professionellen Unterstützer*innen (Berater*innen, Therapeut*innen, Pädagog*innen) zu einem Paradigmenwechsel aufgefordert. Die Rolle verändert sich vom wissenden Tippgeber hin zum fragenden Kontextgestalter.

Ablauf eines »FiSch-Tages«

1. Elternrunde/Kinderplenum
2. Auswertung der FiSch Ziele & Wochenbilanz
3. Unterricht & Elterncoaching
4. Reflexion des Vormittags und Abschlussbewertung der Ziele

Zur besseren Übersicht zeigt Tabelle 2 einen »FiSch-Tag« in exemplarischer Darstellung (▶ Tab. 2).

Multifamiliencoaching in der Schule hat die folgenden wesentlichen Aufgaben:

- *Gesprächsatmosphäre schaffen:* den Eltern einen Rahmen bieten, um miteinander in Kontakt zu kommen, sich zu öffnen, sich über gemeinsame problematische Erfahrungen und Lösungen auszutauschen.
- *Austausch anregen:* gerade in akut belastenden und vermeintlich ausweglosen Situationen mit ihrem Kind die Eltern zum Austausch darüber einladen, Teilen von Erfahrungen, Nöten und Befürchtungen.

Tab. 2: Aufgaben- und Ablaufplan FiSch (Quelle: Institut für Weiterbildung und Entwicklung Schleswig IWES)

Uhrzeit/Inhalt	Schüler*in	Eltern	Lehrer*in	Elterncoach*in
8.30 Einstieg/ Elternrunde/ Vorbereitung Unterricht	Ankommen im FiSch-Raum Gemeinsam mit der Lehrkraft das Unterrichtsmaterial vorbereiten/gemeinsame Gruppenaktion	Elternrunde: Wochenergebnisse besprechen, Planungen für diesen FiSch Vormittag, ggf. Infos für Neueinsteiger	Gemeinsam mit den Schülern das Unterrichtsmaterial vorbereiten; Gruppenaktion leiten	Moderation der Elternrunde
9.15 Anfangsrunde im Plenum	Begrüßung Reflexion der Wochenergebnisse (Eltern – Kind) Vorstellung der eigenen Wochenergebnisse Gruppenaktion (Mentalisierungsübungen etc.)	Begrüßung Reflexion der Wochenergebnisse Unterstützung des eigenen Kindes beim Vorstellen der Wochenergebnisse Gruppenaktion (Mentalisierungsübungen etc.)	Moderation der Begrüßung, der Reflexionsrunde und der Gruppenaktionen	Moderation der Reflexionsrunde und der Gruppenaktionen
9.45 Pause	Pause auf dem Schulhof	Begleitung der Kinder auf den Pausenhof	Bei Bedarf Gespräche mit Eltern; Austausch mit dem Elterncoach	Bei Bedarf Gespräche mit Eltern; Austausch mit der FiSch-Lehrkraft
10.00 1. Unterrichtsstunde	Arbeiten an den Lerninhalten unter Beachtung der FiSch-Ziele	Unterstützung der Schüler*innen beim Bearbeiten des Lernstoffs und beim Erreichen der FiSch-Ziele; aktive Mitarbeit in der Elterngruppe: schulbezogener Austausch und gegenseitige Unterstützung	Verteilung und Kontrolle des Lernstoffs; Beobachtung der Schüler*innen; Unterstützung bei fachlichen Fragen	Elterncoaching; Austausch mit der Lehrkraft
10.45 Pause	Pause auf dem Schulhof	Begleitung der Kinder auf den Pausenhof	Bei Bedarf Gespräche mit Eltern; Austausch mit dem Elterncoach	Bei Bedarf Gespräche mit Eltern; Austausch mit der FiSch-Lehrkraft

Tab. 2: Aufgaben- und Ablaufplan FiSch (Quelle: Institut für Weiterbildung und Entwicklung Schleswig IWES) – Fortsetzung

Uhrzeit/Inhalt	Schüler*in	Eltern	Lehrer*in	Elterncoach*in
10.55 2. Unterrichtsstunde	Arbeiten an den Lerninhalten unter Beachtung der FiSch-Ziele	Unterstützung der Schüler*innen beim Bearbeiten des Lernstoffs und beim Erreichen der FiSch-Ziele; aktive Mitarbeit in der Elterngruppe: schulbezogener Austausch und gegenseitige Unterstützung	Verteilung und Kontrolle des Lernstoffs; Beobachtung der Schüler*innen; Unterstützung bei fachlichen Fragen	Elterncoaching; Austausch mit der Lehrkraft
11.30 Interview und Abschlussbewertung	Interview und Abschlussbewertung unter Einhaltung von Gesprächsregeln	Interview durchführen und im Plenum vorstellen, Bewertung des eigenen Kindes; Austausch darüber mit der Lehrkraft.	Bewertung der Schüler*innen, ggf. erläutern im Austausch mit Eltern und Elterncoach*in	Moderation der Abschlussbewertung im Plenum

- *Gemeinsame Lösungssuche:* die Gruppe als Pool für Lösungen nutzen lernen; nicht auf den »Rat des Experten« warten, sondern offen dafür sein, Anregungen zu geben und von anderen Eltern anzunehmen = Netzwerk Eltern; Vertrauen finden in die Gruppenkompetenzen. Nach Hilfe fragen wird in diesem Zusammenhang als Stärke kultiviert. Als Eltern muss ich nicht die Löwenmutter sein, die sich allein vor ihr Kind stellt, mir steht mein »Rudel« zur Seite.
- *Erproben von Alternativen & Experimentierfeld:* Die aus der Gruppe generierten Ideen können hier und jetzt ausprobiert werden. Der Kontext dient als Labor: Was sich nach Gelingen anfühlt, wird verstärkt. Was wie Blockade wirkt, kann über Bord geworfen werden. Dabei besteht immer wieder die Möglichkeit, das Netzwerk als Kooperationspartner im Labor zu nutzen.

Bei all diesen Aspekten spielt meine Haltung als Coach eine wesentliche Rolle: Traue ich den Familien die Lösung zu? Akzeptiere ich Lösungen, die nicht meinen Vorstellungen entsprechen? Gelingt es mir, meinen »Platz auf dem Rücksitz« einzunehmen und die Eltern/die Gruppe »ans Steuer« zu lassen?

Daneben ist es unbedingt notwendig, ein Gruppenklima zu schaffen, das Eltern und Kinder vor beschämenden Ereignissen schützt und alle Teilnehmer*innen am Ende »mit erhobenem Haupt« aus der gemeinsamen Zeit gehen lässt. Familien, die über lange Zeiträume in Schule mit konfliktbehafteten Situationen öffentlich waren, fühlen sich häufig durch diese Öffentlichkeit beschämt und schuldig an misslungenen Situationen. Hier ist der Schutz durch die Gruppe und den Rahmen äußerst wichtig! Die Gruppe dient damit hier als ein Forum für die Erfahrung, stolz auf das bisher Geleistete sein zu können – ein Aspekt zur Stärkung der familialen Resilienz, die in der Arbeit mit Familiengruppen eine große Rolle spielt. Familiale Resilienz beschreibt die Fähigkeit von Familien, erhöhten Anforderungen und Herausforderungen Stand zu halten und im besten Falle gestärkt aus Krisen hervorzugehen.

Fokus Schule und Transfer

FiSch ist eine deutlich unterrichtlich bezogene Maßnahme. Lehrer*innen sehen sich nicht als »Sozialarbeiter*innen« der Familien. Eltern wünschen in der Schule keine »Therapie durch die Hintertür«. Es geht nicht um Multifamilien*therapie*, sondern um Multifamilien*coaching*. Inhaltlich bedeutet das, dass am Vormittag Unterricht stattfindet, während die aus der Multifamilientherapie bekannten Praxis-Aktionen möglichst modifiziert auf das Thema Schule und zeitlich reduziert angewendet werden. Schwerpunkt ist der Unterricht und die sich dabei entwickelnde Dynamik. Die in diesem Geschehen entwickelten Ideen und Strategien der Familien, wie mit belastenden und herausfordernden Situationen umgegangen werden kann, werden auf ihre Alltagstauglichkeit hin reflektiert. In der Elterngruppe können dabei Möglichkeiten besprochen werden, wie die Strategie der Konfliktlösung in einer »FiSch-Situation« auch im Familienalltag oder dem Schulalltag der Kinder Raum finden kann.

Beispiel:
Leon nimmt jetzt seit vier Wochen an FiSch teil, seine Eltern wechseln sich dabei mit der Teilnahme ab. Leon hat die Ziele: »Ich bin freundlich zu Kindern und Erwachsenen« und »ich melde mich, wenn ich etwas sagen möchte«. Bei dem ersten Ziel hat es sich als hilfreich erwiesen, mit Leon kurz vor der Pause abzusprechen, mit wem er wie seine Pause verbringen möchte und wie er das ansprechen kann. Leons Eltern können jetzt gemeinsam mit den anderen Eltern besprechen, wie sie Leon darin unterstützen, dass er das auch in seiner Heimatschule oder beim Spiel mit der Schwester umsetzen kann.

Lehrer*innen und Eltern als Erziehungspartner*innen

Der Gedanke, dass Elternhaus und Schule in Erziehung und Wissensvermittlung eng zusammenarbeiten müssen, ist – wenn er einmal gedacht ist – eigentlich eine Selbstverständlichkeit. Eltern sind die wichtigsten Menschen im Leben ihrer Kinder und die wesentlichen Entwicklungsbegleiter*innen. Dennoch waren häusliche und außerhäusliche Erziehung über Generationen streng getrennt, Kinder lebten in Schule und Familie in unterschiedlichen Welten mit unterschiedlicher Sprache, die oft wenig Berührungspunkte hatten. Jeder Bereich löste auftretende Probleme für sich, ein Austausch darüber fand selten statt.

Durch FiSch rücken diese Bereiche nun zusammen und vernetzen sich. Statt großer Distanz oder auch nicht selten gegenseitiger Abwertung fördern diese Ansätze eine Erziehungspartnerschaft. Schule und Eltern gehen Probleme gemeinsam an und suchen gemeinsam nach Lösungen. Wesentlich für das Gelingen ist hier die Grundhaltung der Professionellen.

Wertschätzende Grundhaltung

Der Begriff »Wertschätzende Grundhaltung« klingt erst einmal banal und sehr schwammig. Dabei ist diese Haltung eine wesentliche Basis der Familienarbeit in der Schule. Um ihn etwas genauer zu fassen, beziehen wir uns dabei im Wesentlichen auf die Ausführungen des Systemikers Jürgen Hargens, der selbst ein Weltmeister im Wertschätzen ist.

Beim Wertschätzen geht es um die Haltung, mein Gegenüber ernst zu nehmen, zu respektieren und ihn in der ihm oder ihr spezifischen Eigenart zu würdigen. Das hört sich auch erst einmal selbstverständlich an, sehen wir es uns aber genauer an, so wird deutlich, wie schwierig das sein kann. Wie gehe ich wertschätzend mit einem Elternteil um, das regelmäßig zu vereinbarten Gesprächsterminen zu spät oder gar nicht kommt, ohne mich völlig zu verbiegen? Wie bleibe ich dabei noch ich selbst?

Therese Steiner und Insoo Kim Berg (2006) haben Annahmen formuliert, die es erleichtern können, eine wertschätzende Haltung einzunehmen. Es kann helfen, im Kontakt mit Eltern davon auszugehen, dass alle Eltern

1. stolz auf ihr Kind sein wollen,
2. einen guten Einfluss auf ihr Kind haben wollen,

3. positive Dinge über ihr Kind hören wollen und wissen möchten, was ihr Kind gut kann,
4. ihrem Kind eine gute Ausbildung und Erfolgschancen geben wollen,
5. sehen wollen, dass die Zukunft ihres Kindes gleich gut oder besser ist, als die ihrige war,
6. eine gute Beziehung zu ihrem Kind haben wollen.

Zum wertschätzenden Umgang gehört, davon auszugehen, dass es für alles, was Eltern (und natürlich auch Kinder) tun – so unverständlich es zunächst scheinen mag – gute Gründe gibt. Und diese Gründe erschließen sich nicht immer auf den ersten Blick. Sie mögen für uns nicht immer plausibel sein, aber es macht Sinn, sich für sie zu interessieren und sie zu kennen.

Weiterhin brauchen wir zur Wertschätzung Geduld, dem Gegenüber seine Zeit zu lassen, und eine Offenheit gegenüber Sichtweisen, die sich von unseren diametral unterscheiden und an die wir uns erst einmal gewöhnen müssen. Und wir brauchen das Zutrauen in die Kompetenzen unseres Gegenübers, auch wenn sie uns zurzeit noch verborgen sind. Diese Haltung schafft Vertrauen, weckt neue Hoffnung, wirkt sich positiv auf die Beziehung aus und bringt vorhandene, noch verdeckte Ressourcen ans Licht. Im Modell der vier Grundpositionen, dem O.K.-Corral (nach Berne, in Henning/Pelz, 1997), finden wir eine Darstellung, wie Wertschätzung und Abwertung im Kontakt zu sich selbst und zu anderen funktionieren kann (▶ Abb. 4).

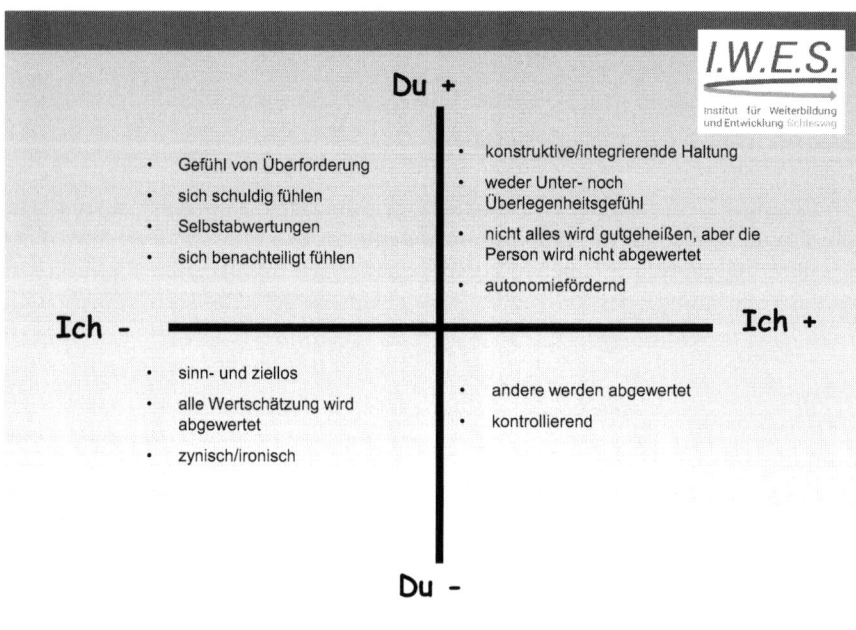

Abb. 4: Modell der vier Grundpositionen (IWES)

Weiterbildung, Finanzierung und Vernetzung in der Region

Bedingung für die Bezeichnung der Maßnahme als »FiSch – Familie in Schule« ist der Besuch der curricularen Fortbildung »FiSch – Familie in Schule – Multifamiliencoaching in der Schule«. Häufig besuchen Kolleg*innen lediglich das sogenannte Basisseminar dieser Fortbildung, um den Ablauf und die Grundhaltung dieses Arbeitsansatzes besser verstehen und auch Eltern anders informieren zu können. Diese Kolleg*innen wenden die Maßnahme dann nicht selbst an, unterstützen die FiSch-Teams an ihren Heimatschulen jedoch als Multiplikator*innen. Die gemeinsame Fortbildung der beteiligten Kolleg*innen, also der FiSch-Teams, hat sich als äußerst vorteilhaft erwiesen. Durch den gemeinsamen Besuch der Fortbildung sind die beiden Professionellen in der Lage, die Prozessführung der*des Teampartners*in zu reflektieren und entsprechend zu unterstützen. Seit 2020 gibt es zudem über das Bildungsministerium Schleswig-Holstein festgelegte Qualitätsstandards für Schulen, die sich als »FiSch-Standort« bezeichnen wollen und eine entsprechende Zertifizierung erlangen können. Diese Standards geben Empfehlungen/Vorgaben zur räumlichen Ausstattung, zum Budget für Material, zur personellen Besetzung, dem Stundenumfang für das Team, zur Vernetzung und zu den Fortbildungen. Die Details hierzu können beim Bildungsministerium Schleswig-Holstein angefragt werden. Bei Nachfrage wird die Zertifizierung durch eine vom Bildungsministerium einberufene Kommission geprüft und erteilt.

Die FiSch-Klassen in einer Region müssen sich, um erfolgreich zu sein, sehr gut miteinander und mit den betreffenden Schulen vernetzen. In der Regel besteht eine enge Zusammenarbeit mit den umliegenden Schulen. Darüber hinaus bestehen Kontakte der »FiSch-Teams« zum Jugendamt, den Erziehungsberatungsstellen und kinder- und jugendpsychiatrischen Anlaufstellen. Kontakte heißt hier, dass es jeweils institutionelle Ansprechpartner*innen gibt und nach Möglichkeit über die Kreisfachberater*innen einen regelmäßig organisierten Austausch oder einen Austausch bei akutem Bedarf zwischen den FiSch-Teams und den institutionellen Vertreter*innen.

Zusätzlich werden auf Kreisebene durch die Kreisfachberater*innen regelmäßige Treffen der »FiSch-Teams« organisiert, um die Vernetzung der Standorte untereinander zu festigen. Während der letzten Jahre haben sich bundesweit unterschiedliche Modelle zur Finanzierung von FiSch etabliert. In Schleswig-Holstein werden die benötigten Stunden meist durch die jeweiligen Schulämter getragen. An einigen Standorten gibt es Mischfinanzierungen durch Jugendamt und Schulamt, andere Standorte kooperieren mit freien Trägern zur Finanzierung der »Elterncoach*innen«. Ein Vorteil der Mischfinanzierung scheint die komplikationsfreie Bereitstellung der benötigten Stunden zu sein, da die Personalbudgets in diesen Fällen »auf mehrere Schultern« verteilt sind. Dies gilt sowohl für Kooperationen zwischen Jugendamt und Schulamt als auch für Kooperationen mit freien Trägern. Nachteile durch die Mischfinanzierung können entstehen, wenn ein Kooperationspartner die Mittel in der Weise verändert, dass bestehende Teams nicht mehr vollumfänglich finanziert werden können. Dies gilt jedoch ebenso für die ausschließliche Finanzierung durch Schulämter, wenn die politische Ausrichtung der zuständigen Behörden und/oder das Budget einer bestehenden Maßnahme verändert wird.

Hürden und Grenzen

Angst vor Gruppen

Im Rahmen der Arbeit mit Familiengruppen treffen wir immer wieder auf Eltern, die ungern an Gruppen teilnehmen. Oft stellt sich heraus, dass diese Eltern Ängste vor Gruppen haben, wenig Vertrauen für Gruppen aufbringen können oder sich zu diesem Zeitpunkt nicht in dieser Gruppe öffnen können. Im Besonderen psychisch kranke oder stark belastete Eltern benötigen hier eine wohlwollende Unterstützung.

Gruppenkohäsion als Herausforderung

Gerade in Institutionen des Gesundheitswesens ist es aufgrund der strukturellen Bedingungen immer wieder schwierig, eine sichere Gruppenatmosphäre zu schaffen. Aufgrund hoher Fluktuation in der Gruppe zeigen sich Eltern hier eher zurückhaltend und wenig offen dafür, eigene Dynamiken und Netzwerkerfahrungen zu reflektieren. Die Anregungen durch die Berater*innen/Therapeut*innen sollte hier im Sinne der Wahrung der persönlichen Grenzen der Eltern entsprechend achtsam erfolgen.

»Allein gegen alle«-Dynamik

Eltern, die über viele Jahre damit konfrontiert waren, mit ihrem Kind besondere Situationen zu bewältigen, scheinen oft in eine Dynamik des »Stark-Seins«, »Ich muss die Kontrolle behalten und alles alleine schaffen« und »Ich brauche keine Hilfe« zu kommen. Unterstützung schließt sich hier aus.

Scham und Beschämung

Wie bereits beschrieben, spielt die Schaffung eines sicheren Rahmens eine entscheidende Rolle. Neben den oben genannten Aspekten scheinen viele Eltern durch den Kontakt zur Schule negativ getriggert zu werden: Die Erinnerung an eigene, sehr oft schlechte Schulerfahrungen wird geweckt. Eigene Unzulänglichkeiten von damals und Beschämungen als Schulkind treffen auf das Gefühl, jetzt auch noch als Eltern versagt zu haben.

Hier ist ein reflektierter und behutsamer Umgang mit dem Thema Scham unbedingt notwendig. Individuell sehr unterschiedliche Reaktionen und Verhaltensmuster können dann als Strategien zur Bewältigung einer Schamdynamik verstanden werden: Kinder, die (scheinbar) grundlos aggressiv werden und am Schulalltag dadurch nicht mehr teilnehmen können; Eltern, die sich (scheinbar) ausschließlich in Anfeindungen Schule gegenüber äußern und verhalten; Lehrkräfte, die im Kontakt zu Eltern resignieren und/oder den Kontakt auf Schuldzuweisungen reduzieren. FiSch bietet hier eine praxisnahe und konkrete Möglichkeit, diese Negativ-

Dynamik zu verändern und im Kontext Schule diese verletzten Bedürfnisse zu respektieren.

Fazit

»FiSch – Familie in Schule« verstehen wir nicht als »Allheilmittel« bei Kindern mit Schulproblemen. Seit 2005 haben jedoch sehr viele Kolleg*innen und Familien die Erfahrung gemacht, dass FiSch eine wirksame Maßnahme darstellt, von der Kinder, Eltern und Lehrkräfte profitieren. Nicht umsonst beschreibt das Ergebnis einer Evaluation (Bischoff, 2012) eine bemerkenswerte Veränderung als Folge von FiSch: Auch wenn sich das Verhalten bei einigen Kindern nicht eklatant verändert, wendet sich der Kontakt zwischen Elternhaus und Schule zum Positiven und ermöglicht eine Zusammenarbeit auch in schwierigen Situationen. Oft ist das der erste Schritt, um den Kindern den Weg in eine bessere Schullaufbahn zu ebnen und den Stress für die Familien und die Lehrkräfte deutlich zu mindern.

3.6 Familienklassenzimmer in Mecklenburg-Vorpommern

Selma-Maria Behrndt & Bärbel Brandenburg[10]

Entstehung der Familienklassenzimmer in Mecklenburg-Vorpommern

Im Rahmen des Unterrichtes und der Begleitung von Schüler*innen in der Schule mit dem Förderschwerpunkt »Unterricht kranker Schüler*innen« und dem Förderschwerpunkt »emotionale und soziale Entwicklung« in Stralsund sowie ihrer Reintegration in den regulären schulischen Prozess der Stammschulen mussten Gelingensprozesse neu gedacht werden.

Aufbauend auf Grundlagen der systemischen Arbeit mit Multiproblemfamilien (Asen & Scholz, 2009) und entsprechenden Erfahrungen in anderen Bundesländern wurde der Schulversuch »Aufbau einer Familienschule in Kooperation mit der Klinik für Kinder- und Jugendpsychiatrie, Psychotherapie und Psychosomatik Stralsund 2009 bis 2013« durchgeführt. Die positive Resonanz der Familien und der Lehrer*innen in den Heimatschulen, ihr damit verbundener Wunsch, Familienklassenzimmer auch im Regelschulbereich einzurichten, sind maßgeblich für die Umsetzung dieses Vorhabens seit 2014 in Mecklenburg-Vorpommern gewesen. Die Möglichkeiten einer inklusiven Beschulung in den Heimatschulen sollte zudem wirkungsvoller unterstützt werden.

---

10 Die Autorinnen koordinieren Familienklassenzimmer in Mecklenburg-Vorpommern.

Mit großer Unterstützung des Bildungsministeriums, des Lehrerfortbildungsinstitutes (IQ M-V) des Landes Mecklenburg-Vorpommern und freier Jugendträger vor Ort wurden Rahmenbedingungen geschaffen. So sind Familienklassenzimmer Teil der Umsetzung der Inklusionsstrategie in Mecklenburg-Vorpommern geworden und gelten als spezifisches Unterrichtsangebot. Es konnten Teams gebildet werden, bestehend aus systemisch fortgebildeten Lehrer*innen und einer schulischen Begleitperson oder Schulsozialarbeiter*innen. Eine systemische Grundausbildung sowie ein regelmäßiger Austausch und weitere inhaltliche Inputs werden durch das IQ M-V realisiert. So bietet z. B. die Fortbildungsreihe »Systemische Kompetenz für das Familienklassenzimmer« des IQ M-V Lehrkräften und unterstützenden pädagogischen Fachkräften (upF) die Möglichkeit, die für eine Tätigkeit im Familienklassenzimmer erforderliche Zusatzqualifikation zu erwerben. 2022 hat der sechste Fortbildungskurs begonnen. Ebenfalls über das IQ M-V werden jährliche Netzwerkwerktreffen und Fachtagungen organisiert. Für die im Familienklassenzimmer tätigen Teams ist während dieser Zeit ein Werkzeugkoffer mit Materialien erarbeitet worden, die über den Bildungsserver MV abrufbar sind. Die Supervisionen erfolgen in der Regel durch Schulpsycholog*innen.

Gelingensbedingungen für den Aufbau von Familienklassenzimmern im Regelschulbereich

Grundsätzlich ist für jede Schule der Aufbau eines Familienklassenzimmers möglich. Zu den Gelingensbedingungen gehören:

- Akzeptanz und Unterstützung durch die Schulleitung und den Schulträger
- Familienklassenzimmer als Teil des Schulprogramms und Veröffentlichung auf der Homepage der Schule
- Überwiegendes »Wollen« im Lehrer*innenteam, d. h. Einigkeit über eine andere (systemische) Sicht auf die Lehrer*innen-Elternarbeit
- Enge Zusammenarbeit der unterrichtenden Lehrer*innen mit dem Familienklassenzimmerteam
- Offenheit bei der Erarbeitung von Konfliktlösungsstrategien
- Gemeinsame Absprachen mit den schon in der Schule etablierten freien Trägern der Jugendhilfe (Schulsozialarbeit)
- Kooperation mit im Einzugsbereich vorhandenen Hilfssystemen

Welche Aufgaben hat das Familienklassenzimmerteam?

- Schaffen von Lernsituationen
- Ressourcenorientierte Sichtweisen erlebbar machen (für die Eltern, Pädagog*innen, Kinder)
- Initiieren von Interaktionen
- Koppeln verschiedener Problemfelder
- Selbstwirksamkeit der Gruppe entwickeln

- Wertschätzende Kommunikation als Modelllernen, Kooperation auf Augenhöhe
- Brückenbauer innerhalb der Strukturen

Wie ist die Organisationsstruktur?

Ungefähr fünf bis sechs Familien gehören zu einer Gruppe, die jahrgangs- und schulartübergreifend zusammengesetzt sein kann und einmal in der Woche zusammenkommt. Der Zeitumfang ist auf ca. fünf Unterrichtsstunden bemessen. Innerhalb des Familienschultages hat sich eine vom Regelschulbetrieb abweichende Pausenzeit bewährt. So können die Eltern ihre Verantwortung für die Kinder besser wahrnehmen und in den Austausch kommen. Die Auswahl der Schüler*innen erfolgt durch das Lehrer*innenteam und ist nicht an sonderpädagogischen Förderbedarf gebunden. Mitunter wünschen bei bereits etablierten Projekten auch die Eltern die Aufnahme ihrer Kinder.

Der Aufenthalt ist zeitlich begrenzt und abhängig von der Einschätzung der Lehrer*innen und Eltern über den Erfolg der Arbeit. Mindestens ein Elternteil oder ein anderes mit den Erziehungsaufgaben eng vertrautes Familienmitglied muss teilnehmen. Ein hoher Anteil der Eltern ist berufstätig, trotzdem kann die Teilnahme vielfach geregelt werden (z. B. Verlegung von Schichten, wechselnde Teilnahme von Mutter und Vater (auch bei getrennten Konstellationen), Einbeziehung der Großeltern). Mitentscheidend für die Teilnahme ist sicher auch der subjektiv erlebte »Leidensdruck«. Die Eltern sind in diesem Rahmen verantwortlich für ihr Kind, können aber jederzeit Unterstützung durch das Team oder Ideen und Impulse anderer Eltern des Familienklassenzimmers bekommen. Selbstwirksamkeitsprozesse werden initiiert. Die eigentlich unterrichtenden Lehrer*innen sind verantwortlich für das Unterrichtsmaterial, damit Arbeit am Unterrichtsstoff auch in dieser Zeit möglich ist und Material als Projektionsfläche für Schwierigkeiten und Ressourcen genutzt werden kann. Der Sorge der Eltern oder auch Lehrer*innen, dass viel »versäumt« wird, kann so etwas entgegengewirkt werden. Es besteht Einigkeit darüber, dass in der Regel nicht alles bearbeitet werden kann.

Wie läuft ein Familienklassenzimmer im Regelschulbereich ab?

Die Schüler*innen besuchen in der ersten Unterrichtsstunde ihren regulären Unterricht. In dieser Zeit treffen die Eltern in der Schule ein und werden vom Familienklassenzimmerteam empfangen. Ein erster Austausch erfolgt untereinander, aktuelle Probleme können in dieser Runde schon besprochen werden. Zur zweiten Unterrichtsstunde kommen die Kinder in das Familienklassenzimmer und werten mit ihren Eltern den wöchentlichen Ziel-Punkteplan aus. Die Vorstellung der Ergebnisse durch die Kinder in der großen Runde erfolgt wertschätzend und ressourcenorientiert. Die für die dann folgende Woche geltenden Ziele und Punkte werden wieder individuell zwischen Kindern und Eltern besprochen und dann vorgetragen. Während der folgenden Arbeitsphase beobachten die Eltern zunächst die Arbeitsweise ihrer Kinder und setzen Signale mit Hilfe der Klammertechnik (Reaktion im Sekundenfenster nach Jansen & Streit, 2006). Dadurch sind sofortige Reaktionen (auch positive) hinsichtlich vereinbarter Ziele und ein »Sichtbarmachen« von problematischen Situationen möglich. Die Eltern lernen (auch untereinander) überhaupt zu reagieren oder nicht zu »überreagieren«, Reaktionen der Kinder auszuhalten und konstruktiv zu lösen. Nach ca. 20 Minuten gehen die Eltern mit wertschätzenden Rückmeldungen zu ihren Kindern und können mit ähnlichen Beobachtungsaufgaben neben ihnen sein. Das Team gibt notwendige Hilfestellungen bezogen auf die Unterrichtsmaterialien, wenn notwendig erfolgt ein Elterncoaching. Nach der ersten Unterrichtsphase erfolgt die Auswertung zwischen Eltern und Kind (»Was meinst du, wieviel Punkte hast du erreicht?« etc.). Das Team moderiert und beobachtet eventuelle Konflikte. Die Pause verbringen die Eltern gemeinsam mit den Kindern. Gerne wird diese Phase zum Austausch der Eltern untereinander genutzt.

Die zweite Unterrichtsphase beginnt mit der weiteren Bearbeitung des Unterrichtsstoffes in der schon genannten Struktur mit ihren eigenen oder anderen Kindern (»Rollentausch«). In diese Zeit ist am Ende auch eine Interaktionsphase eingebunden (Lern- und Verhaltensspiele, gemeinsame Gestaltung von Themen), die abhängig von erwünschten Beobachtungen und Konflikten ist. Als Orientierung dienen folgende Leitfragen: Was haben wir gesehen? Was heißt das? Was sind die nächsten Schritte? Am Ende dieser Phase erfolgt, wieder zunächst durch die Eltern, die Vergabe der Punkte, bevor sich alle wieder im Reflexionskreis treffen. Mitunter nehmen hieran auch unterrichtende Lehrer*innen teil. In der großen Feedbackrunde stellt jede*r Schüler*in seine/ihre Punkte vor und es erfolgen Rückmeldungen durch die anderen Schüler*innen, die Eltern und durch das Team. Diese Phase ist gekennzeichnet durch hohe Selbstwirksamkeit, lösungsorientiertes Kommunizieren von verschiedenen Sichtweisen und Perspektivenwechsel. Immer geht es auch um einen Wahrnehmungsvergleich.

Zur fünften Stunde gehen die Kinder wieder in den Unterricht ihrer Klassen. Die Eltern bleiben noch für eine Elternfeedbackrunde im Raum. Auch in diesem Rahmen werden Eltern zu Berater*innen anderer Eltern. Das Team initiiert Mentalisierungsprozesse. Deutlich wird immer wieder, dass einige Erziehungsberechtigte während ihrer Elternzeit sehr wenige wertschätzende Kommentare erlebt haben. Dies in diesem Rahmen durch und mit hoher Authentizität der Teilnehmer*innen zu erfahren, öffnet unglaublich viele familiäre Ressourcen (»Heute verstehe ich mein Kind besser«, »Wir machen jetzt auch zu Hause einen Plan«, »Wir versuchen uns abzusprechen«, »Ich bin ruhiger geworden, habe gesehen, dass es noch viel schlimmer geht«). Nach der offiziellen Beendigung des Familienschultages geht das Team mit den oben genannten Leitfragen in seine eigene Reflexionsrunde. Zusätzlich wird die Vorbereitung des nächsten Familienklassenzimmertages und der Transfer ins Lehrer*innenteam besprochen. Im Ergebnis der gemeinsamen wertschätzenden Elternerfahrungen im Familienklassenzimmer entstehen mitunter sich selbst organisierende außerschulische Gruppen. Treffen und Veranstaltungen sind hier auch für andere Eltern und Kinder, etwa des Wohngebietes, offen.

Episoden aus den Familienklassenzimmern[11]

An seinem letzten Tag im Familienklassenzimmer schenkte Konstantin jedem der drei Lernbegleiter*innen/Familientherapeut*innen ein selbstgebasteltes Portmonee aus einem Tetrapak. Darinnen ein Zettel: »Das FKZ war das Beste, dass ich jemals in der Schule erlebt habe!« Konstantin ist Schüler einer sechsten Klasse. 16 Wochen vorher: »Konstantin stört. Konstantin redet rein. Konstantin weiß alles besser. Überhaupt ist er ein unhöflicher, arroganter Junge. Der braucht einmal klare Ansagen.« Konsens der Lehrer*innen! Zu Hause eine erschöpfte Mutter. Eigentlich glaubt sie an ihren Sohn. Aber mit ihrem Latein ist sie am Ende. Liebe wich Strenge. Verzweifelte Maßnahmen statt des Glaubens an Konstantin. Ein Teufelskreis. Dann die Vorstellung des Familienklassenzimmers. »Klar probieren wir das!«, so die Mutter. »Was denken die anderen?«, meinte Konstantin. Zum Glück ereilte einen Klassenkameraden das gleiche Los. Und so kam er zu seinem Platz im Familienklassenzimmer. Und dann begann die Zeit der Arbeit. Auch mit schulischen Inhalten setzten sich Sohn und Mutter auseinander. Er ließ zu, dass sie hilft. Was für ein Fortschritt! Gearbeitet wurde am Gruppentisch mit den anderen vier Teilnehmer*innen und deren Elternteil, Tante oder Oma. Klappte es mal nicht und es kam zu abfälligen Worten, pampigen Antworten, konnte es schon geschehen, dass die Oma von John sich einmischte oder der Vater von Elisa. Die Schüler*innen kannten sich vorher kaum, kamen aus verschiedenen Klassen. Die familiäre Begleitung kannte sich ein wenig, man ist hier auf dem Lande. Nun hier an einem Tisch verbindet sie ihre Besorgnis um die Entwicklung der Kinder. Es ist schon einmal ein gutes Gefühl, dass sie nicht allein mit ihren Sorgen sind. Eine gute Tagesstruktur gibt ihnen Sicherheit und natürlich die empathische Zuwendung der Lernbegleiter*in.

Kommt ein Kind im Lernen nicht weiter, können die Eltern helfen. Sind sie ratlos, wird den Eltern ein Tipp gegeben, der zum Lösungsansatz werden kann. Den Eltern Kompetenzen vermitteln, um die Kinder im Schulalltag begleiten zu können; ist ein wichtiges Ziel im Familienklassenzimmer. Frau Bolte (Mutter von Marlon, seit sechs Wochen im Familienklassenzimmer) äußerte: »Wenn ich in die Schule kam, stürzte ich gleich auf die Toilette. Ich war immer nur aufgeregt. Bei mir ging gleich ein Film an.« Nun spricht Frau Bolte auf der Lehrer*innenversammlung, um Werbung für dieses Angebot zu machen. Denn nicht alle Lehrer*innen können die Leitlinien des Familienklassenzimmers annehmen. Oftmals fehlen die Anmeldungen von Schüler*innen, für die es eine geeignete Hilfe wäre. Warum ist das so? Hilfe annehmen wird oft nicht als ein ressourcennutzender Prozess angesehen, vielmehr als eine Schwäche.

Das Familienklassenzimmer muss zwar auf der Lehrer*innenkonferenz beschlossen werden – hierfür darf auch eine Person aus ihren Reihen in die systemische Grundausbildung delegiert werden –, ansonsten ist die Installierung eines solchen Ortes an der Schule etwas, was noch mehr Akzeptanz benötigt. Gut, dass die Kollegen*innen des Familienklassenzimmers ihr eigenes Team für Vorbereitungen und Reflexionen haben. Dieses ist zusammengesetzt aus mindestens zwei Personen:

---

11 Die Namen der Personen sind nicht mit tatsächlich im Familienklassenzimmer agierenden Personen identisch.

Lehrer*in, Sozialpädagog*in, Sonderpädagog*in, unterstützender pädagogischer Fachkraft und mitunter begleitet durch Personal von Trägern der freien Jugendhilfe. Das hört sich sehr gut aufgestellt und professionell an. In der Realität ist es dennoch ein Ringen um eine gesicherte Begleitung im Familienklassenzimmer. Personalmangel ist sicher auch ein Grund. Lehrer*innen müssen in den Vertretungsunterricht. Die Psychologen*innen der freien Trägerschaft bekommen keine Fachleistungsstunden mehr, da »ihre« Familie nicht mehr anwesend ist, die Sozialpädagogen*innen werden in eine Klasse gerufen, in der es »brennt«. Noch immer ist es nicht überall Tabu, das Personal aus dem Familienklassenzimmer abzuziehen.

»Eine Traumbesetzung«, denkt das Lehrer*innenzimmer mitunter, »wenige Kinder, doppelte Besetzung«. Jedoch sitzen nicht sechs Kinder im Familienklassenzimmer, sondern es sitzen sechs Familien mit ihren Problemen und Sorgen dort. Im Familienklassenzimmer muss unbedingt (mindestens) zu zweit gearbeitet werden. Viel Aufklärungsarbeit ist diesbezüglich im Lehrer*innenzimmer noch zu leisten. Um die anspruchsvolle Arbeit zu schaffen, ist es wichtig, dass die Kolleg*innen der Familienklassenzimmer insgesamt in einem regen Austausch sind.

Welche Netzwerke gibt es?

Zweimal im Jahr wird vom IQ M-V eine Netzwerktagung für alle Lernbegleiter*innen der Familienklassenzimmer organisiert. Die Lernbegleiter*innen der Familienklassenzimmer des Schulamtsbereichs Greifswald sind außerdem in einem individuellen Netzwerk verknüpft. Hier wird sich über Methoden, Erfahrungen in der Gestaltung der Interaktionen und Inspirationen für die Gestaltung von Elterngesprächen ausgetauscht. Dieser Austausch erfolgt in der Regel digital. Einmal im Jahr trifft man sich in der Gruppe, um die eigene Arbeit zu reflektieren und zu professionalisieren. Auch die Schulsozialarbeiter*innen der Regionen haben einen gemeinsamen Arbeitskreis. Sie treffen sich alle sechs bis acht Wochen. Diese Regelmäßigkeit schafft Vertrauen. Die Schulsozialarbeiter*innen der Familienklassenzimmer können sich hier auch vernetzen und austauschen. Die Hospitationen untereinander entwickeln sich und werden auch für kollektive Fallberatungen im Anschluss an das Familienklassenzimmer genutzt.

Im Schulamtsbereich Greifswald gibt es eine Koordinationsstelle für den Aufbau des Familienklassenzimmers und die partielle Begleitung in der Anfangsphase. Die Koordinatorin ist Sonderpädagogin und MFT-Therapeutin. Sie behält ein funktionierendes Netzwerk in ihrem Blick. Dieses gut erprobte System weckt das Interesse der Lernbegleiter*innen anderer Schulamtsbereiche. Auf dem großen Netzwerktreffen des IQ M-V wurde das mehrfach thematisiert. Die Koordinatorin bietet nun an, als Fachberaterin in ganz Mecklenburg-Vorpommern tätig zu sein.

Apropos Qualitätssicherung: Es gibt auch eine Kooperation mit Einrichtungen aus Berlin (Familienanlaufstelle, Schulsozialarbeit ESE-Schule, Familien e.V.). In dieser Regionalgruppe Berlin/Nord gibt es einen Austausch zum systemischen

Herangehen im Familienklassenzimmer/der Familienschule. In gegenseitigen Hospitationen wird, ähnlich dem Prinzip »Blick über den Zaun«[12] – einem Verbund reformpädagogisch orientierter Schulen mit dem Ziel, Schulentwicklung ›von unten‹ zu betreiben und durch regelmäßige wechselseitige Besuche (›Peer-Reviews‹), Tagungen und Pädagogische Werkstätten dazu beizutragen, dass Schulen im direkten Erfahrungsaustausch voneinander lernen –, kritisch beobachtet und ausgewertet.

Was müsste sein, damit es qualitativ gut weitergeht?

Das Angebot systemischer Fortbildungen für die Familienklassenzimmerteams durch das IQ M-V muss unbedingt erhalten werden. Dabei müssen alle Teammitglieder, unabhängig vom Arbeitgeber, Berücksichtigung finden.

Regelmäßige Netzwerktreffen in Verantwortung der Regionen und des IQ M-V für den Austausch, neue Impulse und professionelle Reflektionen sind notwendig. Wichtig sind ausreichende und verlässliche Stundenzuweisungen für die im Familienklassenzimmer tätigen Pädagog*innen.

Weiterführend:

Ministerium für Bildung, Wissenschaft und Kultur (2021): Handreichung für die Arbeit in der Schulwerkstatt an weiterführenden allgemein bildenden Schulen. Online verfügbar unter: https://www.bildung-mv.de/export/sites/bildungsserver/downloads/schule/Inklusion-gr-Swst.pdf

3.7 Modelle der Familienschule in Deutschland – Freiwilligkeit vs. Zwangskontext im städtischen und ländlichen Raum

Nicole Schui & Sylvia Beuth[13]

Einleitung

Im Vorfeld zur 1. europäischen Tagung für Multifamilientherapie 2023 in Potsdam haben wir aus den Familienschulen in Berlin und Cuxhaven gemeinsam überlegt, inwiefern wir unsere Arbeit vorstellen können. Wir kennen uns aus gemeinsamen Weiterbildungskontexten, aus denen sich ein kontinuierlicher Austausch und gemeinsame Überlegungen zu Konzepten, in denen die Methoden der Multifamili-

---

12 https://www.blickueberdenzaun.de/
13 Nicole Schui ist am Norddeutschen Institut für Multifamilientherapie und systemische Beratung tätig, Sylvia Beuth bei FAN – FamilienANlauf e.V.

entherapie umgesetzt werden, entwickelte. Daraus entstand ein kontinuierlicher professioneller Austausch zwischen den Familienschulen »im städtischen und ländlichen Raum«, den wir als bereichernd erlebten.

Die Frage war nun also: Können wir trotz unserer regional so unterschiedlichen Strukturen und Zugangsbedingungen von gemeinsamer Arbeit sprechen? Und so ist aus Gesprächen, Überlegungen, Gemeinsamkeiten und den Unterschieden in der Arbeitspraxis die Idee entstanden, genau *dieses* Feld zu beleuchten. Daher stellen wir im Folgenden unsere beiden Familienschulen mit Ihren jeweiligen Besonderheiten und strukturellen Gegebenheiten vor und beleuchten die Gemeinsamkeiten sowie die Unterschiede.

Dabei sei Eines vorweggenommen: Zentrales, verbindendes Element unserer Familienschulen sind die grundlegende systemische Haltung und die Methoden der Multifamilientherapie.

Kinder in der Krise – Beginn der Familienschule in Berlin

Die Familienschule »SchulFAN« befindet sich in Berlin Lichtenberg. In Berlin Lichtenberg leben heute 308.286 Menschen. Im dazugehörigen Stadtteil Hohenschönhausen leben derzeit 108.000 Einwohner*innen: Ein Stadtteil am nördlichen Rand von Berlin an der Grenze zu Brandenburg mit ca. 50% Kinderarmut, deren Familien von Transferleistungen leben. Hier entstand 2008 die Idee zur Familienschule SchulFAN Berlin.

2008 suchte die damalige Schulleiterin einer Förderschule in Berlin-Hohenschönhausen nach einem Angebot für Kinder, deren schuldistanziertes, aggressives und delinquentes Verhalten dazu führte, dass Lehrkräfte der Schule an ihre Grenzen in der Einflussnahme auf die Kinder kamen. Als Jugendhilfeträger wurde FAN FamilienANlauf e.V. – ein seit 1995 anerkannter gemeinnütziger freier Träger der Jugendhilfe – angefragt, ob dieser Herausforderung ein Konzept zu entwickeln, und damit begann der gemeinsame Prozess der Konzeptentwicklung.

Durch das systemische Betrachten von Schuldistanz als ein Symptom der Familie hielten wir die Mitwirkung und Begleitung der Kinder durch die sorgeberechtigten Eltern für wichtig und entwickelten nach dem multifamilientherapeutischen (MFT) Konzept der Familienschule in London gemeinsam mit Eia Asen, dem Jugendamt des Berliner Bezirkes Lichtenberg, der Schulaufsicht des Landes Berlin (bezirkliche Außenstelle), dem Schulamt, den schulpsychologischen und inklusionspädagogischen Beratungs- und Unterstützungszentren, der Schulleitung und unserem freien Träger der Jugendhilfe FAN FamilienANlauf e.V. einen mischfinanzierten Kooperationsvertrag und damit das Projekt Familienschule »SchulFAN«.

Die Familienschule ist eine sonderpädagogische Kleinstklasse und bietet zehn Plätze für Kinder der Klassenstufen 1 bis 6 mit ihren Familien auf der Grundlage von § 32 SGB VIII. Das Land Berlin finanziert eine volle Lehrerstelle, die von zwei Lehrerinnen besetzt wird. Unsere Familienschule ist Teil einer Regelschule. Seit 2009 haben ca. 150 Familien die Familienschule genutzt. In die Familienschule werden in der Regel Kinder überwiesen, die im Regelschulbetrieb nicht beschulbar zu sein scheinen und die aufgrund gewaltvollen Verhaltens mehrfach vom Schulbesuch suspendiert werden mussten. In den allermeisten Familien waren die Familiendynamiken durch Gewalt geprägt. Die Kinder, die wir in der Familienschule sehen, erleben im familiären Rahmen Gewalt – das kann körperliche und/oder psychische Gewalt den Kindern gegenüber und/oder häusliche Gewalt zwischen den Eltern sein. Diese Thematiken werden im Rahmen der Familienschule sichtbar und das eröffnet die Möglichkeit, an einer Veränderung zu arbeiten und den Schutz der Kinder, ihre Sicherheit und damit dann eine Verhaltensänderung zu erreichen.

Sozialraum Cuxhaven

Der Landkreis Cuxhaven gehört flächenmäßig zu den größeren Landkreisen in Deutschland (vergleichbar mit der Größe des Saarlandes), allerdings leben hier nur ca. 200.000 Einwohner*innen im gesamten Gebiet. Vor allem zeichnet den Landkreis aus, dass es viele kleinere Gemeinden und Samtgemeinden gibt, aber bis auf die Stadt Cuxhaven kaum größere Städte. Dementsprechend ist die Versorgungsinfrastruktur eher schwierig, auch im Hinblick auf das Erreichen der Familienschulen. Einige Familien leben auf abgelegenen Höfen, in kleineren Dörfern und haben keine Chance, die Familienschulen mit öffentlichen Verkehrsmitteln zu erreichen, welche darüber hinaus auch nur unzulänglich fahren. Dies ist ein Problem, kann allerdings teilweise auch eine Chance werden. Oftmals bilden die Familien Fahrgemeinschaften und sind dadurch schon miteinander »verbunden«. Natürlich kann darauf nicht immer zurückgegriffen werden. Einen wesentlichen Punkt stellt die Netzwerkpflege dar, da es verteilt viele kleinere Schulen gibt und mit diesen der Kontakt bestmöglich gehalten werden muss. Interessanterweise gleichen sich die Lebenssituationen der Familien in den Familienschulen in Berlin sowie im Landkreis Cuxhaven. Ihr Sozialraum begrenzt ihren Erlebnisraum, denn oftmals sind die Familien, die die Familienschulen besuchen, isoliert und sozial benachteiligt. Auch wenn es unterschiedliche Ausgangssituationen sind, sind ihre Lebenssituationen häufig ähnlich.

Von der Familienklasse zur Familienschule im Landkreis Cuxhaven

In den letzten Jahren sind die Belastungen an Regelschulen deutlich gestiegen und die Zahl von Kindern mit einem emotionalen und sozialen Förderbedarf hat erheblich zugenommen. Im Zuge der Inklusion sehen sich die Schulen, aber auch die Jugendhilfe, mit großen Herausforderungen konfrontiert. Um für alle Kinder ein Lernumfeld zu gestalten, in dem auch Schüler*innen mit sehr herausforderndem Verhalten und großen Schwierigkeiten in der sozialen Interaktion später auf eine erfolgreiche Bildungsbiographie zurückblicken können, bedarf es besonderer Unterstützungsformen.

Die Lehrkräfte der Regelschulen müssen im Unterricht mehr Kinder unterrichten, deren Verhalten im Schulalltag Lehrer*innen und Mitschüler*innen massiv herausfordert. Diese Entwicklung führte in den letzten Jahren dazu, dass mehr und

Wochenplan SchulFAN

FamilienANlauf e.V.

Zeit	Montag	Dienstag	Mittwoch	Donnerstag	Freitag
1. Std.	Wochenziel	Unterricht	Kinder in Stammschule	Unterricht	Unterricht
2. Std.	Unterricht/ Elternrunde	Unterricht/ Elternrunde		Unterricht/ Elternrunde	Unterricht/ Elternrunde
3. Std.	Unterricht	Unterricht	Team/SV	Unterricht	Unterricht
4. und 5. Std.	MFT	MFT	Aufsuchende Arbeit	MFT	MFT
	Mittagspause		Kontextarbeit	Mittagspause	
	Förderunterricht/Hausbesuche			Förderunterricht/Hausbesuche	

Abb. 5: Wochenplan SchulFAN (FamilienANlauf e. V.)

Rahmenbedingungen und Zugang zu den Familienschulen im Landkreis Cuxhaven

Entsprechend des multifamilientherapeutischen Konzeptes werden die Schüler*innen in der Familienschule an drei Tagen in der Woche von einem Elternteil oder einer ihnen nahestehenden erwachsenen Bezugsperson begleitet. Am vierten Tag kommen die Kinder allein in die Familienschule, haben Unterricht, trainieren angemessenes Sozialverhalten in gemeinsamen Kooperationsübungen und spezifische Fähigkeiten, die ihnen im Schulalltag helfen. Am fünften Tag gehen die Kinder wieder in ihre Herkunftsschule, um vor Ort an ihren Zielen zu arbeiten, die vor Maßnahmenbeginn entwickelt und festgelegt wurden. Über diese Ziele bekommen sie eine direkte Rückmeldung aus ihrem schulischen Umfeld. Für die Kinder, die Klasse und die Lehrer*innen der Stammschule wird so deutlich, dass die Schüler*innen weiterhin zur Klasse und zur Schule gehören und dort (weiterhin) willkommen sind.

Das regionale Landesamt für Schule und Bildung (RLSCHB) und das Jugendamt des Landkreises betreiben die Familienschulen als gleichberechtigte Partner. Entscheidungen zu Aufnahme und Beendigung von Maßnahmen werden gemeinsam und einvernehmlich getroffen.

Für den Zugang in die Familienschule sind grundsätzlich Anfragen über die Regelschulen, den Mobilen Dienst EsE (CuxBUS), die Eltern selbst oder das ASD-Team der Jugendhilfestationen vorgesehen. Nach der Anfrage erfolgt ein erstes

Gespräch mit den betroffenen Eltern. Diese haben jederzeit die Möglichkeit, in der Familienschule zu hospitieren und sich mit den Eltern vor Ort auszutauschen. Eine Antragstellung auf Hilfe zur Erziehung gem. § 27 SGB VIII ist nicht erforderlich, damit der Zugang zur Maßnahme für die betroffenen Familien möglichst niedrigschwellig bleibt.

Nach Zustimmung und Antrag der sorgeberechtigten Eltern wird durch das RLSCHB die Zuweisung des Beschulungsortes (Familienschule) festgestellt. Nach der Schweigepflichtentbindung erfolgt eine Kurzvorstellung in der Tandembesprechung der Jugendhilfestationen. Nach Aufnahme in die Familienschule wird eine mögliche Einbindung des ASD der Jugendhilfestation geprüft, ist aber nicht zwingend erforderlich. Eine zeitnahe Beteiligung des ASD erweist sich jedoch meistens als sehr hilfreich für den weiteren Prozessverlauf. Im Sinne der Belegung und Transparenz unter den Kooperationspartnern wird nach Rücksprache mit den Familien die Belegungsliste im CuxBUS und ASD transparent besprochen, sodass möglicherweise vorhandene Hilfen entlang der Maßnahme koordiniert werden können. Gemeinsam wird bestimmt, wie und in welchem Umfang die Entwicklungsgespräche erfolgen sollen.

Wochenplan im Landkreis Cuxhaven

Zeit	Montag	Dienstag	Mittwoch	Donnerstag Kinder kommen alleine	Freitag
8:15	Ankommen und Tagesziele	Stammschultag	Wochenziele	Ankommen und Tagesziele	Ankommen und Tagesziele
Ab 9:00	Unterricht mit Eltern	Transfer in Stammschulen	Unterricht mit Eltern	Unterricht	Unterricht mit Eltern
	Elternrunde/ Psychoedukation – Leuchtturmprogramm		MFT Übung	Soziales Training/ Cardio Wall	MFT Übung
12:30	Abschlussrunde		Abschlussrunde	Abschlussrunde	
	Helferrunden/Hausbesuche		Team	Helferrunden/ Hausbesuche	

Abb. 6: Wochenplan Cuxhaven (Landkreis Cuxhaven)

Welche besonderen Methoden kann man in der Familienschule nutzen?

In der Arbeit der Familienschule werden verschiedene Elemente aus der pädagogischen Arbeit und der Multifamilientherapie eingesetzt, wie Unterrichtsinhalte vermitteln, systemische Fragetechniken, Rollenspiele, mentalisierungsbasierte Arbeit, Elterngruppen, Kindergruppen, videobasierte Arbeit, (Kooperations-)Spiele, Feedback-, Kommunikations- und Gesprächsübungen, Elterntausch (Crossover, in unterschiedlichen Kontexten einsetzbar) usw.

Durch die tägliche Anwesenheit der Familien ist es möglich, alle Methoden ständig flexibel, situations-, auftrags- und problembezogen prozesshaft einzusetzen und zu erweitern. Im Zentrum aller Interventionen steht immer die Handlungsmaxime, die Verantwortungsbereitschaft der Familien zu aktivieren und ihre Selbstwirksamkeit zu stärken. Das bedeutet, einen Rahmen bzw. einen Kontext zu schaffen, in dem die Familien neue Perspektiven generieren und neue Lösungsideen entwickeln können. Das FS-Setting ist intensiv und neben der MFT-Arbeit in der Familienschule finden Familiengespräche in den Wohnungen der Familien und Netzwerktreffen mit den beteiligten Hilfesystemen statt.

Chancen und Risiken in der Arbeit im Zwangskontext – Berlin

Der Zwangskontext für die Familien entsteht dadurch, dass die Eltern im Zuge der Überweisung vom Jugendamt an die Familienschule die Botschaft bekommen, dass das Jugendamt eine Kindeswohlgefährdung sieht und zur Abwendung einer Kindeswohlgefährdung nur eine Hilfe durch die Familienschule geeignet ist. Eine Entscheidung der Eltern gegen die Hilfeannahme kann dann ggf. eine Anrufung des Familiengerichts zur Überprüfung der elterlichen Sorge nach sich ziehen. Wesentlicher Gelingensfaktor für die Arbeit an einer Kooperationsbeziehung ist, dass durch das Jugendamt an die Eltern eine sehr klare und an konkretes Verhalten orientierte Veränderungsaufforderung ausgesprochen wird. Wenn das gelingt, besteht die Chance, dass die Eltern genau wissen, woran sie arbeiten sollen, und dass die Veränderung nur durch sie selbst herbeigeführt werden kann.

Für die Eltern entsteht damit der Zwang, sich für oder gegen die Hilfe durch die Familienschule zu entscheiden. Eltern beschreiben dann oft den Eindruck, sie hätten »ja keine andere Wahl« gehabt. Darin liegt auch ein Risiko des geschaffenen Zwangskontextes, denn daraus könnte erwachsen, dass Veränderungen verzögert werden, da es zur Abwehr und der Eröffnung von »Nebenschauplätzen« kommen kann. Diese Auseinandersetzung mit dem Zwang führt häufig dazu, dass Eltern (und dann auch die Kinder) sich so verhalten, dass ihr Verhalten als »Widerstand« verstanden werden könnte. Es ist für uns deshalb zunächst wesentlich, an einem klaren Auftrag von den Familien zu arbeiten und ihre Entscheidungsmöglichkeit herauszuarbeiten. Wir betrachten den »Widerstand« als folgerichtige Haltung von Menschen, die sich starker Kritik ausgesetzt sehen, und auch als Schutz vor allzu schnellen und unpassenden Veränderungen. Um mit dem »Widerstand« zu arbeiten, ist es wichtig, die Entscheidung, ob die Familienschule das richtige Projekt für sie ist, und damit die Verantwortung im gesamten Prozess konsequent bei den Eltern zu belassen. Das erhält die Autonomie der Eltern. Es kann auch sein, dass sich Eltern miteinander gegen das Projekt verbünden. Diese erlebte Stärke des Miteinanders kann eine Chance sein, um ein Expertengefühl unter den Eltern entstehen zu lassen. Eltern fühlen sich untereinander verstanden und erleben sich in einer Gemeinschaft: »Wir sitzen alle in einem Boot«. Dann braucht es ein intensives Arbeiten mit den Ambivalenzen, um Raum zu schaffen, damit sich konstruktive Perspektiven entwickeln können. Durch mentalisierungsfördernde Arbeit gelingt der Perspektivwechsel der Eltern und die Entwicklung von auftragsbezogener Kooperation zwischen und unter den Eltern wie auch Fachkräften.

Chancen und Risiken der »Freiwilligkeit« – Landkreis Cuxhaven

Durch den niederschwelligen und offenen Zugang zu den Familienschulen im Landkreis Cuxhaven kommen die Familien in der Regel zu Beginn mit weniger Widerstand in die Familienschule. Es sind keine aufwendigen Genehmigungsverfahren nötig und sie entscheiden selbst, ob sie in der Lage sind, diese Zeit in der Familienschule mit ihrem Kind strukturell sowie inhaltlich zu gestalten.

Einerseits ist die Unabhängigkeit von Personen und Institutionen größer, auf der anderen Seite dauert es dadurch für einige Familien deutlich länger, bis sie den Weg in die Familienschule finden. Für den Entscheidungsprozess und die nachhaltige Akzeptanz der Maßnahme benötigen die Familien manchmal auch entsprechende Zeit und sollten sie in dem Fall auch bekommen.

Ist die Gruppe, bezogen auf den Zugang, sehr heterogen, lädt es die Familien allerdings eher zur Abgrenzung ein, anstatt zu einem Gefühl von »Wir sitzen alle in einem Boot«, daher muss in diesen Fällen von Seiten der Multifamilientrainer*innen und Lehrer*innen noch mehr Wert und Zeit auf die Gruppenkohäsion gelegt werden. Des Weiteren variieren die Konsequenzen bzw. der weitere Weg, den die Familien einschlagen. Natürlich ist es das zentrale Ziel, dass die Kinder und Jugendlichen wieder in ihre Regelschule integriert werden und dort den schulischen Alltag weitestgehend problemlos bestreiten können. Allerdings gibt es einige Familien, deren Erstkontakt mit Hilfesystemen die Familienschule ist und sich dementsprechend nachfolgend weitere Hilfen anschließen.

Fazit

MFT in Familienschulen ist ein gelingendes Setting, in dem sich durch die gemeinsame Arbeit an einem verbindenden Thema der Wirklichkeits- und Möglichkeitsraum der Familien erweitert und die Familien sich aus einer oft isolierten Lebenssituation lösen können. Unabhängig davon, ob die Eltern den Weg in die Familienschule im Rahmen eines Zwangskontextes, auf Anregung der Schule oder aus Sorge um die Bildungschancen ihres Kindes finden, sind viele Familien zu Beginn der Maßnahme oft sehr verzweifelt, sozial isoliert und haben wenig Hoffnung auf eine positive Veränderung. Im Kontakt zur Regelschule dominieren oft Anspannung und Druck im Erleben der Eltern und wenig wertschätzende Kommunikation. Die Veränderungsprozesse, das Erlebnis von Selbstwirksamkeit, Zugehörigkeit und das Wiedererstarken von sozialen Beziehungen in einem unterstützenden Netzwerk sind die gleichen Wirkfaktoren, unabhängig davon, wie die Familien den Zugang zur Familienschule gefunden haben oder ob sie in einem großstädtischen Kontext oder ländlichen Sozialraum leben.

Während der Durchführung beobachteten wir, wie die gegenseitige Unterstützung in der Gruppe wuchs, sich Kommunikation und Beziehungen in den Familien verbesserten und auch wie sich zwischen Eltern und Lehrer*innen die Kommunikation veränderte. Die Eltern erlebten sich wieder als selbstwirksam und nicht mehr als ausgeliefert und hilflos. Ihr Handeln und ihre Präsenz im Leben des Kindes haben wieder eine Bedeutung und einen Einfluss auf das Kind bekommen. Dies zeigte sich auch in den Erfolgen bei der Reintegration der Kinder in den Regelschulbetrieb, beispielsweise mit einer Quote von 96% in Berlin.

In diesem sehr herausfordernden Arbeitsfeld sind die bereits in der Einleitung erwähnte systemische Haltung und die Art der Umsetzung der Methoden mit Leben zu füllen. Das regelmäßige Hinterfragen der eigenen Arbeit und die Auseinandersetzung mit dem Rollenverständnis erfordern ausreichende Möglichkeiten zur Reflexion und gut ausgebildete Mitarbeiter*innen und Kolleg*innen.

Die Vernetzung unter den Fachkräften durch Supervision und übergreifend auch Intervision, Entwicklung der Ausbildung zum MFT-Coach beim Norddeutschen Institut für Multifamilientherapie und systemische Beratung (NIMS), gemeinsame Fortbildungen und die Zusammenarbeit in der BAG-Multifamilientherapie sichern kontinuierlich die Qualität unserer Arbeit.

4 Stimmen aus der Praxis

Die vorliegenden Interviews wurden mit Personen aus verschiedenen Bundesländern geführt, die das Konzept der Familienklasse in ihren jeweilgen Ausprägungen als »Familie in Schule«, Familienklassenzimmer oder eben Familienklasse aufgebaut haben, koordinieren und durchführen. Hierbei wurde versucht, eine möglichst heterogene Perspektivität auf das Konzept abzubilden, um die verschiedenen Professionen zu Wort kommen zu lassen, aber auch die vielen diversen Erfahrungen darzustellen, die bei den Akteur*innen der Familienklasse vorliegen. Die Interviews wurden anhand eines Leitfadens im persönlichen Gespräch geführt, wobei der Leitfaden hierbei mehr als eine Stütze für den Dialog aller Beteiligten diente. Die Fragen und Kommentare von uns Interviewer*innen wurden daher stark eingekürzt, um Raum für die Erfahrungsberichte und Einschätzungen zu lassen. Die Interviews bilden – und dies wird beim Lesen auffallen – keine einheitliche Ansicht zur Familienklasse ab, zu vielfältig sind hierfür die Blickwinkel und individuellen Erlebnisse. Zudem gibt es noch viele weitere interessante Sichtweisen, die hier leider nicht dargestellt werden können. Gleichwohl können die hier Interviewten – aufgrund ihrer umfassenden und jahrelangen Kenntnisse um das Konzept sowie ihres reichen Erfahrungsschatzes – wegweisende Erkenntnisse für eine gute Praxis und mögliche Stolpersteine bei der Einrichtung und Durchführung liefern, die für eine gelingende Entwicklung der Familienklassen zentral sind.

4.1 »Hoffnung auf Akzeptanz systemischer Grundhaltung«

Dr. Selma-Maria Behrndt und Bärbel Brandenburg sind maßgeblich am Aufbau und der Koordination der Familienklassenzimmer in Mecklenburg-Vorpommern beteiligt.

Wenn Sie uns zu Beginn etwas über das Familienklassenzimmer in Mecklenburg-Vorpommern erzählen würden? Wie ist es entstanden, wie ist der Ablauf?

Behrndt: Ich glaube, die Situation, die die Praxis einfach ergibt, ist so, dass man manchmal handeln muss. Ich war unzufrieden mit dem, was bei der Reintegration von verhaltensauffälligen Kindern passiert. Dort wird immer nur ein Stückwerk gesehen, da werden die Kinder therapiert oder die Eltern oder es wurde mit den Schulen gesprochen, aber dann wieder nicht mit den Kindern und Eltern. Und da war es wirklich ein glücklicher Zufall, dass eine Kollegin und ich auf einer Konferenz in Heidelberg Eia Asen gesehen haben und wir so das erste Mal einen systemischen Ansatz wirklich gesehen haben, bei dem alle Beteiligten, Kinder, Eltern und Schule einbezogen wurden. Und die Schule ist ja letzten Endes der Hauptarbeitsplatz der Kinder, da verbringen sie einen großen Anteil ihrer Zeit. Da waren wir gleich begeistert und haben überlegt, wie wir das in Mecklenburg-Vorpommern umsetzen können. Familienklassen gab es ja bereits in Dresden und Hessen, ebenso in Schleswig-Holstein. Aber die wurden entweder von der Psychiatrie aus geleitet oder von freien Trägern der Jugendhilfe und die Lehrer durften mitmachen. Meine Erfahrungen mit Lehrern, die engagiert sind, waren einfach so, dass ich denen das zugetraut habe, wenn die eine vernünftige Fortbildung machen, dass sie das auch machen können. Von daher ist unser Ansatz ein bisschen anders: Wir haben die Verantwortung viel mehr in den Schulen, sodass die freien Träger der Jugendhilfe praktisch nicht in die Hauptverantwortung genommen wurden. Das war eigentlich der Ausgangspunkt. Und da es so etwas noch nicht gab, haben wir einen Schulversuch beim Bildungsministerium beantragt. Da wird ja ebenfalls nach Wegen gesucht, wie man Kinder besser und nachhaltiger in den schulischen Alltag integrieren kann. Und da hatten wir auch einfach das Glück, auf Leute zu treffen, die von dieser Idee eben auch sehr angetan waren und uns unterstützt haben. Den Versuch haben wir dann drei, vier Jahre in Stralsund an der Klinikschule gemacht, dort gab es dementsprechend einen hohen psychiatrischen Anteil, und dort haben wir viele Hospitationen von Regelschulen gehabt, die das dann ebenfalls ausprobieren wollten. Als der Modellversuch zu Ende war, haben wir uns zusammengesetzt und überlegt, wie wir eine systemische Ausbildung für die Lehrer hinkriegen. Beeindruckend war dabei, dass wir auf so viele Lehrer und Schulsozialarbeiter getroffen sind, die sehr angetan von der Idee waren, dass das dann auch ein bisschen wie ein Selbstläufer war.

Brandenburg: Zu den Rahmenbedingungen: Das läuft so ab, dass das Familienklassenzimmer dem Lehrerkollegium auf der Lehrerkonferenz vorgestellt wird und die Lehrerkonferenz hört sich das an und beschließt, ob sie ein Familienklassenzimmer haben wollen. Dafür ist die Mitbestimmung der Lehrer gefordert und auch die Grundbereitschaft, weil sich Kollegen aus der Schule finden müssen, die die systemische Grundausbildung machen, um im Familienklassenzimmer arbeiten zu können. Wobei wir es immer sehr günstig finden, wenn es sich dabei nicht nur um Lehrer handelt, die sich dazu bereit erklären, sondern im Idealfall auch Schulsozialarbeiter und Schulsozialarbeiterinnen gerade, weil diese noch einmal einen ganz anderen Kontakt zu den Eltern haben. Und im Idealfall auch schon eine systemische Grundhaltung mitbringen. Für die Leitung ist das besonders gut, weil die Schulsozialarbeit nicht rausgeplant werden muss, sodass es einfach leichter ist in der Durchführung. Die Lehrer und Lehrerinnen, die die systemische Grundausbildung machen, müssen für die Durchführung des Familienklassenzimmers aus dem Stundenvermögen der Schule herausgerechnet werden. Wenn die Lehrerkonferenz das beschlossen hat, sich die Kollegen finden, die systemisch arbeiten und sich fortbilden möchten, dann beginnt die Vorbereitung eines Familienklassenzimmers. Das kann schon einige Wochen oder auch ein, zwei Monate dauern, bevor es dann wirklich startet. Da gibt es dann nochmal einen Crashkurs in Sachen Praxis. Man hospitiert noch einmal woanders, sodass man von jemandem lernt, der schon viel im Familienklassenzimmer gearbeitet hat und sich austauscht in den Netzwerkgruppen. Dann kann das einmal in der Woche losgehen. Hierbei gibt es auch Unterschiede. Ich weiß zum Beispiel von einer Schule in Greifswald, die zweimal in einer Woche ein Familienklassenzimmer macht. Einmal mit den Kindern und den dazu gehörigen erwachsenen Vertrauenspersonen und einmal mit den Kindern und den älteren Geschwistern. Also auch das gibt es, das ist allerdings ein Einzelmodell.

Könnten Sie noch etwas zur Ausbildung der Coach*innen sagen? Wie wurde diese konzipiert, wie ist sie entstanden?

Behrndt: Wir haben als Partner das Weiterbildungsinstitut VITAS mit André Schulz gewonnen. Da haben wir uns zusammengesetzt und auch mit dem Bildungsministerium überlegt: Welche systemischen Grundlagen sind machbar? Es waren mal 100 Stunden, inzwischen ist es etwas abgespeckt, wo die zukünftigen Coach*innen vertraut gemacht werden mit Grundtechniken und der Grundhaltung der systemischen Ausbildung. Sodass sie sich hineinbegeben und Dinge erfahren wie Perspektivwechsel, bestimmte Fragetechniken, aber auch was bedeutet es, allparteilich und neutral zu sein. Also die Grundprinzipien der systemischen Arbeit. Darauf wird großer Wert gelegt, zumal es gerade als Lehrer nicht leicht ist. Dort ist es meist so, dass eine Aufgabe richtig oder falsch ist, in der Mathematik zum Beispiel ist 1 plus 1 eben 2. Diesen Sprung in eine andere Rolle zu machen, in der man die Wahrheit nicht gepachtet hat und man auch einen Mantel von Möglichkeiten aufmachen kann. Dinge einfach mal stehen lassen, zuhören, das wird trainiert und geübt. Ich glaube, die ersten zwei Treffen waren für die Teilnehmer meist recht verstörend, weil nicht bewertet werden sollte, man hat das Recht nicht gepachtet, sondern es wird ein Möglichkeitsraum eröffnet und akzeptiert, dass es okay ist, wenn Familien so leben, wie sie leben. Oder zu sagen: Gut, wenn der Kollege das so sieht, dann ist das eine Möglichkeit. Aber es gibt auch andere und welche davon bringt das Kind weiter? Und ein ganz wichtiger Aspekt, der in Schulen nicht unbedingt so behandelt wird, ist, zu schauen, welche Kompetenz der Kinder in den Fokus gerückt werden kann. Aus dem eigenen Erleben kann ich sagen, dass es unglaublich ist, was Kinder allein an Lösungen aufs Tapet gelegt haben. Durch die reguläre Sicht: »Es ist ja ganz hübsch, was du sagst, aber wir machen das anders«, geht so viel Motivation und so viel Entwicklung verloren. Es war in jedem Kurs eine Entwicklung zu erleben von einer anfänglichen Abneigung bis dazu, was für eine tolle Möglichkeit das ist. Eine Hoffnung und Idee war es auch, dass diese systemische Grundhaltung in den Schulen zumindest akzeptiert und gesehen wird.

Brandenburg: Es gibt auch Lehrer, die unbedingt in der Familienklasse arbeiten wollen, aber schon so lange in ihrer alten Rolle sind, dass es ihnen sehr schwerfällt, diese Rolle wirklich zu verlassen. Das erleben wir in den Netzwerktreffen, die regelmäßig stattfinden. Es kann vorkommen, dass, wenn die Kollegen über ihre Familienklassen sprechen – und sie machen eine gute Arbeit –, es nicht ganz der Ansatz ist, den wir verfolgen. Wenn es beispielsweise Auseinandersetzungen zwischen einem Kind und einer erwachsenen Bezugsperson gibt, dann wird sich sofort klärend eingeschaltet. Aber es gibt eben auch andere Methoden. Man kann sagen: »Stopp für alle, Familie Schulz hat ein Problem, wer hat eine Idee?« Dieses Abgeben in die anderen Systeme, dass sie sich selber helfen. Jeder hat Erfahrungen mit solchen Konflikten, sodass das wirkungsvoller ist, als wenn wieder der Lehrer sagt, was der richtige Weg sei. Das ist etwas, dass wir den Eltern auch in den ersten Gesprächen immer sagen. Wir als Begleiter im Familienklassenzimmer haben nicht die Lösung, aber wir helfen ihnen, die Lösung selbst oder mit Hilfe anderer Menschen zu finden. Hinter diesem Satz steckt eine große, tiefe Einstellung und es ist auch sehr viel erwartet, dass jeder Betreuer im Familienklassenzimmer dahintersteht. Das fällt dem einen oder anderen schwer. Aber dafür gibt es ja die Netzwerktreffen, dass wir das sagen, und dort unterhalten wir uns darüber, welche Methodik es gibt. Wenn sich zum Beispiel das Kind meldet, weil es Hilfe braucht, dann geht man eben nicht zum Kind, sondern erklärt den Eltern, wie geht es. Damit wird die Elternkompetenz entwickelt, damit sie dem Kind helfen können und wieder am Thema Schule dran sind und auch bei Hausaufgaben helfen können.

Behrndt: Es ist auch in den Erstgesprächen für die Eltern meistens eine vollkommen neue Erfahrung, dass sie als Experten eingeladen sind und nicht als diejenigen mit dem problematischen Kind. Keiner weiß auf alle Fragen eine Antwort, das gibt es einfach nicht. Und dadurch, dass im Raum auch andere Familien und vor allem auch andere Kinder sind, kann man sich gemeinsam helfen. Ich habe es schon erlebt, dass Kinder in der ersten oder zweiten Klasse in den Reflexionsrunden einen Vater oder eine Mutter loben. Das macht natürlich auch was mit den Eltern. Da kann man es mitunter erleben, dass man sich in den Reflexionsrunden vollkommen rausnehmen kann. Die machen das alleine, man muss auch nicht mehr moderieren, sondern die finden passende Lösungen, passende Ideen, die aus ihrem Alltagserleben kommen.

Brandenburg: Ich habe das auch schon mehrfach erlebt, dass ehemalige Kinder in den Pausen in die Familienklassenzimmer reinkommen und fragen: »Na, kommt ihr klar, braucht ihr Hilfe?« Natürlich wollen sie sich einfach nur mal zeigen, damit wir sie auch nicht vergessen, und wir signalisieren auch: »Wir vergessen dich nicht, wenn du was hast, kannst du immer herkommen«, aber die kommen mit dem anderen Satz rein. Das ist schon schön. Und das ist dann auch gut, wenn man Eltern in der Anfangsphase dahat, die noch so zögerlich sind. Dann haben die wieder Hoffnung. Gerade in den dörflichen Regionen kennen sich die Menschen meist schon untereinander und wenn sie dann merken, das Kind ist so selbstlos und kompetent, dann gibt das vielen Eltern den Mut zu bleiben.

Behrndt: Wir haben im Umgang mit den Lösungen auch versucht, eine gewisse Leichtigkeit in den Raum zu holen. Teilweise ist es unglaublich schwer, was die Teilnehmenden erlebt und erfahren haben, und sie sollen sehen, dass sie damit nicht alleine sind. Sie haben Partner dabei, also Lehrer, Schulsozialarbeiter, es sind die Eltern dabei und es sind die anderen Kinder dabei. Und irgendjemandem wird schon was einfallen. Und wenn nichts einfällt, ist das auch eine Lösung. Es kann auch mal sein, dass nichts geht. Aber das so auszuhalten, Stille aushalten, mal nichts sagen, einfach Dinge stehen lassen, das muss man lernen. Das sind Dinge, die gerade für Menschen in der Schule wirklich schwer sind. Aber wenn man das verstanden hat, dann ergibt sich daraus eben diese Leichtigkeit, von der ich meine, dass sie so wichtig ist. Man weiß nie in einem Familienklassenzimmer, was einen erwartet, was da nachts in den Familien oder in der Schule passiert ist. Dann das Grundvertrauen zu haben, dass man zusammen einen Weg findet und es immer jemanden gibt, der einen Tipp geben kann. Das ist der Unterschied zu einer Klasse. Wenn der Lehrer vor oder in der Klasse ist, dann ist er eben ein Einzelkämpfer. Wir werden immer wieder gefragt, wie wir die Problemlagen der Eltern und Kinder aushalten. Mit dieser Grundhaltung kann man da aber wirklich gut Lösungen erarbeiten.

In Mecklenburg-Vorpommern haben wir die besondere Konstellation, dass das Familienklassenzimmer an den Schulen angegliedert ist. Was sind die Bedingungen, damit das gut gelingen kann?

Brandenburg: Ganz oben angefangen muss es ein Bestandteil des Bildungsgesetzes sein. Es muss jede Schule die Chance haben, ein Familienklassenzimmer zu gründen. So ist es bisher noch nicht und das finde ich bedauerlich. Zudem muss man in der Schule bereit sein und einen Konsens unter den Kolleginnen haben, dass herkömmliche Wege verlassen werden und die Lust und Freude daran besteht, neue Wege zu erkunden und zu bestreiten. Dabei ist die Schulleitung entscheidend. Eine Schulleitung, die mit voller Kraft dahintersteht, das ist eine Grundbedingung. Die Schulleitung erwartet dann auch die Zuarbeit der anderen Lehrer. Es gibt immer noch viele Lehrerinnen und Lehrer, die mit den Schülern alleine klarkommen wollen und mit dem entsprechenden Druck ist das auch so. Dann ist zumindest Ruhe, ob sie klarkommen, müsste man mal die Schüler fragen. Und da haben wir auch schon Schulen erlebt, wo die Direktoren das Konzept gut fanden, weil das vielleicht ein Trend ist, weil sie neugierig sind oder weil sie glauben, dass das die Schule vorwärtsbringt. Aber die viele Zuarbeit, die da notwendig ist, die scheuen dann nochmal viele. Diese Stolpersteine können das Familienklassenzimmer zu Beginn sehr schwer machen. Daher braucht es manchmal ein ganzes Jahr, damit dann wirklich Schüler das Familienklassenzimmer erfolgreich verlassen und sich das in der Schule rumspricht. Und viele Kollegen sagen, sie brauchen diese Hilfe nicht, wir brauchen auch nicht den Einblick, den die Profis aus dem Familienklassenzimmer haben. In mancher Schule haben wir dann im Lehrerzimmer gesessen, um Lehrer abzufangen und ihnen zu sagen, was gut gelaufen ist und wie der Lehrer das aufgreifen kann, damit es weiterhin gut läuft. Wir haben also den Lehrern auch gesagt, wie sie den Unterricht verändern können.

Behrndt: Veränderung zu sehen, das ist richtig schwer. Da haben wir auch Enttäuschungen bei den Kindern erlebt, die mitgearbeitet haben, und es wurde nicht gesehen. Dann haben wir die Lehrer gefragt und die hielten nicht fest, wie toll das sei, sondern meinten nur, ein Mal sei kein Mal. Das meinte ich eingangs, dass es eigentlich eine kleine Revolution an normalen Schulen ist, dass diese Sichtweise anders wird, dass man bereit ist, Veränderungen zu sehen. Und dass dies als Hilfe empfunden wird und nicht die Kompetenz in Frage gestellt wird. Zu sehen, dass es eine Veränderung gibt – und wenn es auch nur eine kleine ist –, aber aus der können wir ja eine große machen. Diese Mitarbeit braucht man einfach. Wir haben die Lehrer dann auch in die Abschlussrunden der Familienklassen eingeladen. Damit sie hören, was an dem Tag passiert ist und was jetzt gerade ansteht und auch, was gerade wichtig ist. Da haben auch einige dran teilgenommen. Es würden auch mehr machen, wenn es mit dem Stundenplan vereinbar wäre. Aber selbst wenn es bloß ein paar Mal ist und der Kollege die Möglichkeit hat, der Abschlussrunde beizuwohnen und zu sehen, wie viel Wertschätzung da im Raum ist, das bringt schon sehr viel. Oder sie kommen in den Pausen vorbei, wir haben ja versetzte Pausen. Da reicht es manchmal aus, wenn der Lehrer einmal durch den Raum geht, die Hand auf eine Schulter legt und sagt: »Schön, dass Sie da sind«. Auch Missverständnisse, die mitunter zwischen Eltern und Lehrern entstehen, lassen sich so auf kurzem Wege klären. Eltern merken so, dass die Lehrer und Lehrerinnen ihre Kinder nicht einfach abgeschrieben haben, sondern man kann auch ins Gespräch kommen und Sichtweisen darstellen, die mitunter sonst nicht klar sind. Dadurch können manchmal sehr schnell kleine Probleme gelöst werden, die ansonsten riesig erscheinen. Dieser Weg ist eher möglich, wenn er im schulischen System erfolgt, als wenn es in einer Praxis stattfindet.

Brandenburg: Anfänglich moderieren wir diese Gespräche, sodass die Eltern ein Gespür finden und nicht nur der Lehrer spricht. Da gibt es dann eine gute Entwicklung, damit längerfristig ein freundlicher Austausch zustande kommt. Eine weitere Veränderung, die durch das Familienklassenzimmer in die Schule kommt, ist das Selbstbewusstsein der Eltern, der Glaube an ihr Kind, den sie wieder gewinnen, aber eben auch, dass sie für ihr Kind wieder in der Schule präsent sind. Dass sie anfangen, für ihre Kinder zu kämpfen. Die Eltern fangen dann auch an, mit einem anderen Selbstbewusstsein durch die Flure der Schule zu gehen. Sie sind nicht mehr die Vorgeladenen, die sich etwas über ihr Kind anhören müssen, sondern sie strahlen aus: »Ich bin hier, ich nehme teil«. Wir haben auch Eltern gehabt, die in die Lehrerversammlung gegangen sind und von ihrem Erfolg im Familienklassenzimmer berichtet haben.

Mit der Umsetzung des Konzepts nach dem »Stralsunder Modell« entstehen neue Rollen, die zum Beispiel ihnen beiden zufallen. Können Sie uns darüber etwas erzählen?

Brandenburg: Ich bin die Koordinatorin für die Familienklassenzimmer im Schulamtsbereich Greifswald. Das bedeutet, dass ich jeden Tag an einer anderen Schule bin, ein Familienklassenzimmer aufbaue und begleite, bis mindestens einer der dortigen Kollegen die Ausbildung abgeschlossen hat und sie gut im Arbeiten sind. Da lässt mir das Schulamt die große Freiheit, dass ich selbst entscheide, wann der Zeitpunkt ist, an dem ich gehe. An manchen Schulen sind es zwei Jahre, an anderen funktioniert es auch nach einem schon gut. Der zweite Teil des Familienklassenzimmers ist das systemische Arbeiten in der Interaktion. Das ist ein ganz wichtiger Punkt, weil Eia Asen hier auch gelebt werden muss. Das braucht mehr Mut und mehr Betreuung, sodass ich dann gerne zwei Jahre in einer Schule bin. Danach verabschiede ich mich aus den Schulen. Dieses Jahr habe ich mich aus zwei Schulen verabschiedet und beginne an drei neuen Schulen, die ich dann aufbaue.

Behrndt: Ich war sehr froh, dass Bärbel Brandenburg damals meine Rolle übernommen hat, als ich aufhörte. Man muss sagen, dass das Schulamt Greifswald sehr kooperativ ist. Das liegt daran, dass dort Schulräte sitzen, die selbst an so einer Fortbildung teilgenommen haben, und die Idee hat gezündet, sie sind ebenfalls davon überzeugt. Es ist klar, dass es bei so einem Konzept erst einmal Bedenken gibt. Man fragt sich, wie das funktionieren soll, wenn das Lehrer oder Schulsozialarbeiter mit einer systemischen Grundausbildung machen und es keinen therapeutischen Anteil gibt. Aber wir haben immer gesagt, dass das nicht unser Job ist. Da hat es sich als hilfreich erwiesen, wenn es eine Begleitung für den Anfang gibt. So muss man sich nicht alleine auf den Weg machen und kann sich noch etwas ausprobieren, was die Haltung, Sichtweisen und Techniken betrifft.

Brandenburg: Ich trenne mich auch nicht einfach von den Familienklassenzimmern, sondern biete immer Rücksprachen an, hospitiere und unterstütze weiterhin. In unserem Schulamtsbereich haben wir zum Beispiel auch eine interne Netzwerkgruppe, mit der wir arbeiten und uns treffen, um Techniken auszuprobieren, was wurde neu entdeckt, womit kann man gut umgehen, gibt es neues Handwerkzeug und dergleichen.

In welchen Situationen entfaltet das Familienklassenzimmer eine gute Wirkung und wann gibt es vielleicht auch Überforderungssituationen?

Behrndt: Wenn Kindeswohlgefährdung erkannt wird, Missbrauch, Ehekonflikte, so etwas ist kein Fall für das Familienklassenzimmer. Das spielt intern in gewisser Weise auch mit, aber wir können es nicht lösen. Es ist wichtig, dass man das trennt und kommuniziert. Zu Beginn bin ich mehrfach bei niedergelassenen Therapeuten vorgeladen worden, die meinten, wir nehmen ihnen die Arbeit weg. Wir haben dann richtiggestellt, dass es uns um etwas anderes geht. Und das ist auch so. Ich habe es selbst erlebt, dass Eltern ehrlich meinten, sie wüssten nicht, was zuhause mit dem Kind passieren wird, und da haben wir gemeinsam den Jugendnotdienst kontaktiert. Aber auch solche Situationen halten wir transparent. Wir schließen die Eltern nicht aus, sondern machen es mit ihnen zusammen, kontaktieren den Jugendnotdienst und übergeben dann das Telefon an die Eltern. Man hat signalisiert, dass der Umgang mit dem Kind so nicht geht, aber das Vertrauen ist nicht weg: Man redet nicht über die Menschen, sondern mit ihnen. Aber wie gesagt, das sind Sachen, die meiner Ansicht nach im Familienklassenzimmer nicht behandelt werden können. Die Familien können wieder aufgenommen werden, wenn eine therapeutische Arbeit geleistet ist.

Brandenburg: Ich finde es schwer, mit Kindern zu arbeiten, deren Eltern psychisch krank sind. Da haben wir tatsächlich einmal auch schon den Aufenthalt im Familienklassenzimmer abgebrochen. Bei den anderen Familien haben wir dann andere Verwandte gefunden, die eingesprungen sind. Man hat dann zwar gute Augenblicke für das Kind im Familienklassenzimmer, aber man bewirkt eben nicht die Veränderung zu Hause, weil dort die Kraft fehlt. Der Umgang mit suchtkranken Eltern ist ebenfalls nicht ganz einfach. Wir hatten schon jemanden, den wir dann auch in der Pause rausgeschickt haben zum Rauchen, weil der Tremor so groß war, aber der Wille zu bleiben auch, sodass er sich dann entsprechend beruhigen konnte. Aber im Großen und Ganzen heißt es eigentlich, Sucht passt nicht zu uns. In dem Falle können sie jedoch eine gute Beratung von uns bekommen. Das ist nochmal eine Qualität der guten Vernetzung: Wir wissen, welche Beratungsstellen es gibt und welche Hilfen wir empfehlen können. Nicht nur für die Kinder, sondern auch durchaus für die Eltern. Ebenfalls schwer ist der Umgang mit hochstrittigen Eltern. Da hatte ich mal eine Situation, die habe ich nur bewältigt, da ich am »Kinder aus der Klemme«-Programm[14] teilgenommen habe. Das empfehle ich auch den Kollegen, die im Familienklassenzimmer arbeiten, und denen stelle ich dieses Programm auch vor. Die Problematik hochstrittiger Eltern kann einem im Alltag immer wieder begegnen und es ist wichtig, dass man sich da stark macht und gut damit umgehen kann. Ansonsten sprengen diese strittigen Eltern ein Familienklassenzimmer.

Behrndt: Wir haben aber auch schon erlebt, dass in solchen Fällen die Eltern für das Kind wieder Gemeinsamkeiten entwickeln können. Das meint nicht, dass sie wieder als Paare zusammenfinden, sondern dass sie sich ein Ziel für das Kind setzen: Da soll die Klasse geschafft werden, wie kann das gehen, was braucht es dafür?

Brandenburg: Da können dann bestimmte Elemente aus diesem Programm eingefügt werden. Da passt es auch gut in andere Familienstrukturen, dass die Eltern Briefe an die Kinder schreiben, in denen steht, was sie sich für die Kinder wünschen, was ihr Anteil ist, welche Veränderungen es in der Familie geben wird, damit es dem Kind besser geht. Solche Briefe kann man am Anfang und am Ende des Familienklassenzimmers schreiben. Es gibt auch andere Methoden. Am Anfang zum Beispiel kommen die Eltern abwechselnd und dann gibt es Zeiten, an denen dürfen beide da sein und einer sitzt 10 Minuten beim Kind und der andere ist in der Rolle des Beobachters. Und das endet dann oftmals so, dass das Kind in der Mitte sitzt und links und rechts die Eltern, wo ansonsten die Fetzen geflogen wären.

Können Sie uns etwas über die Zielsetzungen im Familienklassenzimmer erzählen?

Brandenburg: Im Vorfeld gab es Gespräche mit den Lehrern der Schule, was sie für Wünsche haben, damit das Kind optimal lernen kann, und genau diese Fragen stellen wir dann den Eltern und dem Kind: Welche Veränderungen denkst du, werden von dir erwartet, damit es für dich und für die Klasse ein besserer Alltag

---

14 Hierbei handelt es sich um ein Mehrfamilienprogramm für Familien mit Trennungskonflikten.

wird? Was könntest du leisten? Welche Veränderungen kannst du leisten und zu welchen bist du bereit? Und diese Ziele machen wir so klein und so konkret, wie es denn nur irgendwie möglich ist, damit es auch zu bewältigen ist.

Behrndt: Das ist ein großer Lernprozess für alle Beteiligten. Die Lehrer haben beispielsweise die Idee, dass das Kind nicht mehr so aggressiv sein soll, und nun sind alle Beteiligten gefragt, mal zu schauen, was das denn überhaupt heißt. Was heißt denn eigentlich anderes Auftreten gegenüber Kindern oder den Lehrern? Da muss man viel überlegen und sich auch die Frage stellen, woran man eine Veränderung denn eigentlich bemerken würde. Und das heißt auch: Was ist denn der Gewinn für das Kind? Das muss runtergebrochen werden in kleinschrittige Ziele und es muss gelernt werden, zu sehen, dass da auch was passiert, das ist ein ganz wichtiger Baustein, um es realistisch zu machen. Manchmal ist es die Hoffnung, wir seien eine Reparaturwerkstatt und dass der Mensch danach ins System reinpasst. Aber so funktioniert das nicht, alle müssen aufeinander zugehen und sich ändern. Und indem ich bereit bin, bestimmte Sachen zu sehen, habe ich schon eine Veränderung bei mir selbst erreicht.

Brandenburg: Und die Veränderungen auch nur in einem bestimmten Maß, wir wollen nicht die Persönlichkeit des Kindes brechen, das sollen besondere und kreative Menschen bleiben. Deshalb geht das auch nur in Abstimmung mit den Eltern und dem Kind. Mir fällt eine Situation ein, da waren mehrere Kinder einer Klasse und die haben sich untereinander beraten. Da kam es zu so einer Aha-Situation, weil ein Kind meinte, das andere solle daheim aufpassen, dass die Federtasche voll ist. Es würde total nerven, wenn es ständig nach irgendwelchen Sachen fragt. Da haben die Eltern erstmal geguckt, weil es denen auch nicht so bewusst war. Das Thema war schnell wieder vom Tisch, aber dass sich die Kinder auch einmal selbst den Spiegel vorhalten, das ist auch richtig schön und viel besser, als wenn wir sagen: »Dein Lehrer hat gesagt, du solltest das und das ändern«.

Oftmals geht man davon aus, dass die Verhaltensauffälligkeit irgendwo herrührt und sie im Elternhaus liegt. Jetzt wird mit den Zielen aber vorrangig am Verhalten der Kinder gearbeitet. Könnten Sie noch etwas zur Erziehungskompetenz und zum Perspektivwechsel der Eltern sagen?

Behrndt: Ich glaube nicht, dass vorrangig mit den Kindern gearbeitet wird. Das Unterrichtsmaterial dient beispielsweise nur dazu, die beschriebenen Konflikte sichtbar zu machen. Die Eltern haben so die Möglichkeit zu sehen, wo überhaupt das Problem liegt. Und so lernen sie auch, dass keiner immer alles richtig macht. Die Eltern werden wichtig genommen, so wie sie sind. Und diese Haltung und Wertschätzung haben viele Eltern bis dahin nicht erlebt, sondern ihnen wird immer gesagt, sie würden etwas falsch machen und müssten etwas ändern. Wir glauben hingegen, dass die Eltern die Experten sind und ihre Kinder am besten kennen. Es kann sein, dass wir andere Lösungen finden müssen für bestimmte Umgangsformen. Aber es ist nicht so, dass sie als Menschen teilnehmen, die eine Strafe absolvieren müssen. Daher blamieren wir auch niemanden, wenn er mal etwas nicht weiß oder kann. Weder die Eltern noch die Kinder. Dass die Eltern wirklich erfahren, dass wir sie nicht einfach fallen lassen. Das ist sehr intensive Elternarbeit. Auch wenn die Kinder mit Stühlen schmeißen und dann Auszeiten haben müssen, dann stellen wir uns mit den Eltern zusammen raus und fragen, was sie jetzt für Ideen haben. Die Eltern sind dann auch frustriert, brechen in Tränen aus, aber wir bleiben bei ihnen. Deswegen ist es auch so wichtig, zu zweit zu arbeiten, damit jemand bei den Kindern bleiben und der andere sich um die Situation kümmern kann. Es wirklich geschehen lassen, das ist sehr wichtig. In den ersten vier Sitzungen des Familienklassenzimmers passiert meistens gar nichts und man fragt sich, warum die eigentlich hier sind. Aber man kann nicht ewig alles unter dem Deckel halten. Daher sagen wir eingangs immer, dass hier alles passieren kann und wir es gemeinsam durchstehen.

Brandenburg: Ebenfalls gehört zur Elternarbeit, dass wir mit den Eltern auch ohne Kinder arbeiten. Die Eltern sind vor den Kindern bei uns im Raum und da werden sie aufgefangen mit Tee, Kaffee, ein paar Keksen, Obst vielleicht und es gibt immer ein vorbereitetes Thema, das wir hineinwerfen und mal schauen, was die Eltern draus machen. Zum Beispiel schildern wir eine sorgenvolle Situation und fragen, welchen Rat sie uns geben können oder dass wir uns über bestimmte Themen der Erziehung unterhalten. Wir geben nur die Themen und die Eltern berichten dann ihre Erfahrungen dazu: Taschengeld, Computernutzung, Umgang mit Gewalt, wir durchlaufen das mit den Eltern und sie wissen, dass es immer ein Gesprächsthema gibt. Manche Eltern bringen in diesen 30 Minuten auch ihre eigenen Themen ein und erzählen von Erlebnissen, die ihnen passiert sind. Das wird dann von den Eltern reingetragen und dann fragen wir, wer eine Idee hat. Natürlich haben wir auch Ideen, aber nicht dominiert. Und am Ende des Familienklassenzimmers gibt es das Reflecting Team, in dem die Eltern noch einmal Wertschätzung und Ideen von uns erfahren. Es ist dann ihre Sache, ob sie die Ideen annehmen, aber sie erfahren den anderen Blick. Eltern, die schon längere Zeit dabei sind, können durchaus auch mal Mitglied im Reflecting Team sein, das ist auch nochmal eine schöne Sache. Im letzten Teil des Familienklassenzimmer, wo es um die Interaktion geht, machen wir Dinge, die mit nach Hause mitgenommen werden. So zum Beispiel die Frage zum Umgang mit Wut. Wie geht ihr mit Wut um, und dann sagen die Kinder, ich hau das um, ich mach das, ich mach jenes. Und die Eltern sind ganz leise und sagen nichts, dann muss ich immer anfangen: »Wenn ich wütend bin, fahre ich mit dem Auto«. Das ist dann die geöffnete Tür und dann können die Eltern sagen, was sie machen. Und dann kriegen sie alle die Zettel mit Geschenkband umwickelt mit nach Hause als Ideen dagegen, wenn Wut da ist. Und die Hausaufgabe, eine Sache davon auszuprobieren und das nächste Mal zu berichten. Insofern machen wir sehr viel, was dann mit nach Hause kommt.

Behrndt: Die Impulse, sich auch außerhalb des Familienklassenzimmers zu treffen, passieren nicht selten. Eltern fühlen sich mitunter alleine gelassen mit ihren Problemen. Da erfahren sie, dass sie nicht die einzigen mit Problemen sind und dass es andere mit ähnlichen Sorgen gibt. So etwas ist sehr entlastend. Und es gibt durchaus Elterngruppen, die dann auch gemeinsame Aktivitäten außerhalb des Familienklassenzimmers unternehmen.

4.1 »Hoffnung auf Akzeptanz systemischer Grundhaltung«

Wie schafft man es, die Eltern zum Mitmachen zu motivieren? Gibt es da Erfahrungen oder gute Strategien, von denen Sie berichten können?

Behrndt: Das ist nicht leicht. Es wird generell in allen Familienklassenzimmern, also auch außerhalb Mecklenburg-Vorpommerns, immer wieder berichtet, dass es eigentlich gewisse Drucksituationen braucht. Wenn die Schule sagt, sie wisse nicht weiter, so arbeiten wir nicht weiter mit dem Kind, und die Eltern sind dann in einer verzweifelten Lage. Es ist schon richtig anstrengend für Eltern, einen Tag in der Woche mit ihren Kindern in der Schule zu verbringen. Manche fragen sich auch zwischendurch, warum sie sich das antun, mitunter von den Kindern attackiert zu werden, und manche gehen dann auch nach Hause. Aber ich glaube, diese Drucksituation braucht es in der Regel, dass kein Weg mehr da ist. Seltener kommt es zwar auch vor, dass das Familienklassenzimmer von anderen Eltern angeraten wird, aber auch da gibt es dann eine Drucksituation daheim. Also es braucht diesen Veränderungswillen. Deshalb wollen wir im Erstgespräch auch Hoffnung vermitteln. Wir glauben daran, dass sich die Kinder entwickeln können, in denen steckt so viel drin, so viele Möglichkeiten.

Brandenburg: Wenn es in Gesprächen schwer ist und die Eltern sagen, dass sie berufstätig sind und das nicht können, dann bieten wir verschiedene Dinge an. Wir bieten an, dass jede erwachsene Vertrauensperson kommen kann, ob es die beste Freundin oder die Großmutter ist. Die können sich auch absprechen und abwechseln, es pegelt sich dann ein und jemand ist regelmäßiger da. In Ausnahmefällen bieten wir den Eltern auch an, dass wir, natürlich nur wenn sie es wollen, mit dem Arbeitgeber oder dem Bildungsträger sprechen. Wenn man in zwei Jahren regelmäßig krankgeschrieben ist, weil das Kind nicht zur Schule geht, dann ist niemandem geholfen und das leuchtet vielen auch ein. Wenn Eltern im Schichtdienst arbeiten und zum Beispiel nur alle zwei Wochen kommen können, überlegen wir, ob das Kind dann auch nur alle 14 Tage kommt oder ob die Gruppe so stabil ist, dass es immer dabei sein kann. Wenn alle einverstanden sind, machen wir zum Beispiel Videos von der Eingangsrunde und der Auswertungsrunde und schicken den Film den Eltern. Und ansonsten müssen die Eltern auch überlegen, ob sie für die 16 Wochen des Familienklassenzimmers nicht 16 Tage Urlaub nehmen. Danach haben sie vielleicht wieder einen so guten Zugang zu dem Kind, dass sie überhaupt mal wieder in den Urlaub fahren können. Oder Eltern würden gerne kommen, können dies krankheitsbedingt aber schlecht. Dann habe ich auch schon gesagt: »Zehn vor sieben stehe ich vor der Tür und hole Sie ab.« Oder wir rufen die Eltern an und wecken, das ist auch schon passiert.

In einem Familienklassenzimmer wird man als Coach mit Dingen konfrontiert, die nicht spurlos an einem vorübergehen. Gibt es Maßnahmen, um so etwas aufzufangen?

Behrndt: Zum einen gibt es Supervisionen. Dieser Bedarf wurde auch vom Bildungsministerium erkannt und es wurden dafür Schulpsychologen eingestellt, die in den einzelnen Schulämtern verortet sind. Genauso wichtig finde ich aber auch die regelmäßigen Netzwerktreffen, um sich auszutauschen, wie man mit bestimmten Situationen umgeht.

Brandenburg: Die Organisation der Netzwerke ist unterschiedlich. Die großen Netzwerktreffen werden vom IQ-MV zweimal im Jahr organisiert, zu denen alle Coach*innen des Familienklassenzimmers eingeladen werden. Dann gibt es, wie erwähnt, im Schulamtsbereich Greifswald noch ein kleines Netzwerktreffen und manche sind auch extra vernetzt. Die Schulsozialarbeiter treffen sich alle sechs bis acht Wochen und einige haben sich auch regional vernetzt. Das Angebot der Supervision für die Kolleginnen des Familienklassenzimmers wird nicht wirklich beworben, das müsste man sicher ändern. Aktuell werden meines Wissens kaum Supervisionen durchgeführt, da die Schulpsychologen immer nur an bestimmten Tagen an den Schulen sind und daher nicht allzu flexibel sind.

Wir würden gerne noch auf das Thema Nachhaltigkeit zu sprechen kommen. Wie kann diese gewährleistet werden?

Behrndt: Das Familienklassenzimmer ist Teil der Inklusionsstrategie des Landes und gehört da zur ersten Stufe neben der Schulwerkstatt. Das ist für die Etablierung zunächst einmal grundlegend. Zudem muss im Rahmen der Unterrichtsversorgung die Abdeckung der Stunden gewährleistet werden. Wenn die von den Förderstunden abgeknapst werden müssen, geht das nicht. Auch müssen die freien Träger bereit sein, ihre Kollegen für diesen Tag im Familienklassenzimmer zu lassen und da nicht Dienstberatungen anzuberaumen. Außerdem müssen die Unterstützungssysteme weiter organisiert werden, also Netzwerktagungen, Fachtagungen, es braucht finanzielle Mittel, um beispielsweise Fahrten oder Referenten zu bezahlen.

Brandenburg: Und wenn wir über die Nachhaltigkeit der Intervention sprechen, dann ist es schwer, das aus der eigenen Praxis zu berichten. Im Großen und Ganzen wird das in den Schulen nicht mehr über die Kollegen und Kolleginnen des Familienklassenzimmers weiter betreut, sondern abgegeben in die Hände der Klassenleiter, die dann mit den Eltern weiter intensiv zusammenarbeiten. Dieses Abgeben ist auch wichtig. Aber alle Eltern werden entlassen mit den Worten: »Wenn es einmal schwer ist und Sie einen Rat brauchen, dann melden Sie sich.« Viele machen das auch. Und sie wissen auch, wenn es einmal so schwer ist, dass sie längere Zeit Hilfe brauchen, dann ist die Tür offen und sie können wiederkommen. Ich glaube, es reicht von der Zeit, von der eigenen Kapazität und Kraft oft nicht aus, dann noch an die alle zu denken, die man erfolgreich aus dem Familienklassenzimmer entlassen hat. Da muss man so viel Vertrauen in die Menschen haben, dass sie sich aus eigener Kraft um sich kümmern. Diese Botschaft und dieses Vertrauen sind wichtig.

Behrndt: Es ist überhaupt eine relative Frage, was Nachhaltigkeit bezogen auf die Entwicklung der Eltern und der Kinder ist. Oder was ist erfolgreich? Das, was in der Situation erfolgreich ist, muss ja nicht in einem halben oder einem Jahr erfolgreich sein, da Situationen sich ändern. Es gibt Familien, da entstehen immer wieder neue Sachen, die alle Beteiligten dann vor neue Herausforderungen stellen. Es gibt keinen

Automatismus, alles gut zu bewältigen, nur weil man mal im Familienklassenzimmer war. Die Entwicklung und die Situationen sind so, wie sie sind, und dann muss man eben neue Ideen finden.

Worin sehen Sie denn das größte Potential des Familienklassenzimmers?

Brandenburg: Dass Lernen wieder Freude macht, dass es ein gleichberechtigtes Nebeneinander auf Augenhöhe gibt, dass Schule nicht nur eine Wissensvermittlung ist, sondern ein Ort, wo man beim Großwerden begleitet wird. Wenn Kinder in die Schule kommen, sagen manchmal auf der Einschulungsfeier die Verwandten: »Jetzt beginnt der Ernst des Lebens!« Ich wünsche mir, dass dieser Satz nicht mehr gesagt wird, sondern: »Jetzt geht es genauso mit viel Freude weiter!«

Behrndt: Dass man in dem Ort Schule ein kleines System hat, von dem Schulentwicklung ausgehen kann, in dem andere Haltungen gelebt werden und das auch in das System Schule transportiert wird. Alle werden so angenommen, wie sie sind, und das ist in diesem Setting ein unglaubliches Potential.

4.2   »Die Herkunft tritt schnell in den Hintergrund«

Carina Bründlinger ist Leiterin des Berliner Zentrums für Präsenz und Kompetenz in Beziehungen (PUK).

Würden Sie uns etwas über Familie in Schule, oder kurz »FiSch«, erzählen?

Bründlinger: Ich glaube, es ist zehn Jahre her, da habe ich das FiSch-Konzept in Schleswig-Holstein entdeckt und habe gedacht, das ist etwas, was uns in Berlin noch fehlt. Ich habe damals in einer Tagesgruppe für Grundschüler und Grundschülerinnen gearbeitet und wir brauchten noch eine Brücke zur Schule. Da erschien mir FiSch genau das Richtige zu sein. So haben eine Kollegin und ich uns bei einem Seminar in Schleswig-Holstein angemeldet und waren gleich total begeistert. Bei diesem Seminar haben alle gesagt: »Na ja, die Familien in Schleswig-Holstein sind ja andere als bei euch in Berlin, Neukölln. Das ist ein Konzept, es wird so nicht funktionieren. Ihr werdet keine Möglichkeit haben, diese Familien so zu erreichen, wie es hier in Schleswig-Holstein gelingt.« Aber wir haben gesagt: »Wir halten die Fahne hoch und natürlich gelingt das.« Wir haben mit vielen interkulturellen Familien gearbeitet und es gab eine große Skepsis, ob es funktionieren wird. Und es hat geklappt. Inzwischen ist das über zehn Jahre her, das Projekt gibt es an der Rüttli-Schule immer noch und ich bin in der Zwischenzeit gewechselt zu Pfefferwerk Stadtkultur und habe da angefangen, mehrere FiSch-Klassen aufzubauen. In temporären Lerngruppen, in Grundschulen, in Sekundarstufen und das tue ich immer noch. Das Geheimnis liegt zuallererst an unserer Haltung. Wir haben den Eltern zugetraut, dass sie gute Eltern für ihre Kinder sind. Wir haben eine absolute Willkommenskultur, also egal, welche Kultur zu uns kommt, wir sind offen und neugierig. Die Eltern haben das »Wir« gespürt, dass es nicht darum geht, im Einzelnen zu gucken, sondern wirklich, dass wir eine Wir-Kultur leben und auch praktizieren. Hier können sich Eltern gegenseitig unterstützen und Hilfe holen. Das und unsere Freude am Spielen. Also neben der ganzen Ernsthaftigkeit ist auch sehr viel Spiel dabei und die Kinder finden es toll, mit den Eltern zusammen zu spielen, Übungen zu machen.

Gibt es noch andere Faktoren?

Bründlinger: Allen voran ist es erst einmal die Gruppe. Dann haben wir auch immer Zwischengespräche mit den Eltern gemacht. Wir haben sie da abgeholt, wo sie stehen, und individuell geschaut, wo es weitere Unterstützungsbedarfe gibt. Wir haben nicht Halt gemacht bei zwölfmal oder sechzehnmal FiSch, sondern haben darüber hinaus geschaut, was die Eltern und Kinder noch brauchen könnten. Und dann haben wir Empfehlungen ausgesprochen, mitgeholfen, Brücken zu bauen, auch zu anderen Unterstützungsangeboten.

Könnten Sie uns noch einmal den konkreten Ablauf bei Ihnen schildern?

Bründlinger: Die Kinder kommen um 8:30 Uhr zusammen mit ihren Eltern in die FiSch-Klasse. Dann beginnen wir mit einem Willkommenslied. Das haben wir eingeführt und ist bei uns ein wichtiges Ritual. Es kommt natürlich auch darauf an, in welcher Stufe wir gerade sind, in der Sekundarstufe singen wir da keine FiSch-Lieder, die wir selbst komponiert haben, da machen wir etwas anderes. Und es ist uns wichtig, dass es ein Verantwortungsritual für die Eltern gibt, damit sie wissen, dass wir jetzt hier an der Schule sind. Wir haben das oft mit Steinen gemacht, mit Bändchen, also mit verschiedenen Sachen. Die Eltern sollen wissen, dass wir jetzt die Verantwortlichen sind, nicht die Lehrer, Erzieher und wer auch immer noch mit in der Klasse ist. Danach gibt es eine Auswertungsrunde für die Bewertungsbögen, in der die Kinder drei Ziele vorlesen. Wenn die Erreichung eines Ziels noch nicht so gut geklappt hat, schauen wir, woran es liegen könnte. Dann gibt es die erste Unterrichtsstunde und die Eltern haben die Aufgabe, mit den Kindern zusammen zu gucken, ob das benötigte Material dabei ist, es auf dem Tisch liegt und dergleichen. Ebenfalls werden die Eltern noch einmal gefragt, welche Aufgaben die Kinder haben und ob es ein gutes Pensum ist. In der zweiten Unterrichtsstunde sind die Eltern in der Elterngruppe und die Kinder arbeiten alleine. Wichtig ist aber immer, dass die Eltern weiterhin die Verantwortung für die Kinder haben. Das heißt, wenn es Störungen gibt innerhalb der Klasse, werden die Eltern oder einzelne Elternteile geholt, um das Problem zu lösen. Nach der zweiten Unterrichtsstunde gibt es eine Gruppeneinheit. Da schauen wir immer, was es braucht: Braucht es etwas Elternbezogenes? Braucht es etwas Familienbezogenes? Braucht es etwas Gruppenbezogenes? Je nachdem haben wir die Intervention geplant und gesetzt. Häufig plant man als Therapeut etwas und die Realität sieht dann ganz anders aus. Dann haben wir immer noch Plan B, C, D, E, F in petto, sodass wir sehr flexibel umschwenken können.

Danach gibt es eine Auswertung in einem Partnerinterview, bei dem wir die Eltern miteinander und die Kinder miteinander mischen, um zu reflektieren, wie der heutige Tag war. Und dann werten wir dies in der Gruppe aus und versuchen, schon einmal zu prognostizieren, wie es vermutlich in der nächsten Woche laufen wird.

Könnten Sie etwas über die Zielstellungen erzählen, also wie sie ausgearbeitet werden, wie sie aussehen und wie sie verfolgt werden?

Bründlinger: Am Anfang gibt es ein Zielfindungsgespräch mit der Lehrerin oder dem Lehrer, den FiSch-Coach*innen und dem Kind. Da gucken wir, woran das Kind arbeiten kann, was sind die Themen, die in der Klasse schwierig sind. Dabei geht es darum, dass die Ziele sehr niedrigschwellig sind. Ein Ziel könnte sein, zum Unterrichtsbeginn auf dem Platz zu sitzen. Das klingt zwar erst einmal selbstverständlich, fällt dem Kind zumeist aber schwer. Und wir gucken, dass wir Ziele finden, die zum einen positiv formuliert und zum anderen erreichbar sind für das Kind. Eine Familie ist im Schnitt zwölf bis 16 Wochen in der FiSch-Klasse, nach sechs Wochen prüfen wir daher, ob die Ziele noch passen, ob wir etwas verändern oder ob etwas angepasst werden muss. Häufig ist es so, dass Ziele nicht ausgetauscht werden, weil sie nicht funktionieren, sondern dass sie ausgetauscht werden, weil sie so gut funktionieren. Gerade weil wir am Anfang Wert darauf legen, dass es erreichbare Ziele sind. Dann kommt keine großartige Frustration auf, sondern eine Motivation, eine Lernbereitschaft und auch eine Lernfreude.

Wenn wir unseren Blick einmal auf die Eltern richten, wie gehen Sie auf diese zu? Wie kriegen Sie diese motiviert oder sind sie es von sich aus schon?

Bründlinger: Wir beginnen mit Informationsgesprächen. Diese sind unverbindlich und wie in den FiSch-Klassen arbeiten wir auch hier sehr offen, zugewandt und wohlwollend den Eltern gegenüber. Haltung lässt sich manchmal schwer erklären, doch ich denke, wir sind überzeugend in dem, was wir auch wirklich leben, also wie und was wir den Eltern entgegenbringen. Und meistens kriegen wir die Eltern damit, dass wir ihnen sagen, dass die FiSch-Klasse eine wirklich exklusive Zeit für sie und ihr Kind ist. Wann haben Eltern in ihrem Alltag schon die Möglichkeit, so viel Zeit am Stück aufzubringen? So viel Zeit an Beobachtung, so viel Zeit für den Austausch mit anderen Eltern, den sie sich vielleicht auch manchmal wünschen. Manche sind vielleicht auch ein bisschen beschämt und können sich gar nicht vorstellen, wie es ist, in einer Elterngruppe zu sein. Aber da können wir bestärken und versichern, dass das Eltern sind, die genauso Probleme haben und sich total freuen, wenn man sich gegenseitig unterstützen und austauschen kann. Und das reicht. Dann sind die meistens schon abgeholt und finden es interessant. Diese beiden Kriterien: einmal die Zeit fürs Kind und man hat die Möglichkeit, sich auszutauschen.

Können Sie in dem Zusammenhang noch etwas über den Umgang mit unterschiedlichen Sprachen erzählen?

Bründlinger: Angenommen wir haben einen Elternteil, das nicht hinreichend gut Deutsch spricht. Wir haben das sehr, sehr häufig, beispielsweise im Wedding haben wir FiSch-Klassen, in denen fast jeder Zweite nicht gut Deutsch spricht. Anfangs haben wir noch Dolmetscher mit in die Klassen genommen, inzwischen machen wir das jedoch nicht mehr, weil es zum einen eine Frage der Finanzierung ist. Aber es ist auch schwierig für die Intervention in der Gruppe, wenn noch ein Dolmetscher dabei ist. Inzwischen lösen wir das Problem auf andere Art und Weise, wir haben nämlich sogenannte Stadtteilmütter. Das sind Menschen, die sich ehrenamtlich dazu bereit erklärt haben, als Übersetzer oder Ähnliches zu fungieren. Sprachlich wie auch kulturell. Das macht ganz viel Sinn. Das sind für uns Brückenbauer*innen, die uns helfen, mit den Familien in Kontakt zu kommen und zu verstehen, wenn da vielleicht eine Scham da ist, wenn sie nicht kommen können, das aber nicht sagen wollen oder dergleichen. Wir arbeiten viel mit Bildern, wenn die Sprache nicht reicht. Wir zeichnen dann viel auf oder lassen malen. Das betrifft zum einen die Übungen und den Austausch in der Elterngruppe, aber auch die Interaktion mit den Kindern und den Eltern. Oft ist es auch so, dass Eltern in der Klasse sind, die ebenfalls Türkisch oder Arabisch sprechen und dann mithelfen können. Wenn ein Elternteil überhaupt kein Deutsch kann, dann ist es leider fast unmöglich. Wir hatten es aber auch schon zweimal, dass die Nichtteilnahme an der FiSch-Klasse dazu geführt hat, dass ein Deutschkurs gemacht wurde und sich die Eltern ein halbes Jahr später wieder bei uns gemeldet haben. Das sind unsere Sternstunden. Was wir auch noch gemacht haben, ist, dass wir sogenannte O-Töne von ehemaligen Müttern und Vätern aufgenommen haben, um sie von ihren Erfahrungen berichten zu lassen. Diese O-Töne haben wir teilweise auch auf den Webseiten der Schulen veröffentlicht, um die Schwelle ein wenig niedriger zu machen und Lust zu machen. Ebenso haben wir Flyer auf Türkisch und Arabisch. Wir versuchen, Zugänge zu ermöglichen und zu zeigen, dass bei uns alle Kulturen herzlich willkommen sind.

Wir würden nun auf die Kinder zu sprechen kommen. Die Teilnahme am FiSch-Konzept ist freiwillig, doch wie kriegen Sie die Freiwilligkeit von Seiten der Kinder gewährleistet?

Bründlinger: Das ist die einfachste Übung überhaupt, denn die Kinder haben eigentlich immer Lust zu kommen. Wenn wir in den Infogesprächen erzählen, was wir machen und dass man auch viel Spaß haben kann, dann ist es keine Frage mehr, ob man da mitmachen will. Wenn die Kinder merken, dass ihre Eltern mitmachen wollen, dann wollen sie das selbst auch. Nur wenn die Eltern nicht wollen, dann sind sie loyal und tun auch so, als sei es ein Riesenmist, den wir hier erzählen. Aber das passiert nur in absoluten Ausnahmenfällen. So ist es zumindest bei den Grundschülern. Bei der Sekundarstufe wird es schon etwas schwieriger, quasi sobald die Autonomie beginnt. Da fangen Eltern an, peinlich zu werden und dann ist es wahnsinnig unangenehm, dass die Eltern auch noch in die Schule kommen. Das wollen sie dann nicht – gleichwohl wollen sie das unbedingt. Nur dürfen sie das natürlich nicht zeigen und schon gar nicht sagen. Und sie müssen erstmal alles tun, damit es nicht geschieht. Da machen wir immer die gleichen Erfahrungen: Erstmal gibt es Abwehr und Widerstand und dann freuen sie sich und finden es sogar ziemlich cool, dass die Eltern mit dabei sind. Diesen anfänglichen Unwillen nehmen wir erst einmal an und sagen, dass sie ja ausprobieren können, ob es etwas für sie ist. Vielleicht ist es gar nicht so unangenehm. Und sie sind ja auch mit anderen Schülerinnen und Schülern zusammen. Die Abwehr verflüchtigt sich dann in der Regel, das zeigt die Erfahrung.

Nun geht es bei FiSch um Kinder, die ein herausforderndes Verhalten an den Tag legen. Könnten Sie etwas darüber erzählen, wie Sie auf die einzelnen Kinder aufmerksam werden?

Bründlinger: Das läuft an den Schulen sehr unterschiedlich. Bevor wir eine FiSch-Klasse starten, informieren wir in den Netzwerken der Schulen darüber, was wir da eigentlich tun. Mit den Netzwerken der Schule meine ich nicht nur die Schulleitung, ich meine die Erzieher*innen der Schule, das ganze Lehrerkollegium. Hier in Berlin haben wir das Sibuz (Schulpsychologische und Inklusionspädagogische Beratungs- und Unterstützungszentren), die sich Kindern widmen, die Verhaltensauffälligkeiten haben. Dort kann man hin, wenn es zum Beispiel um Legasthenie geht oder um ADHS. Die informieren wir zu Beginn sehr umfangreich. Das heißt, wir machen Termine im Lehrerkollegium und stellen das FiSch-Konzept vor und sagen ihnen, dass wir sie brauchen. Wenn es um die Sichtung der Kinder geht, sind also alle Lehrkräfte gefragt, nicht nur Klassenlehrer*innen, sondern alle Fächer. Sie müssen verstehen, wofür die FiSch-Klassen gut sind, um dann Kinder vorschlagen zu können, die dafür in Frage kämen. Meist sind es auch Schulsozialarbeiter*innen, die noch den größten Blick auf die Kinder haben, und sie kennen zumeist auch die Eltern. Es sind also viele Fachkräfte, die schauen und überlegen, ob jemand für uns in Frage kommt. So kommen die Kinder zu uns. Und dann schaut man, wie man die Eltern erreichen kann. Meist geht das über die Klassenlehrer*innen, die laden wir dann zu einem Infogespräch ein, bei dem wir unser Projekt vorstellen. Also dass wir nicht gleich mit der Tür ins Haus fallen, denn wenn wir da anrufen, kennen die Eltern uns ja gar nicht.

Es besteht ja nicht nur bei den Kindern mit den verschiedenen Arten an Auffälligkeiten eine große Heterogenität, sondern auch bei den Elternhäusern. Können Sie bezüglich der verschiedenen Milieus in den FiSch-Gruppen Beobachtungen schildern, wie das Miteinander gelingt?

Bründlinger: Mir sind die FiSch-Klassen die liebsten, die möglichst heterogen zusammengestellt sind. Wir gestalten das Miteinander so, wie der Ansatz in der Multifamilientherapie ist: Alle sitzen in einem Boot. Und das merken die Familien recht schnell, da ist der Hintergrund dann relativ uninteressant. Alle sind hier, weil ihre Kinder auf unterschiedlichste Art und Weise herausfordernd sind. Das hat unterschiedliche Gründe und sie merken relativ schnell, dass sie sich gegenseitig unterstützen können. Die Herkunft tritt da in den Hintergrund. Das Miteinander geht auch über die Eltern hinaus. Es geht auch darum, Verständnis für Schule zu entwickeln und umgekehrt. Beispielsweise konnten wir feststellen, dass bei arabischen Familien das Verständnis besteht, dass wenn das Kind das Haus verlässt und zur Schule geht, die Schule verantwortlich ist, nicht mehr die Familie. Und die sind manchmal sehr irritiert, wenn sie immer wieder in die Schule zitiert werden. Was wir mit FiSch tun, vor allen Dingen auch in den Elterngruppen, ist, dass wir Brücken bauen und Verständnis auch entwickeln für die Lehrer*innen. Die Eltern merken relativ schnell, wenn sie einmal so einen Unterricht mitgemacht haben, wie oft es Störungen gibt. Und wir sprechen hier nur von sechs Kindern. Sie kriegen dann eine Idee davon, wie es ist, eine ganze Klasse zu leiten. Wenn es dennoch Schwierigkeiten gibt mit der Lehrkraft und man das Gefühl hat, da ist immer noch ein Widerstand und irgendwie kommen die nicht richtig zueinander, dann hatten wir es schon sehr oft, dass andere Eltern sich angeboten haben, zu unterstützen und zu vermitteln. Und die andere Möglichkeit ist, dass wir unterstützen. Es geht darum, aus der anklagenden Haltung herauszukommen hin zu einer Haltung, die wieder Lösungen möglich macht, wieder ein Gespräch möglich macht, ein Miteinander möglich macht. Das gelingt in der Regel sehr gut. Das kann FiSch und das bestätigen uns auch die Evaluationen nach jedem Durchgang.

Wie setzt sich Ihr Team denn zusammen, um dieses Konzept effektiv umzusetzen?

Bründlinger: Wir sind ein Coach und eine Lehrkraft. Als Team kommen wir zusammen, indem eine Lehrkraft von Seiten der Schule bestellt wird, die Lust hat, an diesem Programm teilzunehmen. Dabei suche ich nicht nur Fachkräfte, sondern auch Menschen, die diese Haltung und diese Freude an der Arbeit mitbringen und ich bin davon überzeugt, dass das eine wichtige Gelingensbedingung ist, damit das Team funktioniert. Unsere Praxis bestätigt das auch. Die Lehrkräfte machen dann natürlich auch eine FiSch-Ausbildung, das ist die Voraussetzung. Die Kosten dafür werden von der Schule getragen. Ebenfalls ist es wichtig, dass sowohl die Coach*innen als auch die Lehrer*innen eine Vertretung haben, damit so wenig wie möglich Ausfallzeiten vorhanden sind. Die Sitzungen werden, meist telefonisch, im Team am Tag vorher vorbereitet, da sitzen wir dann zusammen und planen den Tag. Und ca. alle sechs Wochen finden Supervisionen statt. Gerade für die Lehrkräfte ist das eine Herausforderung, weil die meisten so etwas nicht kennen oder kaum Zeit dafür haben. Diese Stunden sind bei uns berücksichtigt, bei den Lehrkräften jedoch meist nicht inbegriffen. Aber es ist uns sehr wichtig, Supervisionen zusammen mit den Lehrkräften zu machen, auch wenn es eine Herausforderung darstellt. Dabei ist der Supervisor natürlich auch sehr wichtig. Wir haben zum Beispiel eine Lehrkraft, die sich für die Theaterschauspielerei begeistert. Da haben wir jetzt geschaut, jemanden zu finden, der dazu passt und vielleicht auch noch Psychodrama mit anbietet. Wir versuchen, danach zu schauen, was die Leute zusammenbringt, wie sie gemeinsame Linien finden können. Es ist also wichtig, dass die Schulen mitziehen. Deswegen machen wir mit der Schulleitung vierteljährlich ein Auswertungsgespräch, auch um zu sehen, ob es im Kollegium Bedenken gibt oder Skepsis, die wir besprechen können. Meist ist es aber so, dass, wenn die Schulleitungen begeistert sind, der Erfolg dann eigentlich garantiert ist. Diesen intensiven Kontakt zur Schulleitung haben wir nicht immer gehabt, aber die Erfahrung hat gezeigt, wie wichtig das ist.

Nun setzen Sie das FiSch-Konzept seit zehn Jahren um. Gab es auch kritische Momente?

Bründlinger: Kritisch fand ich, wenn Eltern aus unterschiedlichen Gründen nicht regelmäßig zur FiSch-Klasse gekommen sind. Wir vertreten die Haltung, dass abgesagte FiSch-Stunden nachgeholt werden können, nicht abgesagte nicht. Wenn Eltern unzuverlässig sind und wir keinen Kontakt bekommen, aber das war in diesen zehn Jahren vielleicht zweimal der Fall, dann klappt es mit FiSch nicht. Ansonsten legen wir auch im Infogespräch sehr großen Wert darauf, dass wir sagen: »Sie müssen das nicht alleine stemmen«. Oftmals kriegen wir die Frage gestellt, wie berufstätige Eltern das schaffen sollen. Dann sagen wir, dass sie es nicht alleine schaffen müssen, die haben ein Netzwerk: Oma, Opa, Onkel, Tante, Nachbarn, Freund, Freundin, wer auch immer noch eine gute Beziehung zum Kind hat, der oder die kann mit eingebunden werden, dann funktioniert es. Wenn das alles nicht da ist, und auch das kann vorkommen, dann wird es zum Problem. Wir können nicht permanent hinterhertelefonieren. Wir sind offen und wertschätzend und versuchen immer herauszufinden, wo Probleme liegen, aber wir können nicht jedes Problem lösen. Das ist auf jeden Fall ein großer Stolperstein.

Das führt zur nächsten Frage: Wie kann die Nachhaltigkeit gewährleistet werden?

Bründlinger: Wir haben es noch nicht im Programm, dass wir es als FiSch-Refresher betiteln, aber wir bleiben Ansprechpartner. Dadurch, dass wir immer in der Schule sind, sehen uns die Kinder auch wieder. Kinder, die mit gesenktem Kopf an einem vorbeilaufen, oder Kinder, die ein freudiges Hallo über die Lippen kriegen, da merkt man recht schnell, wo die gerade stehen. Auch die Eltern wissen, dass sie uns weiterhin kontaktieren können. Wir hatten es bisher dreimal, dass Eltern mit ihrem Kind nochmal da waren. Und wir sind offen dafür, sogenannte FiSch-Refresher einzuführen. Nicht über die komplette Zeit, aber vielleicht über sechs Mal. Das hilft bereits. Zum anderen hilft es, dass wir Netzwerke aufbauen und nicht nur wir als Fachkräfte als Ansprechpartner*innen zur Verfügung stehen, sondern dass sie in Netzwerke eingebunden sind. Dazu gehören die familiären Netzwerke, Freunde, Bekannte, vielleicht auch professionelle Helfer*innen. Die binden wir immer irgendwie mit ein, da Eltern es oftmals nicht hinbekommen, zwölf, 16 Wochen dauerhaft zu gewährleisten und auch am Stück da zu sein für die Kinder. Und nach zwölf Wochen FiSch haben wir nicht die Zauberkiste ausgepackt und alle Probleme sind weg. Aber Eltern, Lehrer und Kinder wissen: Wir sind noch da und sie können uns jederzeit ansprechen, wenn Probleme da sind. Ich glaube, das macht den Erfolg und auch die Nachhaltigkeit aus.

Sehen Sie für den Raum Berlin noch Vernetzungs-, Professionalisierungs- oder Strukturbedarfe?

Bründlinger: Definitiv ja, auf vielen Ebenen. Ich würde mich sehr gerne mit noch mehr FiSch- oder Familienklassenzimmern vernetzen. Das bin ich teilweise schon, aber das ist immer ein Zeitproblem. Aber ich glaube, dass es hilfreich und nützlich sein könnte, wenn wir das noch mehr tun würden. Und das andere ist, dass wir überwiegend über das Jugendamt finanziert sind. Ich finde es teilweise schwierig, was die Finanzierung betrifft. Es gibt ein niedrigschwelliges Hilfeplanverfahren, wo die Familien keine Hilfekonferenzen machen müssen. Aber trotzdem müssen wir ganz viele Sachen einreichen, damit diese Hilfe zustande kommt. Das ist oftmals sehr schwierig und langwierig für die Familien. Da würde ich mir manchmal einen einfacheren Weg wünschen. Manchmal finanzieren es Schulen auch selbst aus eigenen Mitteln. Aber es ist schwierig, gerade weil es unterschiedliche Finanzierungsmöglichkeiten gibt und genau die rauszufiltern sind, die wirklich hilfreich und für alle gangbar sind. In den Bezirken, wo wir FiSch anbieten, ist es kein Problem, was die Finanzierung betrifft. Die Jugendämter finden das Konzept toll. Nur die Zugangswege sind zu hochschwellig, wenn Sie mich fragen. Wir wollen ja niedrigschwellig sein und ich verstehe, dass das Jugendamt gewisse Unterlagen braucht, um die FiSch-Klasse zu finanzieren. Nichtsdestotrotz ist es für dieses kleine Projekt oftmals zu hochschwellig.

Vielen Dank! Haben Sie noch Hinweise, Ideen oder einen Gedanken, den Sie gerne teilen möchten?

Bründlinger: Ich würde mich freuen, wenn es noch mehr Menschen gibt, die diese Lust und Begeisterung verspüren, eine FiSch-Klasse auf den Weg zu bringen. Und ich würde auch jeder Schule wünschen, dass mindestens eine FiSch-Klasse installiert ist. Ich möchte allen Mut machen, sich mit der Multifamilienarbeit und Multifamilientherapie vertraut zu machen, um möglichst kreative und wirkungsvolle Prozesse anstoßen zu können, um FiSch durchzuführen.

4.3 »In den Rollen klar bleiben«

Ulrike Behme-Matthiessen und Thomas Pletsch bieten gemeinsam Fortbildungen zu »Familie in Schule – Fisch©« über das Institut für Weiterbildung und Entwicklung in Schleswig an.

Können Sie uns etwas über FiSch in Schleswig-Holstein erzählen?

Behme-Matthiessen: FiSch in Schleswig-Holstein ging von der Kinder- und Jugendpsychiatrie aus. Ich war Leiterin einer Tagesklinik und wir waren unzufrieden mit der schulischen Reintegration der Schüler*innen. Es war häufig so, dass die Kinder in die Kinder- und Jugendpsychiatrie kamen und dann wieder nach Entlassung in der Klasse auftauchten, ohne dass die Lehrer*innen einbezogen waren. Dann habe ich auf einer Fortbildung von dem Ansatz »Family-Class« gehört und sofort gedacht, das sei eine Möglichkeit, die Eltern mit ins Boot zu holen. Sie wären dann das Bindeglied zur Schule und es würde ein besseres Verhältnis zwischen Schule und Eltern aufgebaut. Sowas brauchen wir, um Kinder in der Psychiatrie zu reintegrieren. So haben Herr Pletsch, ein Lehrer von der Schule Hesterberg, und ich geschaut, was an dem Konzept passt und sind gestartet. Die Eltern mit im Boot zu haben ist eine super Idee, denn es gibt ganz einfache Ideen, bei denen man sich hinterher selbst fragt: Warum bin ich eigentlich nicht darauf gekommen? Beim Starten hatten wir dann die Eltern hinten im Unterricht und die Klasse davor, alles relativ schweigend. Dies war aber noch nicht so, wie wir uns das vorgestellt hatten. Wir sind anschließend nach Dänemark gefahren, dort gab es bereits über einhundert Familienklassen. Da haben wir gesehen, wie locker das war. Die Eltern saßen an einem Tisch, haben miteinander geredet, sich ausgetauscht. Die Kinder arbeiteten parallel und die Eltern haben immer wieder mit Blick auf die Kinder interveniert. Genauso wollten wir das dann auch machen. Das war 2005. Wir bekamen dann die Rückmeldung von den Schulen, dass es eine enorme Verbesserung gäbe. Die Kinder sind für drei Monate in der Kinder- und Jugendpsychiatrie und so sollten die Kinder nicht erst einen Monat vor Entlassung wieder in ihre Heimatschulen gehen, denn Schulprobleme sind fast immer Teil der Gesamtproblematik. So waren sie von Anfang an einen Tag in der Woche in ihrer Heimatschule und in ihrer Stammklasse. Das ist ein Teil des Konzeptes. Dadurch kriegten natürlich auch die Lehrer*innen vor Ort etwas von FiSch mit. Es kamen Kreisfachberater*innen und sagten: »Mensch, können wir uns das nicht mal angucken?« Und es tauchte die Frage auf: »Warum muss ein Kind eigentlich erst in die Psychiatrie, um an einer solchen Maßnahme teilzunehmen?« Das war der Anlass, dass wir einen ganz großen Arbeitskreis gegründet haben. Ich war für die Kinder- und Jugendpsychiatrie dabei, dann das Gesundheitsamt, viele Förderschulen und der Schulpsychologe, also ein richtig großes Gremium. Auch die Schulrätin war ganz begeistert und das war entscheidend, denn sie wollte das als präventive Maßnahme. An dem Konzept haben wir ein bisschen was verändert. Dann hat die Schulrätin organisiert, dass Stundenkontingente in diese Maßnahme geflossen sind. Es war zu der Zeit so, dass im Rahmen der Inklusion der ganze Förderschulbereich umstrukturiert wurde. Sowieso standen Überlegungen im Raum, wie eigentlich eine Förderung, eine Unterstützung aussehen soll. Mit FiSch gab es ein Modul, das sofort sehr positiv aufgenommen wurde, eben dass die Förderschullehrer*innen auch zum Teil FiSch machen können. Anschließend haben wir mit unseren ersten Fortbildungskursen angefangen, mit Sozialpädagog*innen, Förderschullehrer*innen, das Ganze mit starker Unterstützung vom Schulamt. Bei uns war FiSch rehabilitativ, aber für die Schule war es von Anfang an als präventive Maßnahme gedacht, denn Lehrer*innen sind ja keine Therapeut*innen. Gestartet ist das relativ zeitnah in Schleswig und hat sich von dort aus immer weiter ausgeweitet.

Pletsch: Es startete bei uns erstmal an sieben Standorten als Projekt. Es war im Grunde genommen wie so eine Art Versuch und hat sich sehr schnell etabliert. Begleitet wurde das Projekt von der Uni Flensburg bezüglich Wirksamkeit, Nachhaltigkeit, sodass wir direkt Informationen und Daten bekommen haben. Dann wurde relativ schnell über die Schulleiterdienstversammlung und über Versammlungen der Kreisfachberater darauf aufmerksam, sodass innerhalb von vier oder fünf Jahren insgesamt knapp 30 Standorte in Schleswig-Holstein zustande kamen. In Schleswig wurde die Maßnahme nach Beendigung dieses Projektstatus verstetigt. Es ist jetzt ein fester Baustein hier in der Schullandschaft, der den Projektstatus verloren hat und fest mit dazu gehört. Andere Kreise haben ähnlich nachgezogen, also Kreis Rendsburg-Eckernförde, Kreis Ost-Holstein, das ging bis Richtung Hamburg.

Behme-Matthiessen: Zur Finanzierung in Schleswig-Flensburg ist das Jugendamt mit im Boot, um Fahrkosten zu übernehmen oder bei Bedarf eine Kinderbetreuung vor Ort zu ermöglichen. Ganz verschiedene Unterstützungsmaßnahmen, die FiSch ermöglichen sollten für Familien mit erheblichen Schwierigkeiten. Und das ist auch eine feste Größe im Haushalt in Schleswig-Flensburg.

Pletsch: In dem Jahr, als Corona begann, gab es ein Treffen mit Vertretern vom Schulamt und uns, bei dem die Idee war, dass FiSch eine über das Bildungsministerium zertifizierte, qualitätsgesicherte Maßnahme wird, sodass bestimmte Rahmenbedingungen dringend empfohlen werden. FiSch-Standorte, die diese Qualitätsstandards erfüllen, können sich über das Bildungsministerium zertifizieren lassen, als Qualitätsmerkmal ihrer Schule. Seit 2005 haben Schulleiter*innen, Kreisfachberater*innen, Schulsozialarbeiter*innen, auch aus anderen Bundesländern, von FiSch gehört. Dann war es ein bisschen wie ein Schneeballsystem. Wir haben Nachfragen aus anderen Bundesländern bekommen und so hat sich das bundesweit verbreitet. Der Unterschied, der damals schon deutlich wurde zur Familienklasse, war der, dass wir von vornherein Lehrertandems ausgebildet haben. Es waren Lehrer*innen, Sonderpädagog*innen, Schulsozialarbeiter*innen, also Menschen aus der Schule, die speziell für diese Maßnahme fortgebildet wurden. In Abgrenzung zur Familienklasse haben wir die multi-familientherapeutischen Elemente nicht als Schwerpunkt mit drin gehabt, sodass es eine unterrichtsbezogene Maßnahme war und dass beide Teampartner unbedingt fortgebildet sein mussten. Dieses Modell hat sich auch in anderen Bundesländern etabliert, in Lüneburg, im Raum Münster, in Berlin. Die Zertifizierung ist dann gekoppelt an zur Verfügung gestellte Stunden, bestimmte räumliche Ausstattungen, an Raumgrößen, die Vernetzung des FiSch-Teams und erfolgt dann über das Bildungsministerium, bei dem die Schulen vorher anfragen müssen.

Uns würde interessieren, wie die Fortbildung für die Lehrkräfte aussieht. Was muss absolviert werden, um das an der Schule einzurichten?

Pletsch: Wir haben zu Beginn etwas herumprobiert und mittlerweile hat sich ein festes Curriculum etabliert. Das sind dreimal zwei Tage jeweils von 9:00 bis 17:00 Uhr, also insgesamt 64 Unterrichtseinheiten. Die drei Fortbildungsmodule, die in dieser Zeit stattfinden, sind das Basisseminar, das Aufbauseminar und das Coachingseminar. Die Inhalte dabei sind klar: Zum einen geht es darum, eine Baseline zu schaffen, sodass wirklich Grundkenntnisse über Multifamilienarbeit da sind. Ein ganz großer Block, das ist der Dreh- und Angelpunkt, ist das Thema Haltung. Wie bekomme ich diese Art der professionellen Haltung in meine Arbeit integriert, sodass ich die Eltern mit in die Verantwortung nehme und dass ich als Elterncoach und als FiSch-Lehrer einen Schritt zurückgehe und immer wieder in der Intervention gucke, die Eltern in die Verantwortung zu nehmen. Dann werden die Basisinterventionen und Basisstrategien aus der Multifamilientherapie vermittelt.

Das Ganze wird angereichert durch unterschiedliche Aspekte der Gesprächsführung aus dem systemischen Arbeiten und verschiedenste Aspekte zur Selbstreflexion aus der Transaktionsanalyse, um die eigene Dynamik auch immer wieder reflektieren zu können. Das wird verbunden mit viel Training, Supervision, Rollenspiel, sodass die Teilnehmer auf unterschiedlichsten Ebenen lernen oder trainieren und diese Art zu arbeiten verinnerlichen. Der Anfang ist noch relativ viel direktiv von uns, dass wir erstmal viel vermitteln, und im Laufe dieses Curriculums ist es so, dass mehr und mehr Verantwortung an die Teilnehmer*innen geht, sie ihre Anliegen einbringen und die Sachen, die sie konkret in ihrer FiSch-Arbeit erleben, supervidiert werden. Das funktioniert so, dass wir nach dem Basisseminar in eine konkrete Planung gehen und schon gucken, wann wir anfangen. Das Aufbauseminar begleitet den Start und das Coachingseminar findet dann statt, wenn die Kolleg*innen wirklich in der Praxis sind, um ihre Praxiserfahrung mit hineinzunehmen. So sind es zwei Tage Basisseminar, zwei Tage Aufbau, zwei Tage Coachingseminar. Dazu bieten wir einmal jährlich ein FiSch für Fortgeschrittene an, wo sich bundesweit die Kolleg*innen treffen und überregional in den Austausch kommen. Zudem empfehlen wir dringend regelmäßige Supervisionen an den FiSch-Standorten.

Behme-Matthiessen: In den Zertifizierungsvorgaben steht das auch drin. Es ist eine Maßgabe, dass regelmäßig Supervisionen stattfinden. Diese sechs Tage sind natürlich keine Therapeutenausbildung. Wir sagen auch deutlich, dass wir keine Therapie an Schule machen. Es ist für uns gut nachvollziehbar, wenn Eltern die Punkte, die sehr persönlich sind, nicht unbedingt in der Schule offenlegen wollen, sondern dass sie das begrenzt und schulbezogen machen. Von daher legen wir viel Wert darauf, zu betonen, dass es keine therapeutische Maßnahme ist, sondern präventiv.

Sind Sie damit zufrieden, wie die Aus- und Fortbildung verläuft, oder würden Sie sich noch etwas anderes wünschen?

Behme-Matthiessen: Ich denke, so wie sie jetzt ist, ist sie realistisch. Eine längere Fortbildung wäre schwierig für die Lehrkräfte einzurichten. Aber es ist eigentlich so wie immer: Es gibt Leute, da würde man nach dem Basisseminar schon sagen, die werden FiSch-Coach*innen und FiSch-Lehrer*innen. Und es gibt Menschen, bei denen wir eigentlich das Gefühl haben, dass ihnen diese Haltung bis zuletzt sehr schwerfällt. Ich denke, der Input, den wir geben, reicht eigentlich, um diese Arbeit zu machen. Wenn dann noch der Aufbau und der weitere Austausch stattfindet, ist es relativ komplett. Aber man hat immer die genannten Unterschiede und wir geben da vielleicht auch manchmal nicht klar genug Rückmeldung. Wir haben immer Kolleg*innen, bei denen wir uns überlegen, ob das die Arbeit ist, die zu diesem Menschen passt: Diese Haltung, es wirklich den Eltern zu überlassen. Also nicht mit Beratungsideen zu glänzen, was einzubringen oder es auch auszuhalten, dass man nicht sofort zu einer Lösung kommt, sondern dass das Zeit benötigt und dass die Lösung vielleicht auch eine ist, die man selbst nicht vorschlagen würde, aber die für die Familie eine Lösung ist. Da sind auch Menschen unterschiedlich geeignet. Deswegen denke ich, der Umfang ist gut. Es gibt auch immer wieder Kolleg*innen, die im Aufbauseminar für sich entscheiden, dass es einfach nicht ihres ist.

Pletsch: Wir bekommen auch die Rückmeldung von Kolleg*innen aus der Praxis, dass sie dringend die supervisorische Begleitung und den Auffrischungskurs brauchen. Also Kolleg*innen, die das jahrelang machen, sagen: »Mir ist aufgefallen, im Alltag in der Praxis, da rutscht doch einiges nach hinten.« Wir können es nicht vorschreiben, wir sind nicht die FiSch-Polizei. Aber es empfiehlt sich wirklich, es ist ein wichtiger Baustein.

Nun verhält es sich so, dass Eltern, die zu FiSch eingeladen werden, als Expert*innen für die Erziehung angesehen werden. Gleichzeitig werden sie an die Schule eingeladen, weil es herausforderndes Verhalten ihrer Kinder gibt. Das übereinzubringen ist eine große Haltungsfrage. Könnten Sie uns zu dieser Haltung noch etwas erzählen?

Behme-Matthiessen: Der Einstieg ist schon ausgesprochen wichtig. Die Kinder, die für FiSch vorgeschlagen werden, sind in der Regel Kinder, bei denen eine Lehrkraft vor Ort auch schon mal mit den Eltern gesprochen hat. Das kommt für die Eltern also nicht aus heiterem Himmel. Wir legen von Anfang an sehr viel Wert auf Freiwilligkeit. Wir unterbreiten es den Eltern als Angebot, sie kennen ihre Kinder am besten und die Schule steht da vor gewissen Hürden und von daher ist es wichtig, dass wir dort zusammenarbeiten, denn keiner kennt ihr Kind besser als sie. Es ist keine Pflicht und wenn die Maßnahme schon länger läuft, melden sich die Eltern teilweise von selbst. Mehrere Schulen praktizieren das so, dass sie auf Elternabenden einfach von FiSch erzählen. Dieser Schritt, den Eltern einfach mal etwas zuzutrauen, ist gerade für Lehrer*innen extrem schwierig, es ist eine ganz andere Rolle. Und sie haben ja auch teilweise an der Schule ganz unterschiedliche Rollen. Mal sind sie Klassenlehrerin oder Klassenlehrer und müssen das Ganze gestalten und dann sind sie in der FiSch-Situation. Ich habe das immer mit meinen unterschiedlichen Rollen in der Tagesklinik verglichen. Wenn ich eine Diagnostik gemacht habe, dann habe ich natürlich als Expertin für Diagnostik den Eltern diese Ergebnisse erzählt. Aber im FiSch-Rahmen geht es ums Elternsein, um Kinderunterstützung. Das Entscheidende bei FiSch ist es, wirklich immer wieder die anderen Eltern mit ins Boot zu holen. Im Grunde ein Üben des Vernetzens mit der Hoffnung, dass sich der Gedanke des Hilfeholens und Vernetzens verstetigt. Also insgesamt zu schauen, wer ist eigentlich in meinem Umfeld? Ist das der Fußballtrainer? Ist das die Nachbarin rechts oben?

Pletsch: Genau, das ist das eine. Die Lehrer*innen sind in der Regel auf sich allein gestellt vor 28 manchmal pubertierenden Menschen in einer Klasse und sie müssen das Ruder in der Hand halten. Und jetzt sollen die bei FiSch auch noch in einem Tandem kooperieren und sich miteinander absprechen. Auch dieser Haltungswechsel ist ein Quantensprung, vor und mit Kolleg*innen anders umzugehen und zu agieren. Das beschreiben viele Lehrer*innen auch nochmal als sehr fremd. Zum einen den Eltern gegenüber zurückzutreten und ihnen die Verantwortung zu übergeben und dann auch noch einen Teampartner mit reinzunehmen und sich im laufenden Prozess miteinander abzustimmen und nicht sofort loszurennen und irgendwas zu tun. Also im laufenden Prozess auf eine Metaebene zu gehen.

Behme-Matthiessen: Das merken die Teilnehmer häufig in den Rollenspielen. In den Aufbauseminaren simulieren wir Klassensituationen und spielen solche Situationen durch. Jemand ist der FiSch-Coach und jemand anders der FiSch-Lehrer und meist ist es ganz ungewohnt, sich zu verbinden, sich abzusprechen, einfach mal zusammen zurückzutreten, zu gucken, teilweise Sachen auch offen vor den Eltern zu besprechen. Diese Rollenspiel-Situationen sind immer ein richtiges Aha-Erlebnis.

Sie sprachen jetzt oft von einem Elterncoach und einer Lehrkraft. Können Sie die beiden Rollen nochmal definieren? Was heißt das eine, was heißt das andere und welche Professionen haben Sie jeweils?

Pletsch: Wir haben von Anfang an sehr großen Wert darauf gelegt, dass diese Rollen getrennt sind. Sodass der Elterncoach den Fokus darauf hat, mit den Eltern zu arbeiten. Die FiSch-Lehrkraft hat den Fokus, zur Stoffvermittlung und zur Unterstützung den Kindern und Eltern zur Verfügung zu stehen. Sie ist dabei nicht im Elterncoaching eingebunden. Dabei kann es sich um zwei Sonderpädagogen handeln, die sich dann aber einigen müssen, wer was macht. Das können auch eine Schulsozialarbeiterin und eine Lehrkraft sein. Das ist sehr unterschiedlich, je nachdem, welche Professionellen gerade zur Verfügung stehen. Wichtig ist, dass wirklich über einen längeren Zeitraum jeder die Rolle klar hat. Längerer Zeitraum heißt zum Beispiel ein Schuljahr oder Schulhalbjahr. Wir hatten ganz zu Beginn die Rückmeldung bekommen, dass die Kinder und Eltern eine deutliche Rollenklarheit gefordert haben, weil das für Eltern und Schüler*innen total hilfreich ist. Wenn wir in unseren Rollen klar bleiben, dann können Eltern und Schüler*innen auch in ihren Rollen klar bleiben. Das heißt, welchen Auftrag habe ich, welchen habe ich nicht. Ich muss als Schüler zum Beispiel nicht regeln, dass mein Nebenmann still ist. Das ist nicht mein Job in der Schule, sondern ich soll meine Aufgaben hinkriegen. Es ist auch nicht der Auftrag der Eltern anzufangen, den Lehrer zu korrigieren oder zu kritisieren im laufenden Unterricht. Sie sollen ihr Kind unterstützen und schauen, wie sie ihre elterliche Präsenz und ihre Fähigkeit gut in den Prozess mit einbringen. Wir machen gute Erfahrungen damit, dass wir relativ frühzeitig bezüglich der Methode den Eltern gegenüber Transparenz zeigen. Das heißt, die Eltern kriegen immer wieder erklärt, warum wir das tun, was wir da tun. So sind die Rollen von Anfang an klar. Die Lehrkraft vermittelt den Stoff und hilft bei den Schulmaterialien. Es ist eben nicht der Coach, der herumgeht, sondern es ist die Lehrkraft. Der Coach ist derjenige, der dann schon nebenan bei den Eltern sitzt. Das wird ohne viel Erklärung gemacht. Bei FiSch gibt es eine räumliche Trennung. Die Eltern sind nicht permanent im Klassenraum, sondern es gibt einen Nebenraum oder einen abgetrennten Bereich, wo die Eltern sitzen, wenn sie keine Aufträge mit den Kindern haben. Der Elterncoach ist dort nicht festgenagelt, aber er hat seinen Hauptarbeitsplatz in diesem Bereich.

Was ist das Geheimnis von FiSch? Was sind die Zutaten, die man eigentlich braucht, um es erfolgreich durchzuführen?

Pletsch: Das sind jetzt zwei verschiedene Sachen, das Geheimnis und einmal die Zutaten. Die Zutaten sind ein Elterncoach, ein*e Lehrer*in, Kinder und Eltern. Und einen Raum braucht man auch. Das Geheimnis, wenn es sowas überhaupt geben sollte, ist letztendlich die Haltung. Sich sicher zu sein bei dem, was hier läuft, sich zu trauen, die Eltern in die Verantwortung zu holen und mal Sachen ausprobieren zu lassen. Was uns inzwischen aufgefallen ist und was wir lange Jahre etwas vernachlässigt haben, ist, mit Eltern und Schüler*innen in diesem Kontext so umzugehen, dass sie keine Beschämung erfahren. Das Thema Scham und Beschämung spielt eine riesige Rolle. Es ist völlig egal, wie der FiSch-Tag gelaufen ist, wichtig ist, dass sie ihr Gesicht nicht verloren haben und dass sie in der nächsten Woche wiederkommen möchten. Sodass sie einen Rahmen haben, in dem sie auch richtige Krisen erleben können, wo blöde Sachen passieren. Und es geht niemand raus und muss sich verstecken. Es ist nicht peinlich, weil es geteilt worden ist in der Gruppe, die das kennt. Ich glaube, das macht sehr viel aus, dass die Eltern darüber ein großes Selbstvertrauen bekommen und die Kinder genauso.

Behme-Matthiessen: Wichtig ist noch etwas ganz anderes. Die Kolleg*innen berichten häufig vom Stress im Alltag und sagen, FiSch sei eine Art Insel. FiSch ist eine Arbeit, die macht Spaß, die befriedigend ist. Das wirkt auch atmosphärisch. Das macht ein Stück weit Spaß, dass Schule ein Ort sein kann, an dem man lacht. Dass man auch mal spielt und es auch darum geht, dass sich alle wohlfühlen. Das bereitet dann den Boden dafür, dass ein Vertrauensverhältnis zwischen den Eltern wächst. Das gelingt nicht immer, muss man auch sagen. Es gibt auch Gruppen, wo man es nicht so einfach hinkriegt, dass die Eltern miteinander und füreinander fruchtbar sind. Das kann sich aber alles ändern, wenn auf einmal ein neuer Elternteil dazukommt. Das ist auch ein Geheimnis, ein Zauber. Es kommt eine neue Mutter oder ein neuer Vater und plötzlich arbeitet man konstruktiver. Die Dynamik ist unfassbar wichtig.

Welche systemischen Methoden haben sich dabei in der Praxis als besonders nützlich bewährt?

Pletsch: Was sich bewährt hat, ist eine Sache, die wir Elterntausch nennen. Ich glaube, in der Multifamilientherapie wird es Elternpatenschaft genannt. Das dient dazu, dass Eltern immer wieder mit anderen Kindern und die Kinder immer wieder mit anderen Eltern in Kontakt kommen. Es hat sich bewährt, damit eine Mischung innerhalb der Familien und auch Reflexion stattfinden. Kinder sprechen so mit anderen Eltern über bestimmte Aspekte, die für Schule, Erziehung oder ihr Leben wichtig sind. Dadurch erfolgt ein Perspektivwechsel bei den Familien.

Behme-Matthiessen: Ein Setting-Wechsel findet auch statt. Wir haben immer mehr Stühle als Personen, wenn wir mit den Eltern arbeiten. Das regt dazu an, Plätze zu wechseln, und da wir selbst auch ständig die Plätze wechseln, sitzen so auch einmal andere Eltern nebeneinander und kommen ins Reden. Wenn eine Situation festgefahren ist, hilft es auch, die Situation zu stoppen und eine Kinderrunde zu machen, in der von den Kindern Ideen gesammelt werden. Oder die Eltern können mal hinausgehen mit ihrem Kind und Sachen besprechen. Vielleicht auch mit einem anderen Elternteil als Berater, sodass man Tandems bildet.

Ein wichtiges Element im Konzept ist der Zielpunkteplan, ein Token-System, das mit Belohnung und Strafe arbeitet. Dazu gibt es in der Pädagogik auch kritische Ansichten, was können Sie dazu sagen?

Behme-Matthiessen: Wir haben auf die Token auch sehr bewusst verzichtet. Die Ziele kommen von den Heimatschulen und werden in einem gemeinsamen Gespräch mit Eltern, den Heimatschulen und dem Kind festgelegt. Die Kinder haben so ein Skalierungssystem, 1 und 2 ist nicht geschafft, 3 und 4 ist geschafft. Wenn die Kinder alle Ziele erreicht haben, dann gibt es einen Beifall. Wir haben festgestellt, dass dieser Beifall ausreichend ist, sodass wir die anderen Sachen gar nicht brauchen.

Pletsch: Es gab auch die Schwierigkeit, dass Kinder den FiSch-Tag ganz wunderbar hingekriegt haben und es wurde eine Belohnung vereinbart. Zum Beispiel: Wir gehen am Freitag oder am Samstag ins Kino. Aber dann lief der Rest der Woche nicht gut und dann sind sie ins Kino gegangen. Die Eltern sagten, das passt überhaupt nicht zusammen. Das geht so einfach nicht. Deswegen haben wir die ganzen Belohnungen rausgenommen und es so gemacht, dass es am Anfang Beifall gibt und das wars.

Behme-Matthiessen: Oder eben auch keinen Beifall. Dass gelernt wird, die einen kriegen Beifall und die anderen auch mal nicht. Was zum Teil hart ist, das ist bei uns in der Fortbildung oft Thema. Wir schauen natürlich, dass die Ziele machbar sind und dass die Wahrscheinlichkeit eines Beifalls groß ist. Aber uns ist es auch wichtig, dass die Kinder auch mal mitkriegen, dass man es nicht immer schafft. Sollten sie es nicht geschafft haben, dann kann es auch keinen Beifall geben. Das ist auch eine Seite des Lebens.

Pletsch: Die Kritik kennen wir bereits. Da wurde uns vorgeworfen, wir würden schwarze Pädagogik betreiben. Das ging dann ziemlich radikal zur Sache. Die Kolleg*innen fanden das richtig bescheuert, dass wir mit Belohnungen arbeiten. Aber nein, wir machen wirklich gute Erfahrungen. Das hat auch einen sehr hohen Stellenwert für die Eltern. Es wird ja nicht einfach gesagt: »Du hast die Ziele nicht erreicht, jetzt gehen wir weiter zum nächsten«, sondern mit den Kindern werden sie reflektiert. Die Eltern sprechen mit den Kindern darüber und wenn die Kinder dazu fähig und in der Lage sind, wird in der Gruppe nochmal darüber gesprochen. Es wird mit dem Kind nochmal ganz explizit geguckt, was es braucht, damit es die Ziele auch erreichen kann. Wir arbeiten sehr ernsthaft mit den Kindern, sie werden damit nicht im Regen stehen gelassen. Zudem haben wir auch eingeführt, dass jedes Kind zum Ende des FiSch-Tages von seinen Eltern unbedingt ein unabhängiges Kompliment bekommt. Das wird verschriftlicht, von den Eltern vorgelesen und auf ein Plakat geklebt. Auch wenn der FiSch-Tag ganz schwierig war oder wenn kein Ziel erreicht wurde, dann hören die Kinder zum Ende des Tages in der Gruppe von ihren Eltern ein Kompliment dazu, was sie gut hingekriegt haben. Wir haben auch kultiviert, dass das von den anderen Gruppenmitgliedern oder von FiSch-Lehrer*innen nochmal kommt.

Provokativ gefragt: Was haben die Kinder für einen Anreiz, sich zu verbessern oder sich zu verändern, wenn sie keine Belohnungen bekommen?

Pletsch: Wir machen das mit den Eltern auch zum Thema: Wie können die Kinder mit Lob, mit Rückmeldung umgehen, sowohl positiver als auch negativer. Wir haben mit den Eltern auch Diskussionen darüber, wie die Kinder überhaupt Lob annehmen können. Es gibt viele Eltern, die von ihren Kindern sagen, sie würden es nicht mögen, gelobt zu werden, das sei ihnen unangenehm. Wir bleiben da konsequent und loben trotzdem, auch wenn jemand das unangenehm findet. Genauso machen wir die Erfahrung, dass die Kinder es gerne hören wollen, wenn sie etwas gut gemacht haben. Und die sitzen dann da und schmunzeln, wenn sie gelobt werden oder wenn aus der Gruppe ein Applaus kommt. Wenn klar ist, dass jemand den Applaus nicht mag, weil er oder sie nicht gerne im Mittelpunkt steht, dann diskutiere ich das mit meinen Kolleg*innen, den FiSch-Lehrer*innen, vor der Gruppe. Eigentlich müssten wir jetzt klatschen, er will aber nicht beklatscht werden. Wir klatschen dann trotzdem. Das Kind sitzt dann da und hört zu und irgendwann beginnt es zu lächeln. Während wir darüber diskutieren, ob geklatscht wird oder nicht, kriegt es die Belohnung und dann ist der Applaus da. Wir haben gute Erfahrungen, dass die Kinder das als Anreiz haben wollen. Sie wollen dieses positive Echo aus der Gruppe und sie wollen von ihren Eltern hören, dass sie stolz auf sie sind. Viele Eltern tragen das auch so vor: »Du hast einen schwierigen Vormittag gehabt und ich bin ganz stolz auf dich, dass du das so gut hingekriegt hast, auch wenn du die Ziele nicht erreicht hast. Ich habe dich ganz lieb, ich bin sehr stolz und nächste Woche komme ich wieder mit dir hier her.« Das finden die Kinder toll. Das wird zu Hause nicht unbedingt so selbstverständlich ausgesprochen.

Behme-Matthiessen: Ein wichtiges Element ist auch, dass die Eltern im Vorfeld die Auswertung bekommen. Manchmal ist es eine große Enttäuschung, wenn ein Ziel wieder nicht geschafft wurde. Dann überlegen wir mit den Eltern, wie sie das mit dem Kind besprechen, was wurde gut geschafft, ist das Ziel vielleicht zu schwer, müssen wir da Abstriche machen. Damit beim Kind kein Frust aufkommt, wenn mal wieder etwas nicht geschafft wurde und die Eltern direkt etwas anderes fokussieren.

Nun könnte man sagen, dass die gestellten Ziele primär dazu dienen, dass der Unterricht wieder läuft. Das mache ich vor allem daran fest, dass die Ziele von den Heimatschulen gestellt werden. Das kann kritisch durchaus so verstanden werden, dass die Kinder an die Schule angepasst werden sollen. Können Sie mir dazu ihre Einschätzung geben?

Behme-Matthiessen: Wir haben schon ein Stück weit die Haltung, dass viele Kinder auch ein bisschen Anpassung lernen müssen. Wir haben viele Kinder, die Schwierigkeiten haben, wenn es nicht nach dem eigenen Ego geht. Von daher ist ein gewisses Maß an Anpassung einfach die Voraussetzung, um sich im Leben zu-

4.3 »In den Rollen klar bleiben«

rechtzufinden. Deswegen haben wir gar nicht so die Probleme damit. Es gibt immer Situationen, wo man denkt, die*der Lehrer*in muss eine Menge ändern oder die Klassensituation muss geändert werden. Das wird auch mit in den Fokus genommen. Aber erstmal geht es darum, wie im Programm von Ben Fuhrmann: Ich schaffe es. Das ist ein Sozialtrainingsprogramm, wo es darum geht, Fähigkeiten zu entwickeln. FiSch ist sozusagen ein bisschen das Trainingslager. Und natürlich hat es viel mit den Eltern zu tun. Wenn es jetzt darum geht, dass ein Schüler durchgängig an seinen Sachen arbeitet oder er überhaupt anfängt zu arbeiten und die Mutter bereits nach zwei Minuten wieder weggeht und sagt, sie sei wieder gereizt. Das sind natürlich alles Themen, die auch das Zuhause aufgreifen. Sie werden in FiSch nicht familienbezogen bearbeitet, sondern es wird geguckt, ob es in einem anderen Fall ähnlich war. Wie haben die es denn geschafft? Dann kommen Sachen wie am Ball zu bleiben oder sich mal eine Pause zu nehmen oder erstmal nicht zu reagieren und abzuwarten und dann nochmal hingehen. Im Grunde Strategien, die auch zu Hause dazu führen, dass die Kinder besser angeleitet sind, mehr unterstützt werden, und die werden an ganz konkreten Unterrichtssituationen ausprobiert. Und bei positiven Erfahrungen im Klassenraum stellt sich die Frage, ob das etwas ist, was auch zu Hause gebraucht werden kann. Diese ganzen Themen werden sehr praktisch im Unterrichtskontext erprobt und dann der Transfer thematisiert.

Pletsch: Es gibt auch immer das Thema mit Eltern, dass die Lehrer*innen die Kinder nicht verstehen. Die Klassen seien so groß, die Klassen seien so laut, mein Kind ist eigentlich Spätaufsteher, aber um 8:00 Uhr fängt die Schule an... Das ist auch ein Aspekt, in welchem sich die Kinder an das System Schule anpassen und nicht das System umgekehrt an die Kinder. Das machen wir zum Thema mit den Eltern. Unser Auftrag ist es nicht, das Schulsystem zu ändern, das kriegen wir hier und jetzt nicht hin. Es ist einfach so, wie es ist und wir müssen zunächst einmal damit vorliebnehmen. Das zu ändern müsste an anderer Stelle passieren. Wir können danach schauen, welche Aspekte, die bei FiSch gelingen, mit der Heimatschule besprochen werden können. Das heißt, dass ein Teil des FiSch-Rahmens in die Heimatschule transportiert wird. Ich glaube, Eltern an der Stelle abzuholen funktioniert relativ gut. Dann besteht auch Klarheit wegen des Schulsystems und das wir es nicht mal eben ändern können. Wir können aber schauen, welche Qualitäten die Kinder hier positiv zeigen und wie diese mitgenommen werden in die Heimatschule. Da sind die Eltern dann am Drücker, das ganz detailliert zu beobachten und sich auch Sachen aufzuschreiben, die sie mit den Heimatschullehrer*innen besprechen wollen, oder auch zu sagen, wenn sie es sich alleine nicht zutrauen und Unterstützung brauchen. So werden die Eltern an der Stelle auch Experten dafür, zu sehen, wie dieser gesetzte Schulrahmen mit meinem Kind kompatibel sein kann und welchen Beitrag ich dazu leisten kann. Das ist realistischer als der Gedanke, dass mal jemand im Bildungsministerium unser Schulsystem reformieren müsste. Das sind Diskussionen, die kommen auch auf. Das ist am falschen Ende angefangen.

Behme-Matthiessen: Wir bekommen auch die Rückmeldung, dass sich das Klima ändert in den Schulen, wo FiSch-Klassen angegliedert sind. Also, dass sich die Haltung der Lehrer*innen verändert. Sie bemerken den anderen Umgang auch mit

Eltern, beobachten das und dann wird das im Lehrerzimmer zum Thema gemacht. Wie können die überhaupt mit denen arbeiten, ich habe da immer Probleme? Dann kommen andere Erfahrungen. Eine Rückmeldung, die wir kriegen, ist, dass die Ansätze auch ein bisschen zurückstrahlen.

Pletsch: Interessant ist auch, dass wir immer wieder Kolleg*innen haben, die zur FiSch-Fortbildung kommen und sagen, bei ihnen ist zwar FiSch nicht in Aussicht, aber sie profitieren von dem Stil, so zu arbeiten. Die machen die Fortbildung nicht mit dem Ziel, FiSch umzusetzen, sondern es ist einfach eine Bereicherung für die pädagogische Arbeit der Kolleg*innen.

Ein Thema ist auch die Erziehungskompetenz der Eltern. Setzen Sie da konkrete Strategien diesbezüglich um?

Behme-Matthiessen: Ich denke, dass das ein ganz gravierender Teil ist, dass einige Eltern über FiSch hinaus noch Unterstützung brauchen. Wir machen dann immer deutlich: Das wird FiSch nicht leisten, wir arbeiten präventiv. Wobei wir auch Kinder nehmen, wo es nicht mehr präventiv ist, aber dann ist FiSch nicht die einzige Maßnahme. Wenn deutlich wird, dass viel mehr im Familiensystem nötig ist, dann ist FiSch eine Maßnahme zusammen mit einer aufsuchenden Familienhilfe oder mit einem Beratungskontext im Jugendamt oder in der Beratungsstelle. Also immer, wenn es eine kompliziertere Situation ist, ist es ganz wichtig zu sagen, das kann FiSch nicht leisten. Wir sagen dann immer deutlich: Nicht FiSch allein. Und Dinge wie eine Elternberatung oder ein Elterntraining, das sind Sachen, die würden dann dazukommen. Dann übersteigt es den präventiven Rahmen. FiSch ist für Kinder, bei denen in der zweiten, dritten Klasse die Lehrkraft sagt, wenn wir da jetzt nicht eingreifen, dann wird das ein*e schwierige*r Schüler*in.

Präventiv, heißt das, dass es eher für jüngere Kinder angeboten wird, oder arbeiten Sie auch mit Jugendlichen oder mit Älteren?

Behme-Matthiessen: Die Zertifizierung ist für die Grundschule. Wir haben aber auch FiSch-Maßnahmen für fünfte, sechste Klassen in Schleswig-Holstein. Aber darüber hinaus nicht. Wir hatten im Rahmen der Klinik auch teilweise Schüler*innen aus der siebten Klasse dabei. Flächendeckend sind es aber erste bis vierte bzw. an einzelnen Stadtorten auch fünfte bis sechste Klassen.

Kommen wir nochmal zu den Zielen. Wie werden die bei Ihnen formuliert, wie viele sind es?

Pletsch: Das ist sehr unterschiedlich. Es kann ein Ziel sein, es können vier sein und alles dazwischen. Im Grunde genommen wird der Prozess betrachtet. Wir haben ja ein Balkendiagramm, in dem die Ziele ausgewertet werden. Wenn mit Eltern und Schülern gesehen wird, dass ein Ziel über einen längeren Zeitraum zu 80 % oder mehr erreicht wurde, dann wird überlegt, es herausnehmen und ein anderes mit rein. Bei einigen Kindern haben wir die Erfahrung gemacht, dass wir es drin lassen, auch wenn es die ganze Zeit gut läuft, damit das Kind eine kontinuierliche Erfahrung des Erfolgs in Schule macht. Wir haben keine feste Form in Stein gemeißelt, sondern es wird aus dem Prozess heraus entwickelt. Es gibt gerade jetzt nach Corona das Thema Schulabsentismus, also Kinder, die das Ziel haben: »Ich komme zur Schule und ich bleibe die erste Stunde in der Schule«. Das sind zwei Ziele. Ein anderes Kind hat das Ziel: »Ich komme zur Schule«, Punkt. Also das wird sehr unterschiedlich gehandhabt.

Haben Sie zur Formulierung von solchen Zielen Tipps?

Pletsch: Ich glaube, das sind so im Großen und Ganzen die Standards, wenn es um Zielformulierung geht: Dass es positiv formuliert ist, dass es kleinschrittig ist, dass es gut operationalisiert ist, dass es wirklich ein Perspektivschritt in die Zukunft ist. Und dass es eben etwas ist, was Kinder verstehen und was leistbar ist für Kinder. Deswegen haben wir für Kinder, die neu zu FiSch kommen, einen Teil, in dem die Eltern mit den Kindern nochmal die Ziele besprechen und die Kinder uns dann in einer gemeinsamen Runde erklären, was das Ziel bedeutet. Wenn beispielsweise ein Siebenjähriger erzählt: »Ich konzentriere mich auf meine Aufgaben«, dann wollen wir aus der Kinderrunde hören, was denn das Wort ›konzentrieren‹ heißt.

Und die Lehrer*innen schätzen dann die Ziele ein?

Pletsch: Wir haben das dreigeteilt. Wenn mittwochs FiSch ist, startet um halb zwölf die Auswertungsrunde, dann machen wir einen Elterntausch. Jedes Kind kriegt ein anderes Elternteil zur Seite gesetzt. Dann gibt es einen standardisierten Interviewbogen. Die Eltern machen mit ihrem Gastkind dieses Interview. In diesem Interview können die Kinder sich selbst einschätzen. Einmal machen sie dann eine Zielbewertung, also: geschafft, nicht geschafft. Dann werden sie gefragt, was sie glauben, wie zufrieden Mama oder Papa ist und skalieren das nochmal von 1 bis 10. Dann werden die Kinder gefragt, ob sie ein neues oder ein anderes Ziel möchten. Das ist ein Selbstreflexionsbogen für die Kinder. Sobald dieses Interview fertig ist, wird es vorgelesen. Wenn das Interview vorgelesen wurde, dann wird die Mutter oder der Vater des Kindes gefragt, wie sie es einschätzen, hat sie oder er das heute geschafft, ja oder nein. Dann kommt die Einschätzung der Lehrkraft, die natürlich auch aufmerksam zuhört. Diese gibt dann ihre Einschätzung ab, kommentiert das kurz, denn die Kinder sind dann oft auch fertig, dann ist die Konzentrationsspanne hinüber. Dann wird diese abschließende Bewertung durch die Lehrkraft eingetragen. Aber es gibt eine Rückmeldung der Lehrer*innen, eine Selbsteinschätzung der Kinder, eine Rückmeldung durch die Eltern.

Behme-Matthiessen: Also diese drei Perspektiven, die sind uns auch wichtig. Wobei die, die eingetragen wird, ist die Lehrerperspektive, das ist eben Schule. Wenn die*der Lehrer*in unsicher ist, tauscht man im Vorfeld seine Eindrücke aus. Letztendlich ist die Lehrereinschätzung die Einschätzung, die eingetragen wird. Daneben besteht immer Kontakt zwischen den FiSch-Lehrer*innen und der Heimatschule.

Da gibt es viel Telefonkontakt, E-Mail-Kontakt, auch was die Schulanliegen angeht oder wenn da Fragen auftauchen, dann wird das ausführlich besprochen.

Wie schaffen Sie es, diese Vernetzung zwischen den FiSch-Klassen und den Stammschulen zu initiieren?

Pletsch: Wir haben den Vorteil in Schleswig-Holstein, dass FiSch mittlerweile schon 15 Jahre läuft. Das heißt, eigentlich kennen alle FiSch, das ist niemandem unbekannt. Es werden auch Kolleg*innen zu der Fortbildung geschickt, die dann per se den Auftrag haben, die sollen gar nicht FiSch machen, sondern als Multiplikatoren an ihren Schulen dienen. Dadurch konnten wir ganz viele Lehrer*innen mit informieren, die einfach Bescheid wissen, was da überhaupt läuft. Und das hat das Ganze natürlich einfacher gemacht. Aber aufwendig bleibt es. Und es gibt auch Heimatschullehrer*innen, die sagen: »Es ist mir zu viel, da mache ich nicht mit.«

Behme-Matthiessen: Die FiSch-Lehrer*innen nehmen Kontakt zur*zum Klassenlehrer*in auf. Natürlich mit der Bitte, das zu verbreiten. Es ist immer irgendwie Thema, dass mal zu wenig Bewertungen kommen von den Heimatschulen oder dass man auch Heimatschullehrer*innen hat, die nicht besonders kooperativ sind. Aber mein Lehrerbild hat sich deutlich geändert durch FiSch. Ich finde, es gibt sehr viele engagierte, tolle Lehrer*innen.

Pletsch: Zu Beginn gibt es ein gemeinsames Treffen mit der Heimatklassenkraft und dem Team, den Eltern, dem Kind. Und dann gibt es an den Regelschulen bei uns nach dem sechsten Mal ein sogenanntes Bergfest. Das heißt, dann treffen sich alle Beteiligten wieder. Also Heimatschullehrkraft, FiSch-Team und Familie, die treffen sich räumlich auch, zwei-, dreimal. Das hilft natürlich auch, den Kontakt einigermaßen gut zu halten.

Wie sind Ihre Erfahrungen mit den Kollegien der Schulen? Wie nehmen sie das Konzept auf?

Pletsch: Was bei uns so gefiltert ankommt, ist, dass die Stimmen, die FiSch für nichts Ernsthaftes halten, eher in der Minderheit sind. Wir haben mittlerweile hier eher eine große Zahl an Vertretern, die es gut finden. Wir merken es auch daran, dass die erste Generation an FiSch-Lehrkräften 2006 fortgebildet wurde und die gehen mittlerweile alle in den Ruhestand. Da hatten wir schon überlegt, was aus der Maßnahme wird. Aktuell sind die FiSch-Seminare aber ziemlich gut ausgebucht mit jungen Kolleg*innen, die jetzt nachrücken und die sagen: »Ich habe das bei meinen Kolleg*innen mitgekriegt, ich finde das so toll, ich will das auch machen.« Und da mag ich mich ein wenig aus dem Fenster lehnen und sagen, es hat im Großen und Ganzen ein gutes Image. Natürlich gibt es immer Kolleg*innen, die sagen, das sei Quatsch und man brauche es nicht. Aber die Stimmung gegenüber der Maßnahme ist eine sehr positive.

Behme-Matthiessen: Aber wir haben ja von Anfang an gesagt, es wird sich nur verbreiten, wenn die Lehrer*innen vor Ort an den Heimatschulen eine Entlastung erfahren. Denn es ist ein Mehraufwand und wenn das für die Lehrer keinen Effekt hat, dann wird diese Maßnahme nicht laufen. Und es scheint wirklich so zu sein, dass, wenn die Kinder zurückkommen von der FiSch-Maßnahme, eine Veränderung da ist. Und wenn es die Veränderung ist, dass sie anders mit den Eltern sprechen können. Und es gibt ja auch die Möglichkeit, dass die Kinder nochmal wiederkommen. Das berichten häufig die FiSch-Lehrer aus der fünften Klasse, dass Eltern, die das in der Grundschule miterlebt haben, sagen: »Also ich hätte eigentlich gerne, dass mein Kind nochmal zu FiSch geht. Ich finde, das mit diesen Zielen ist nach wie vor ein Thema, und mir wäre es lieb, wenn wir das nochmal zusammen ein bisschen weiterentwickeln.«

Sie hatten vorhin gesagt, dass das Klima an den Schulen sich durch FiSch verändert. Was sind denn da Ihre Beobachtungen oder wie verändert sich das Klima und warum?

Behme-Matthiessen: Es sind die Rückmeldungen. Ich habe Ähnliches in der Psychiatrie erlebt. Als ich da angefangen habe, waren Eltern diejenigen, die das Kind schädigen und der schwierige Teil des Ganzen. Und wir als Professionelle waren »die Retter«. Und so eine Haltung hat man in Schulen auch oft, dass die Lehrer*innen sich in der Rolle sahen, diese schlechten Elternhäuser auszugleichen. Und diese Haltung den Eltern gegenüber hat sich ein Stück weit geändert. Und es hat sich geändert, dass man zusammenarbeitet, dass man teilt, dass man es nicht unbedingt als Schwäche sieht, wenn man mit einer Klasse nicht zurechtkommt, sondern dass man es auch schafft zu sagen, man braucht Unterstützung und dass so etwas eher möglich ist. Also wirklich in Ansätzen. Ich finde, das ist ein Prozess, der bei Schule erst beginnt. Aber da ist die FiSch-Maßnahme auf jeden Fall ein Input in diese Richtung.

Sie haben beide nun oft von der Haltung gesprochen, die so zentral ist für die Durchführung. Und Sie hatten auch gesagt, dass das ein maßgeblicher Bestandteil der Fortbildung sei. Haben Sie diesbezüglich vielleicht noch Tipps oder Strategien?

Pletsch: Es ist jetzt leider kein Knopf, den man drücken kann, sondern es ist eher eine Bewegung, die man irgendwann anfängt und die dann weitergehen muss und die man stetig trainiert. Was wir in den Fortbildungen machen, ist, dass wir schon Sachen aus dem systemischen Arbeiten unter der Transaktionsanalyse aufgreifen. Ganz konkrete Sachen, mit denen man sich selbst reflektiert. Welche Haltung habe ich überhaupt? Wie stehe ich zu mir? Wie stehe ich zu anderen? Wir machen Übungen und Aktionen zur Selbstreflexion. Wie kann ein Perspektivwechsel angeregt werden in Richtung einer Ressourcenorientierung? Und wie kann ich mich im Alltag stetig daran erinnern?

Behme-Matthiessen: Bei den Fortbildungen sind wir ja immer zu zweit. Und wir sagen auch, die FiSch-Fortbildung muss man zu zweit machen, und wir versuchen, es auch vorzuleben. Solche Punkte, wie abgeben können oder offene Kommunikation, auch vor den Teilnehmer*innen. Dass das ein bisschen erlebbar gemacht wird. Ja, ich glaube, das ist auch ein wichtiger Teil. Man muss das auch selbst an sich erfahren, was so eine Atmosphäre ausmacht. Man kennt das ja von sich selbst, dass es Atmosphären gibt, in denen man plötzlich unheimlich gut ist und einem unheimlich viel einfällt. Und dann gibt es Arbeitsatmosphären, da fällt einem überhaupt nichts ein. Da ist sämtliche Kreativität tot. Und sich das bewusst zu machen, diese bestimmte Atmosphäre des Miteinanderumgehens, des Aufeinanderzugehens, sich gegenseitig Rückmeldung zu geben. Die Teilnehmenden der Fortbildung waren bis Donnerstag oder teilweise auch bis Freitagmorgen noch in ihren Schulen. Und am Samstagnachmittag sagen sie, dass so eine bestimmte Lernatmosphäre oder eine bestimmte Atmosphäre dazu führt, dass sie eigentlich gar nicht so müde sind, wie sie befürchtet hätten. Und einige Lehrer*innen merken dann auch in der Fortbildung, dass es für sie nichts ist. Und auch das ist mir wichtig. Ich finde, wir könnten noch mehr machen, um den Leuten gezielter Rückmeldung zu geben oder sie aufzufordern, einfach nochmal nachzudenken, ob der Ansatz wirklich das ist, was zu ihnen passt, was ihnen liegt. Das machen wir, finde ich, fast ein bisschen zu wenig, dass die Teilnehmer*innen am Ende der sechs Tage genau diese Rückmeldung kriegen. Also im Grunde könnte man im Aufbauseminar, wenn wir das merken, auf jeden Fall schon mal anregen, sich einfach nochmal Gedanken drüber zu machen: Ist es wirklich der Arbeitsansatz, der zu mir passt?

Pletsch: Bei uns sind die Teilnehmer*innen in den Rollenspielen damit konfrontiert. Das ist eine Erfahrung, die wir immer wieder machen, dass Kolleg*innen sich in der Rolle der*des Elterncoach*in ausprobieren und dann nach einer halben Stunde Rollenspiel feststellen: »Puh, ich merke, das ist gar nicht mein Stil oder es passt überhaupt nicht zu meiner Person.« An der Stelle sind Rollenspiele sehr gut.

Ich möchte gerne auf die Nachhaltigkeit der Intervention zu sprechen kommen. Sie haben beispielsweise vorhin schon erwähnt, dass man auch wieder zu FiSch zurückkommen kann. Gibt es andere Möglichkeiten oder andere Methoden, um eine Nachhaltigkeit zu gewährleisten, sicherzustellen oder zu prüfen?

Behme-Matthiessen: Zum einen lassen wir es nicht mit dem Ende der Maßnahmen enden, sondern wenn die Eltern und die Lehrkraft vor Ort bereit sind, sich einmal in der Woche zu treffen, können die Bewertung der Ziele noch einmal in der Woche mit Eltern, Lehrkraft und Kind besprochen werden. Nachhaltigkeit war immer ein Thema und die Eltern geben in den Rückmeldebögen an, dass ihnen der Austausch sehr wichtig ist, sich nicht so allein zu fühlen und zu merken, dass es andere Eltern gibt, denen es ähnlich geht. Wir haben uns viele Gedanken gemacht, was man da installieren könnte. Gut ist natürlich, wenn ein Elternstammtisch einfach entsteht. Oder wenn die Schule Möglichkeiten hat, ein Elternfrühstück zu initiieren. Aber das war häufig einfach unrealistisch. In Lüneburg, das hat mich sehr beeindruckt, haben sie seit Jahrzehnten einen Elternstammtisch, wo auch immer neue Eltern hinkommen. Und der wird von einer Sozialpädagogin begleitet, die aber nicht die ganze Zeit da ist. Sie ist die erste Stunde oder anderthalb Stunden da, gibt einen Input und dann bleiben die Eltern da. Wenn es gelingt, das zu installieren, das ist einfach optimal, um die Nachhaltigkeit zu fördern.

Pletsch: Die Kolleg*innen in Wien haben die Familien nochmal im Abstand von sechs Wochen und noch einmal drei Monate nach Beendigung der Maßnahme aufgesucht. Die sind zu denen nach Hause gegangen. Das war deren Weg, noch einmal zu schauen.

Behme-Matthiessen: Insgesamt ist es aber schwer, so eine Maßnahme in ihrer Nachhaltigkeit zu messen. Weil welcher Faktor hat jetzt eigentlich wirklich den Einfluss gehabt? Da ist natürlich der übliche Effekt, dass man immer bei Therapien Veränderungen hat, dass es ein Stückchen absinkt. Aber in der Psychiatrie war das anders. Wir sind von Anfang an davon ausgegangen, dass man nicht erwarten kann, dass durch so eine Maßnahme alles erledigt ist. Und wir waren einfach allein glücklich, wenn wir es geschafft haben, dass Eltern und Schule eine Gesprächsbasis gefunden haben und auch gemeinsam wussten, dieses Kind muss intensiv gemeinsam begleitet werden. Wenn wir das Ergebnis hatten, waren wir schon ganz zufrieden.

Und das wäre es auch, was Sie Menschen entgegenhalten würden, die sagen: »Na ja, was bringt die Maßnahme jetzt eigentlich konkret?«?

Pletsch: Ja, auf jeden Fall. Das wurde als ein großer Gewinn beschrieben vonseiten der Eltern und vonseiten der Lehrer*innen. Und das ist nicht kleinzureden. Wenn die Rückmeldung kommt, dass der Kontakt zwischen Elternhaus und Schule wieder funktioniert, also das Kind nach wie vor in seiner Betreuung ein anspruchsvolles Kind bleibt, aber dass Eltern und Schule an einem Strang ziehen können und da nicht auch noch ein Konfliktherd entsteht, dann ist es für alle Seiten ein Gewinn. Ich bin oft auf Schulentwicklungstagen zu Gast und dort sind schwierige Elterngespräche ein Dauerthema. Und wenn FiSch dazu beiträgt, in diese Gespräche etwas mehr Leichtigkeit hineinzubringen, dann ist das qualitativ ein Riesengewinn.

Behme-Matthiessen: Wir machen in der Ausbildung häufig Wertschätzungsrunden, da berichtet ein*e Kolleg*in einfach von einer Situation, wo sie*er mit ihrer Wertschätzung an Grenzen stößt. Und dann wird versucht, dass jeder in der Runde einen wertschätzenden Aspekt zu dieser Situation sagt. Die Kolleg*innen haben dann immer neue Perspektiven und Ideen, wie man an die Sache rangehen könnte. Das ist auch eine gute Methode, die man im Arbeitsumfeld anwenden kann.

Sehen Sie weitere Vernetzungs- und Strukturbedarfe, um FiSch zu verbessern oder zu befördern?

Pletsch: Für die Zukunft wäre es wichtig, dass regelmäßige Netzwerktreffen der einzelnen Standorte stattfinden. Und dass es eine Person gibt, die das kreisweit koordiniert und deutlich macht, dass die Maßnahme eine Wichtigkeit hat und es kein Selbstläufer ist. Auch die teilnehmenden Lehrer*innen wollen wertgeschätzt werden, es ist nämlich etwas sehr Spezielles, was sie machen. Genauso sollte das Angebot für Multiplikatoren, sich zu informieren oder mal teilzunehmen, per se einfacher werden, indem es beispielsweise in Fortbildungsbudgets mit drin ist oder es eine Möglichkeit zur Freistellung gibt. Ohne die Pflicht, das dann auch anzuwenden. Aber es trägt dazu bei, dass diese Maßnahme erfolgreich laufen kann. Auch die räumlichen Bedingungen müssten ernst genommen und garantiert werden. Die FiSch-Klassen finden bei uns in Räumen der Förderzentren oder an Schulen statt, es gab aber auch schon ehemalige Hausmeisterwohnungen, die gerade frei waren. Das ist sehr unterschiedlich. Wenn ich einen Porsche fahren will, brauche ich Geld, einen Führerschein und eine Garage und wenn ich das nicht habe, kann ich eben keinen Porsche fahren. Das muss auch beim Konzept von FiSch ernst genommen werden. Wenn ich das haben will, muss ich überlegen, was ich dafür anbieten kann. Da sehe ich auch die Politik in der Verantwortung.

Behme-Matthiessen: Die Lehrkräfte, die an FiSch teilnehmen, kriegen bereits Stunden. Aber es wäre schön, wenn das auch für andere Lehrer*innen zwecks Hospitation gelten würde.

Würden Sie das Interview mit einem Gedanken beenden, den Sie mit uns teilen möchten?

Pletsch: Für mich ist FiSch seit 2005 mein wöchentliches Highlight. Man kann so viel Kraft aus der positiven Lernatmosphäre ziehen, das halte ich für einen großen Gewinn, wenn so etwas mit so einer Maßnahme vorangetrieben werden kann. So geht es mir auch mit den Fortbildungen. Von denen komme ich jedes Mal nach Hause und meine Frau sagt, ich sähe ganz erholt aus.

Behme-Matthiessen: Die Arbeit ist sehr zufriedenstellend und das Team ist dafür ganz wichtig. Dass man sich aufeinander verlassen kann, dieses Miteinander. Sich die Freiheit zu nehmen, sich auch einmal zu zweit zur Besprechung zurückzuziehen.

4.4 »Eltern erleben das Bemühen ihrer Kinder«

Miriam Staak ist eine ehemalige Lehrerin in Mecklenburg-Vorpommern und hat an ihrer Schule das Familienklassenzimmer aufgebaut und durchgeführt.

Könnten Sie uns zunächst etwas über das Familienklassenzimmer bei Ihnen erzählen?

Staak: An meiner Grundschule hatten wir einen eigenen kleinen Raum dafür im Keller und durchgeführt haben dieses Familienklassenzimmer ich als Lehrkraft – ich habe im Vorfeld die systemische Ausbildung gemacht – und unsere Schulsozialarbeiterin, die ebenfalls eine systemische Ausbildung hat. Als Vertretungskraft hatten wir noch eine Kollegin angeworben, die auch nochmal eine Ausbildung gemacht hat, die allerdings selten dabei war, weil sie selbst immer im Unterricht war. Sie hatte also keine Möglichkeit, mal Erfahrungen zu sammeln, und das hat ihr gefehlt. In der Regel wurde sie nicht eingesetzt, wenn jemand von uns beiden gefehlt hat. Das war zwar so angedacht, aber es ist in der Praxis nicht so durchgeführt worden. Also waren wir zu zweit und wir haben das immer donnerstags von 7:45 Uhr an gemacht. Um 7:30 Uhr begann die Schule, 7:45 Uhr begann das Elterncafé, die Schüler*innen kamen dann nach der ersten Unterrichtsstunde dazu und haben bei uns die Frühstückspause mit verbracht und danach ging es in den Ablauf des Familienklassenzimmers mit der Zielplanung und dem Feedback. Da gab es dann ein Warmup, dann gab es Zielstellungen für diesen Tag und dann sind sie in die erste Unterrichtseinheit gegangen. Danach gab es eine Pause und vor der Pause noch eine kurze Feedbackrunde, dann kam die zweite Unterrichtsphase, eine Interaktion und danach eine Auswertung mit den Kindern und danach nochmal eine große Auswertung mit den Eltern. Und im Abschluss haben wir hinterher immer noch im Team nachbereitet und vorbereitet. Unser Ansatz im Familienklassenzimmer ist es, dass für das Arbeiten miteinander die Perspektiven aller Beteiligten die Grundlage sind, und wenn es in der Schule zu Schwierigkeiten kommt, hat man in der Regel nur die Kinder und die Lehrer*innen in Interaktion miteinander und dann die Lehrer*innen und die Eltern und die Eltern mit den Kindern. Das führt oft zu einem Gegeneinander und die Schwierigkeiten, die artikuliert werden, werden dann oft als Vorwurf geäußert, sowohl den Kindern als auch den Eltern gegenüber. Das ist nicht zielführend, sondern verschlimmert nur die Lage aller Beteiligten, vor allem aber die der Kinder. Der Ansatz des Familienklassenzimmers ist es, alle am System Schule Beteiligten, nämlich Eltern, Kinder und Lehrkräfte und im besten Fall auch Schulsozialarbeiter*innen, als Experten zusammenzubringen mit ihren Perspektiven auf das Problem, das auftaucht. Dazu ist es gut zu gucken, wer eigentlich was als Problem wahrnimmt und dann gemeinsam zu überlegen: Was wünsche ich mir eigentlich und wie sollte es aussehen, wenn es anders wäre? Da gibt es ja unterschiedliche Vorstellungen und im schwierigsten Fall hat man bei der*dem Lehrer*in die Idealvorstellung einer*eines Schüler*in, die*der dann auf bestimmte Art funktionieren soll, und das geht für die*den Schüler*in aber nicht, weil das ein viel zu hochgestecktes Ziel ist. Der systemische Ansatz sucht nach Lösungsmöglichkeiten vor allem von Seiten des Kindes her. Eltern und Lehrer*innen stehen dem Kind zur Seite, begleiten es und versuchen gemeinsam mit ihm nach Zielen zu suchen und nach Lösungsstrategien, die erreichbar und umsetzbar sind. Dazu gehört eben auch, dass man nicht im Vorwege schon weiß, was da herauskommt.

Könnten Sie das noch genauer ausführen? Wie meinen Sie, dass sich Ziele gesetzt werden, von denen man nicht weiß, was dabei herauskommt?

Staak: Man versucht mit allen Beteiligten das Problem zu benennen, ein Verständnis für dieses Problem und seine Ursachen zu entwickeln und vor allem die verfügbaren Ressourcen zu finden, um dieses Problem gemeinsam anzugehen. Gemeinsam zu überlegen, was besser werden kann und auch für alle Beteiligten eine Besserung wäre.

Nun werden die Eltern als Experten für die Erziehung angesprochen und auf der anderen Seite an die Schule gebeten, weil etwas mit dem Kind nicht läuft. Ist das ein Widerspruch und falls ja, wie löst er sich auf?

Staak: Durch den systemischen Blick wird auch auf das Elternhaus geschaut, da dort vielleicht auch ein Grund für die Störung liegt. Der Widerspruch löst sich dann insofern auf, als wir einen Brief geschrieben haben an die Eltern und ihnen darin deutlich gemacht haben, dass wir gemerkt haben, dass es dem Kind nicht gut geht und wir gemeinsam mit ihnen Wege finden wollen, dem Kind zu helfen. Dann haben wir sie zu einem Gespräch eingeladen und in der Regel eine Situation vorgefunden, in der die Eltern schon lange mit ihrem Kind mitgelitten haben und nicht wussten, wie sie das lösen sollen. Und auch die Lehrer*innen haben entweder selbst für sich gelitten oder eben auch mit dem Kind mitgelitten, aber wussten auch nicht mehr weiter. Wir konnten in diesen Gesprächen eigentlich immer Verständnis füreinander erreichen und so motivieren, weil gemeinsam eine Lösung zu finden war immer überzeugend für die Eltern. Es war eine Erleichterung, Schule mal anders zu erleben, als etwas, was nicht Vorschriften macht oder ihnen sagt, wo es lang geht, sondern sie ernst nimmt und ihnen zutraut, beratend tätig zu sein. Auch das Signal, dass wir offen sind für ihre Vorschläge und das auch ausprobieren.

Haben Sie da konkrete Methoden oder Strategien, wie man so etwas erwirken kann?

Staak: Wir haben die Gespräche ein stückweit nach dem Gesprächsleitfaden geführt und haben auch in Ansätzen Fragen aus der Fragetechnik der systemischen Arbeit verwendet. Andererseits war es trotzdem auch, das darf man nicht verhehlen, ein zielorientiertes, gelenktes Gespräch, aber eben ergebnisoffen, dass man das Familienklassenzimmer einfach erstmal vorgestellt hat, wie es funktioniert, was es möchte und was die Idee dahinter ist. Und dann die Wahl gelassen hat, dass die Eltern bis dann und dann Bescheid sagen, ob sie das möchten oder nicht. Die Gespräche haben wir mit den Eltern und den Kindern gemeinsam geführt. So wussten sowohl die Kinder als auch die Eltern, worum es geht und was für Möglichkeiten es gibt und wie das funktioniert. Die Eltern hatten nie grundsätzlich Bedenken, wenn dann eher solcher Art, ob sie es schaffen, vormittags freizubekommen. Das waren eher organisatorische Sachen. Die Kinder waren oft die Motoren, die dazu geführt haben, dass die Eltern sich wirklich in die Spur gemacht und es möglich gemacht haben, dass sie zusammenkommen. Weil sie in der Not waren und plötzlich gespürt haben, da ist Hoffnung auf Hilfe. Und weil sie sich so gefreut haben, Zeit mit den Eltern zu haben in der Schule. Dafür gibt es verschiedene Hintergründe. Es gibt Kinder, die zu Hause wenig Zeit mit ihren Eltern verbringen oder wenig Aufmerksamkeit bekommen in der Zeit, die sie miteinander verbringen. Und in der Schule, im Familienklassenzimmer, sind die Eltern nun für sie da. Es ist ein sehr hohes Maß an Aufmerksamkeit, welches sie dort bekommen und das sie sonst vielleicht oft nicht haben. Und der andere Punkt ist ganz einfach: Kinder erzählen immer von der Schule, sie erzählen vielleicht sogar von Schwierigkeiten, denn die Eltern können es schwer nachvollziehen, sie waren ja nicht dabei. Sie sehen nicht, dass das Kind sich Mühe gegeben hat, und sind vielleicht oft eher auf der Seite der Lehrer*innen: »Der Lehrer, der ist doch ein erwachsener Mensch und der weiß ja, was er tut, und wenn der ein Problem mit dir hat, dann verstehe ich den – so kannst du dich doch nicht benehmen.« Oder es gibt auch ganz viel Verständnis von Seiten der Eltern und trotzdem kommen sie gemeinsam nicht weiter im System Schule. Es ist offensichtlich auch eine Erleichterung, wenn die Eltern dabei sind und mal sehen, wie es läuft, wie es funktioniert und dass sie sich Mühe geben.

Haben Sie konkrete Tipps für den Umgang mit Kindern mit herausforderndem Verhalten?

Staak: Es gibt grundsätzlich Materialien, die man für Interventionen empfohlen bekommt, zum Beispiel diese Klammerigel. Wir haben Klammeraliens gebastelt, weil die auch ein bisschen cooler waren. So kann man signalisieren, du bist gerade auf einem schlechten Weg, aber du hast die Chance, dass es nochmal wieder besser wird, bevor die Konsequenz eintrifft. Das reicht in der Regel, um zu verhindern, dass die Kinder dicht machen. Andere Möglichkeiten, wenn es ganz schlimm kam, waren, dass man den Eltern Mut macht einzuschreiten. Oft wird es schwierig und die Eltern haben Angst, unter Beobachtung auf das Kind einzuwirken und die Strategien anzuwenden, die sie von zu Hause kennen. Da haben wir sie sehr ermutigt, es einfach trotzdem mal auszuprobieren. Wenn es geklappt hat, dann war es gut für uns, weil wir gesehen haben, dass sie so miteinander weiterkommen. Wenn es nicht funktioniert hat, konnten wir gemeinsam darüber nachdenken, warum es nicht funktioniert hat. Wir hatten die Möglichkeit, nochmal in einen Extraraum zu gehen, sodass entweder die Eltern mit den Kindern alleine rausgehen konnten oder wenn sie sich das nicht zugetraut haben, dann konnte von uns jemand mitgehen. Das war aber selten notwendig.

Am Beispiel der Klammeraliens: Was wäre so eine Konsequenz gewesen, wenn alle Klammern weg sind?

Staak: Das Familienklassenzimmer funktioniert mit Belohnung und Konsequenz. Die Belohnungen bekommt man für das Erreichen der Punktzahl innerhalb der Woche, also für die Leistungen innerhalb der Woche. Die werden vier Wochen lang gesammelt, bis dann eine Belohnung von Seiten der Eltern kommt, die sich die Eltern und die Kinder miteinander überlegt haben. In der Regel eine gemeinsame Aktion, eine schöne Zeit miteinander. Das hat sehr gut funktioniert als Motivation. Und die Konsequenz galt immer für den Tag des Familienklassenzimmers. Wenn man sich da nicht Mühe gibt, am vereinbaren Ziel zu arbeiten, dann haben die Eltern und die Kinder Konsequenzen miteinander vereinbart. Die durften auch nur für diesen einen Tag gelten. Das waren solche Sachen wie an dem Tag gibt es Handyverbot oder man darf nicht Pokémon spielen.

Ist das Familienklassenzimmer auch als Raum geeignet, um Verständnis für schulische Prozesse zu schaffen?

Staak: Ja, in jedem Fall ist das so. Das liegt schon daran, dass die Eltern dabei sind und auch sehen, wie wir miteinander interagieren. Also auch als Lehrer, wie ich als

Lehrerin mit den Schülern interagiere. Und sie haben auch gesehen, wie Unterricht funktioniert, was Aufgaben sind und dass man die in einer bestimmten Zeit erledigen muss und was es für Hilfestellungen gibt. Wir konnten auch bestimmte Hilfestellungen mit Anschauungsmaterialien nochmal erklären. Es ist eine Schwierigkeit, dass in der Schule mit bestimmten Lernmaterialien gearbeitet wird, und zu Hause machen Eltern das ganz anders und das verwirrt die Kinder. Aber es gibt keinen Punkt, an dem mal die Eltern erklärt bekommen, wie das funktioniert. Sie lernen das immer nur durch die Kinder. Das ist so ein Punkt. Schwieriger ist die Herausforderung, im System Schule Verständnis für die andere Seite zu gewinnen. Dass es Lebenssituationen gibt, in denen schon alles versucht wird, und das reicht trotzdem nur für das, was man dann zu sehen bekommt in der Schule. Und dass da ein Bewerten und Verurteilen nicht weiterhilft. Dafür den Blick zu öffnen und Verständnis zu gewinnen unter den Kollegen war nicht immer einfach.

Worin liegt da die Schwierigkeit?

Staak: Da gibt es ganz verschiedene Ursachen. Es ist von manchen das Idealbild von der*dem Schüler*in, wie die*der zu sein hat. Es ist das Idealbild von Eltern, Erziehung und Familie, das man hat. Es ist an vielen Stellen aber Erschöpfung gewesen. Ich hatte viele Kolleg*innen, die schon 30 Jahre und länger im Schuldienst tätig sind und die sich für ihre Schüler*innen immer eingesetzt haben, aber merken, dass es immer mehr Kinder sind, die an irgendeiner Stelle Schwierigkeiten haben, im System Schule klarzukommen. Und sie nehmen eine Grundhaltung in unserer Gesellschaft wahr, dass Erziehung und Lernen Aufträge der Schule seien. Sie selbst sind aber der Meinung, dass Erziehung in erster Linie zu Hause stattfinden muss. Und sie sind auch der Meinung, dass Lernen zu einem gewissen Anteil ins Elternhaus gehört, weil das nicht getrennte Bereiche sein können. Für Lernen ist primär die Institution Schule da, aber es muss eben im Elternhaus auch Lernen stattfinden. Und andersrum ist für Erziehung in erster Linie die Familie da, aber es muss natürlich auch ein bisschen Erziehung in der Schule stattfinden. Es geht um die Gewichtung. Und sie haben oft den Eindruck, dass der Erziehungsauftrag an die Schule abgegeben ist. Das kann ich an manchen Stellen nachvollziehen. Die Erschöpfung kommt auch daher, dass sie merken, dass die bürokratischen Hürden immer höher werden, Hilfe für Schüler*innen organisieren zu können. Sie fühlen sich oft allein gelassen mit einer Anzahl an schwierigen Schüler*innen, denen sie sich nicht mehr gewachsen fühlen.

*Diese Situation kann sich durchaus auch aus dem Bild ergeben, das in der Gesellschaft von Lehrer*innen kursiert. Dieses ist ja eher traditionell und hierarchisch geprägt. Wie gelingt es im Familienklassenzimmer, dieses Rollendenken abzubauen?*

Staak: Ja, man trifft auf diese Vorurteile, diese Sichtweisen und dieses Bild. Und ich glaube auch, dass es nicht ganz falsch ist, weil grundsätzlich selbst bei einem Lehrer, der sich als Lernbegleiter sieht, trotzdem eine hierarchische Beziehung herrscht zwischen dem, der eine Klasse führt, und der Lerngruppe. Und er hat in jedem Fall in pädagogischer und fachlicher Hinsicht auch einen Vorteil gegenüber vielen Eltern. In Bezug auf das Lernen gibt es da also eine Hierarchie. In Bezug auf Erziehung ist das aber andersrum. Das sehen Eltern auch so. In der Regel sehen sie sich als die Experten und die Zuständigen und mögen das auch gar nicht so gerne, wenn Lehrer*innen ihnen da Tipps und Anweisungen geben wollen. Im Familienklassenzimmer kommen die Eltern in der Regel noch mit so einem Bild an, obwohl wir das schon versuchen, aufzubrechen in dem Brief und im Gespräch im Vorfeld. Aber es kommt sehr schnell eine neue Sicht zustande auf Schule und Lehrer*innen, schon allein durch die Formen, in denen man dort arbeitet. Erstens begann das Familienklassenzimmer bei uns damit, dass wir an einer guten Gruppendynamik gearbeitet haben. Dass bestimmte Regeln völlig klar waren, dass klar war, dass sich alle an die Verschwiegenheitsregel halten mit der Konsequenz, dass, wenn Dinge nach außen getragen werden, man nicht mehr teilnehmen darf. Aber auch, dass keiner den anderen in irgendeiner Form beleidigt oder bewertet, sondern dass wir uns gegenseitig Ratschläge geben oder fragen können. Und das war klar, dass alle, die da waren, irgendwie Probleme haben, und ein großes Problem ist Scham, mit der Eltern dann in Bezug auf das Kind und in Bezug auf sich selbst kommen. Und das ist etwas, woran man vor allem mit Humor, mit Spaß und Leichtigkeit und mit viel Verständnis und Wertschätzung arbeiten kann. Das haben wir von Anfang an gemacht, also immer ein Warmup, das irgendwie ein bisschen verrückt war und bei dem alle sich zum Klops gemacht haben, auch wir, die Schulsozialarbeiterin und ich. Und das allein, uns so zu erleben, das hat schon ganz viel gebracht, um dieses Bild aufzubrechen. Dazu kommt dann auch die Art, wie man Gespräche führt. Dass man nicht derjenige ist, der mit dem Rat kommt und den anderen erschlägt, sondern dass man das gemeinsam rauskitzelt. Also rauszufinden, welche Ideen sind bei den Eltern, oder dass man ihnen Optionen vorstellt und sie können selbst wählen. Sie bleiben trotzdem noch selbstwirksam. Es ist aber schon so, dass sie unterschieden haben zwischen dem, was sie im Familienklassenzimmer erlebt haben, und wie sie uns erlebt haben und dem Lehrerbild innerhalb der Schule trotzdem noch.

Und wie lief das im Team, also unter den Coach*innen im Familienklassenzimmer?

Staak: Es lief von Anfang an toll. Ich kann nicht sagen, woran es lag. Und ich habe das als ein unglaubliches Glück empfunden. Gerade weil man in der Schule so oft allein arbeitet. Das Familienklassenzimmer war ein Highlight für mich in der Woche, auch wenn es viel mehr Arbeit bedeutet hat in der Vor- und Nachbereitung. Es hatte vielleicht damit zu tun, dass wir, ohne das stark kommunizieren zu müssen, ziemlich klar wussten, wer in welchem Bereich besondere Stärken hat. Wir hatten ein gutes Gespür dafür, wer an welcher Stelle in den Prozess geht, wer dafür gerade besser geeignet ist, und konnten dann den anderen machen lassen, bestärken und den Rücken freihalten. Wir haben in der Planung immer genau überlegt, was uns am meisten liegt und wer was macht, wer was vorbereitet. Die Warmups hat meistens die Schulsozialarbeiterin vorbereitet, weil sie da einfach einen viel größeren Koffer hatte. Bei den Interaktionen haben wir gemeinsam überlegt, was wir machen können, aber die Anleitung dieser Interaktionen hat sie meistens mir überlassen, weil sie fand, dass ich das besser auf den Punkt bringen und strukturieren kann, sodass alle verstehen, was jetzt eigentlich dran ist. Die Feedbackrunden haben wir lingt, dass eine gute Dynamik entsteht. Da gibt es Faktoren wie das Alter, also dass man möglichst eine Mischung kriegt von Vorklasse, erste Klasse bis hin zu vierter Klasse. Dazu kommen unterschiedliche Problemlagen, also dass man beispielsweise zu einem sehr aktiven und lauten Kind in der Gruppe auch einen Gegenpol hat, damit beide voneinander profitieren können.

Hahlgans: Und es hat auch etwas mit der Zuverlässigkeit der Familien zu tun. Manchmal lohnt es sich, sehr geduldig und ausdauern zu sein, um die Familien zu gewinnen. In manchen Fällen kommt es jedoch vor, zum Beispiel durch äußere Umstände, dass die Familien nicht zuverlässig teilnehmen können. Da ergibt die Teilnahme der Familie in der Familienklasse kaum Sinn, da die Wirkung des Konzepts eine regelmäßige Teilnahme voraussetzt. Meistens melden sich die Eltern direkt bei der Schule, weil sie davon gehört haben oder weil sie glauben, dass es eine gute Möglichkeit für ihre Kinder ist. Manchmal ist es aber auch so, dass die*der Klassenlehrer*in oder der*die Förderschullehrer*in die Familie oder das Kind für die Familienklasse vorschlagen und dann kommt es zum Kennenlerngespräch. Hier ist immer jemand von uns dabei, dann die BFZ-Kraft (Sonderpädagogische Kraft des Beratungs- und Förderzentrums), die*der Klassenlehrer*in, die Eltern und am wichtigsten natürlich das Kind. Wenn die Familie Interesse hat, wird sie eingeladen, sich die Familienklasse gerne einen Vormittag lang ganz unverbindlich anzuschauen, zu hospitieren. Manche Familien sagen aber auch gleich: »Wir machen das«, weil sie sich entweder schon ausführlich informiert haben oder jemanden kennen, der positiv darüber berichtet hat. Nach dieser Entscheidung kommt es dann zur Formulierung der drei Ziele, bei der das Kind klar daran beteiligt ist. Die*der Klassenlehrer*in hat schon meistens etwas im Kopf, was vielleicht die Kinder erreichen sollen, um besser in der Klasse zurechtzukommen. Bei der Zielentwicklung und Formulierung ist es äußerst wichtig, das Kind zu beteiligen, denn es muss zum einen die Ziele nachvollziehen und verstehen, um daran arbeiten zu können. Es muss aber auch messen können, dass es diese Ziele in der Zeit, meist ist das ca. ein halbes Jahr, erreichen kann.

Wallenstein: Es gibt jetzt nicht den Tag X, an dem die Familie ein halbes Jahr teilnimmt und dann ist es beendet, sondern wir gucken, wie sich die Ziele entwickeln, ob sie sich stabilisieren und womit die einzelnen Beteiligten zufrieden sind. Es muss nicht sein, dass ein Kind im Durchschnitt im Einser-, Zweier-Bereich ist. Ich erinnere mich an eine Familie, die das Ziel hatte, dass das Kind sich traut, im Unterricht mehr zu sagen. Da waren alle zufrieden, wenn ein solider Mittelwert von drei erreicht wird, und dann muss man nicht noch länger dranbleiben, wenn alle zufrieden sind. Es geht darum, dass alle das Gefühl haben, dass es jetzt stabil ist und es auf einem guten Weg ist.

Hahlgans: Und das heißt auch, dass die Kinder gemeinsam mit den Eltern, mit der Schule überhaupt Möglichkeiten finden, Dinge anzugehen oder vielleicht auch Themen zu lösen, die vorher gar nicht möglich waren. Es beschränkt sich also nicht nur auf die drei Ziele. Diese dienen eher dazu, dass man Sachen besprechen kann. Es kann auch genauso gut sein, dass Eltern Stress mit der Schule haben. Da kann die

Familienklasse sehr hilfreich sein, um zum einen den Eltern verstehen zu helfen, wie Schule funktioniert, auf der anderen Seite aber auch, damit die Schule für die Anliegen der Eltern Verständnis entwickelt.

Bei den gewählten Zielen: Handelt es sich dabei um Ziele, die spezifisch Schule betreffen oder auch um Ziele, die ins Elternhaus oder in die Familie hineinwirken?

Hahlgans: Also ich habe beides. Überwiegend geht es um Schule, aber es gibt auch Ziele, die ins Elternhaus wirken. Es gibt ein Arbeitsspiel namens ›Meister Cody‹, das hat eine Schule in Gießen eingeführt. Bei einem Kind haben wir nun das Ziel, dass das Kind jeden Tag dieses Programm zum Lesen lernen nutzt. Ob dies geschieht, kann man einsehen, und das besprechen wir dann in der Familienklasse. Außerdem gibt es Ordnungsziele, die immer wieder gern genommen werden. Zum Beispiel: ›Ich halte Ordnung in meinen Schulsachen‹ oder ›Ich habe meine Schulsachen dabei‹ und ich denke, das ist verbindend mit dem Elternhaus.

Wallenstein: Auch solche Ziele wie ›Hausaufgaben aufschreiben‹. Das kommt daher, dass Lehrer*innen das Gefühl haben, die Eltern schauen nicht ins Hausaufgabenheft. Das gibt es auch, dass die Eltern da nicht reingucken oder die Kinder haben vielleicht tatsächlich vergessen, was aufzuschreiben oder bewusst etwas nicht aufgeschrieben. Da geht es dann um das Lernen von Kooperation, wie kann eine Kommunikation auch zwischen Elternhaus, Kind und Schule hergestellt werden. Über die Mappen der Familienklasse, die die Eltern daheim einsehen können, entsteht auch eine Kommunikation darüber, was eigentlich in der Schule los war. So entsteht ein ganz anderer Austausch, es gibt eine direkte Rückmeldung, als es sonst der Fall wäre, wo man vielleicht auf den Elternsprechtag wartet oder wirklich nur Informationen ankommen, wenn sie im Schulplaner stehen.

Sie haben ebenfalls berichtet, dass die Ziele in der Familienklasse gemessen werden. Können Sie dazu etwas erzählen?

Hahlgans: Gerne. In der Sozialen Arbeit etwas zu messen ist immer eine Schwierigkeit und kann auch ein Kritikpunkt sein. Wir betten das jedoch in das Konzept ein und machen das individuell nach Schule und differenzieren zum Beispiel über Smileys: Fünf Smileys sind super, bei einem muss man noch einmal schauen, wo es hakt. Eine andere Schule möchte es gerne nach Zahlen, also eins bis fünf. Wieder eine andere möchte es farblich sortiert, grün bis rot. Da gibt es unterschiedliche Verfahren, die uns im Endeffekt aber alle dazu dienen, dass wir die Bewertungen in ein Programm eingeben und diese dann in einer Statistik erscheinen. Das stellt dann die Besprechungsgrundlage in der jeweiligen Runde dar, die wir morgens machen. Wenn ein Kind zum Bespiel besonders gut abgeschnitten hat, dann versuchen wir, das zu verknüpfen. In der Multifamilientherapie fragt man dann: »Wie hast du das geschafft, hast du mal einen Tipp für die anderen?« Die größte Aufgabe meiner Meinung nach ist, abgesehen von den Ganzzielen, immer auch an diese Mappe zu denken. Das übt ein Stück Eigenverantwortung ein und wird ganz ohne Bewertung gewürdigt. In den Gesprächskreisen, aber auch in Einzelgesprächen bieten sie eine gute Grundlage zur Besprechung sowohl mit den Eltern als auch mit den Kindern.

Wallenstein: Letztendlich sind die Mappen ein Hilfsmittel, um ins Gespräch zu kommen. Da geht es nicht nur um die Rückmeldung der Lehrer*innen, sondern im besten Fall bespricht man mit dem Kind, wie es sich und die Situationen einschätzt. Was hat geklappt, was weniger und wie kann man daran etwas ändern? Man hat einfach eine Grundlage, um darüber zu sprechen und gemeinsam zu überlegen. Es ist ein sichtbares Hilfsmittel, das unterstützt einfach sehr die Reflektion.

Hahlgans: Und ein zusätzlich großer Effekt ist, dass die Klassenlehrer*innen nochmal einen anderen Blick bekommen. Oftmals kommen die Kinder in die Familienklasse, weil die Lehrer*innen denken, das funktioniert sowieso nicht, die Kinder haben nie die Hausaufgaben aufgeschrieben, da fehlt immer irgendwas und die Eltern gucken auch nicht richtig. Da helfen solche Hilfsmittel, weil die Lehrer*innen sehen, dass es gar nicht immer so ist. Es wird differenziert und es gibt auch viele Momente, bei denen es eigentlich schon richtig gut ist. Für die Kommunikation miteinander, mit Schule und Eltern, ist das auch nochmal ein gutes Bindemittel.

Wallenstein: Auch umgekehrt, Eltern, die das Gefühl haben, die*der Klassenlehrer*in hat den Stempel auf das Kind gedrückt und kann gar nichts Gutes mehr sehen, erhalten einen Einblick darin, dass die*der Lehrer*in auch wertschätzend mit dem Kind umgeht. Alle Beteiligten sehen, dass nicht alles schlecht ist. Da kann bestärkt werden, da werden Ressourcen gefunden, die man nutzen kann. Vieles, vieles klappt auch und vieles läuft gut. Und das zu bestärken und dann rauszukitzeln, dass davon mehr kommt. Egal, ob es das Kind ist, dass das Gefühl hat, nichts zu können, oder die Eltern, die daran verzweifeln, dass sie gefühlt nur schlechte Rückmeldungen kriegen und doch alles tun, aber auch die Lehrer*innen, die sich sagen: »Ich gebe mir so viel Mühe und hier klappt gar nichts«. Sie alle sehen dann, dass hier schon ganz viel klappt.

Hahlgans: Anfangs ist es auch oft so, dass die Lehrer*innen auch noch irgendwelche Kommentare mit auf den Zetteln in Form von Empfehlungen oder sogar Befehlen vermerken. Das ist nicht unbedingt förderlich für das Ganze. Auch das gilt es zu besprechen. Man muss aufpassen, dass man nicht dahin kommt, dass die formulierten Ziele auf einmal nicht mehr als ausreichend empfunden werden und immer neue Ziele formuliert werden, wenn die alten erreicht sind.

Wallenstein: Auf die Zielformulierungen in den Mappen verwenden wir dementsprechend viel Zeit. Die sollten positiv und klar formuliert sein, damit alle voneinander wissen, was erwartet wird und auch machbar ist. Ich erinnere mich an einen Jungen, der hat viel erzählt und dadurch den Unterricht gestört. Die Klassenlehrerin hatte das Gefühl, er könne überhaupt nicht still sein und es wäre nicht möglich, mit ihm zu arbeiten. Letztendlich haben wir das Ziel formuliert, dass er mit seinen Freunden vor dem Unterricht oder in der Pause quatscht und spricht. Da hat er sich total daran gehalten! Ihm war wichtig, dass das Ziel so formuliert ist, dass er weiß, was von ihm erwartet wird. Montags in der ersten Stunde hatte er noch Redebedarf und dann war aber auch klar, da erzählt er seinem Freund vom Wochenende. Damit konnte dann auch die Klassenlehrerin umgehen, weil ansonsten hat er mit seinen Freunden in den Pausen geredet. Für die erste Stunde am Montag hat sie sich dann überlegt, wie sie den Kindern noch einmal zehn Minuten zum Austausch einräumen kann. Inzwischen ist es ein ganz entspanntes Verhältnis zwischen der Klassenlehrerin, Kind und Eltern. Das sind diese tollen Nebeneffekte, wenn man diese Ziele gut formuliert und mit den Mappen arbeitet.

Im Konzept der Familienklasse werden Eltern als Experten für die Erziehung des Kindes angesprochen und sollen sich auch wechselseitig beraten. Gleichzeitig werden die Eltern an die Schule eingeladen, weil mit den Kindern aus Schulsicht etwas nicht so gut läuft. Ist das aus Ihrer Sicht ein Widerspruch und falls ja, wie kann man ihn auflösen?

Hahlgans: Ich finde, dass ist überhaupt kein Widerspruch. Die Eltern sind und bleiben immer die Experten für ihre Kinder und für die Erziehung. Die kennen ihre Kinder am besten, die wissen, was am besten für ihre Kinder ist. Gerade im Kontext mit anderen Familien ist da eine ganz große Unterschiedlichkeit mitgegeben. Da sind so viele Experten und so viele Ressourcen drin, dass die Eltern sich wunderbar sehr gut selbst beraten können, Dinge neu ausprobieren und auch mal hören, was sie gut und richtig machen.

Wallenstein: Was ich immer wieder höre, ist, dass die Eltern sagen, es sei das Beste, dass sie hier merken: Wir sind nicht alleine, jeder hat mal ein Problem. Manchmal gibt es auch die gleichen Probleme und jedes Kind ist anders, jede*r Lehrer*in ist anders und es kann geschaut werden, was die anderen schon ausprobiert haben und vielleicht ist da etwas dabei, was man mal selbst ausprobieren könnte. Und gleichzeitig ist es auch so, dass die Eltern in der Familienklasse manchmal Sachen sehen, die zu Hause nie zum Tragen kommen. Ich erinnere mich an einen Jungen, von dem die Lehrer*innen sagten, er störe den ganzen Unterricht. Die Eltern konnten sich das aber nie vorstellen. Da gab es dann eine Arbeitseinheit und es wurde deutlich, dass das Kind, wenn es sich konzentriert, anfängt vor sich hin zu summen und immer lauter wurde. Da wusste die Mutter erst, was die Lehrerin meinte. Im Alltag daheim war das gar nicht schlimm, aber in einer Unterrichtssituation hat es einfach gestört. So konnte Verständnis entwickelt werden. Es geht um eine wertschätzende Haltung.

Hahlgans: Jeder versucht das Beste für sein Kind, jeder kommt, weil er oder sie das Kind unterstützen möchte. Und weil eben auch ganz viel schon gut klappt, sind die Eltern dazu aufgefordert, miteinander zu sprechen und die Erfahrungen auszutauschen. Ich glaube, das ist das, was den Eltern guttut. Und ich glaube auch, dass es oftmals genau das ist, was verloren geht. Dass Dinge gesehen werden, die gut funktionieren und die vielleicht froh und glücklich machen. Kleine Dinge, die sehr groß sind. Solche Dinge, die im Alltag oftmals untergehen. Darüber zu sprechen, mal zu sagen, wie gut da eigentlich vieles klappt, das zaubert ein Lächeln ins Gesicht. Vieles macht auch die Atmosphäre. Wenn eine andere Mutter sagt: »Die und die

Situation hast du aber gut gelöst«, dann ist das gleich viel mehr wert, als wenn die*der Pädagog*in das sagt. Und Humor ist auch immer gut!

Wallenstein: Lachen hat ja auch etwas von Psychohygiene. Es ist gut, auch einfach mal Sachen wegzulachen und sich zu denken, dass es auch schlimmer hätte sein können. Manche Dinge sind auch einfach ganz witzig. Und über manche Lausbubenstreiche darf man auch mal lachen. Gerade wenn Eltern dann mal überlegen, wie sie damals unterwegs waren, was sie so angestellt haben. Manche von ihnen sind ja sogar an derselben Schule in der Familienklasse, in der sie damals Schüler*innen waren. Wenn die sich dann zurückerinnern, dann fallen ihnen meist selbst komische Situationen ein. Und manches ist dann gar nicht mehr so schlimm.

Das Konzept der Familienklasse sieht eine freiwillige Teilnahme aller Beteiligten, also auch der Kinder vor. Wie gelingt es ihnen, diese Freiwilligkeit in den Kontext Schule einzubetten?

Wallenstein: Die Kinder sind zunächst mal so oder so in der Schule und ich glaube, die Kinder kommen total gerne in die Familienklasse, weil die Eltern dabei sind. Sie genießen es, der Mama zu zeigen, was alles von ihnen erwartet wird und gleichzeitig wie stolz sie sind, wenn sie etwas geschafft haben. Es ist eine Exklusivzeit mit den Eltern. Ich habe es selten, dass ein Kind nicht in die Familienklasse möchte. Es ist eher umgekehrt, dass die Klassenkameraden sehen, was in der Familienklasse passiert, was wir da so machen und dass es da auch spielerisch zugeht, und dann möchten die da auch mal hin. Also ich glaube, die Kinder, das ist die wenigste Überzeugungsarbeit, die kommen in der Regel gerne.

Hahlgans: Ja, das kann ich nur so bestätigen, dass es bei mir auch so ist, dass die Kinder sehr gerne kommen. Oftmals stellen die das Spielerische in den Vordergrund, also wirklich mit den Müttern oder den Vätern Zeit zu verbringen. Das ist für die ein unglaublich hohes Gut.

Wallenstein: Auch die Arbeitseinheiten, in denen die Eltern mit den Kindern zusammenarbeiten, das genießen die Kinder auch. Vielleicht weil es eine ruhigere Atmosphäre ist als zu Hause, wenn man Hausaufgaben macht.

Hahlgans: Gerade bei Geschwisterkindern sind die Eltern sich oftmals nicht sicher, wie man die Aufmerksamkeit verteilt. Und an diesem Vormittag genießen sie das mit den einzelnen Kindern und das Kind genießt das unglaublich. Wenn man die Kinder fragt, sagen sie es auch. Diese exklusive Zeit ganz speziell nur für mich und dann auch noch in der Schule, was für Kinder ja manchmal nicht ganz einfach ist, wenn da noch die Eltern mit hingehen.

Nun ist es auch so, dass in den Familienklassen zum Teil Kinder mit sehr herausforderndem Verhalten sind. Wie gestaltet sich da die Intervention, gibt es da konkrete Tipps und Erfahrungen?

4.5 »Das Gefühl von Stabilität«

Wallenstein: Das ist schwierig so pauschal zu beantworten, weil jedes Kind individuell ist. Jedes Kind ist anders und jedes Kind braucht in dem Moment auch etwas anderes. Ein Kind braucht vielleicht wirklich mal eine Pause, dann setzt es sich an den Rand und guckt zu und die Einladung besteht, wieder mitzumachen, und wenn es wieder Puste hat, dann kommt es dazu und es dauert vielleicht nur zwei, drei Minuten und das Kind ist dann wieder mit dabei. In einem anderen Fall gibt es eine Konstellation, da hat das Kind die Mama immer sehr gefordert, dass sie Entscheidungen treffen sollte. Das funktionierte dann nicht gut im Kreis. Da gab es zu viele Zuschauer und da haben wir damit experimentiert, dass beide kurz rausgehen und sich dort unter vier Augen absprechen. Und dann funktionierte es. Man muss immer genau gucken, was dahintersteckt und was das Kind braucht. Meine Erfahrung ist, wenn man das offen in der Gruppe kommuniziert, sei es mit den anderen Kindern oder auch in der Elternrunde, dann ist das für die Beteiligten in Ordnung, sie können das mittragen und zusätzlich kommt dann häufig noch eine positive Rückmeldung. Dann sagen die anderen Eltern: »Mensch, ich habe gesehen, ihr habt das ausprobiert und danach hat es besser funktioniert!« Das ist dann auch wieder eine Bestärkung.

Hahlgans: Ich hatte einen Fall, da war es so, dass in dem Morgenkreis das Kind die Mutter immer vorgeführt hat. Es hat nur auf die Mama geschimpft, wie blöd die doch sei und dass die doch überhaupt nicht auf die Uhrzeiten achtet, dass sie es so spät geweckt hätte und dergleichen. Da haben wir im Einzelgespräch überlegt, welche Möglichkeiten und Ideen es gibt, weil das Kind selbst gesagt hat, dass es eigentlich nicht schimpfen und beleidigen will. Und da sind sie draufgekommen, dass morgens immer nur von einer positiven Situation berichtet werden darf und sonst nichts. Das haben die sich selbst so erarbeitet und wir haben das dann ausprobiert und nachher in der Gruppe auch aufgegriffen. Das ist den anderen Familien natürlich total aufgefallen, denn es hat ja alle genervt, wenn es morgens sonst anfing und es wurde sich mit der Mutter gezankt. Das neue Verhalten wurde sehr gewürdigt und beide haben nachher gestrahlt, weil sie von der ganzen Gruppe Anerkennung bekommen haben. Das kann man dann schön moderieren und die waren selbst sehr stolz auf sich, dass sie das so geschafft haben. Es ist ganz unterschiedlich. Manchmal muss man es im großen Kreis machen, manchmal muss man es halt auch in Einzelgesprächen klären. Man muss auch mal vor die Tür gehen, mal rausgehen. Frische Luft hilft grundsätzlich, wenn sich jemand so überhaupt verweigert. Da braucht man auch mal Bewegung oder irgendwas. Und man braucht immer Geduld. In der Schule ist es so, da müssen die Kinder sitzen bleiben und wenn nicht, dann gibt es irgendwelche Konsequenzen. Viele brauchen aber einfach eine unterschiedliche Herangehensweise und man muss einfach Geduld haben.

Wallenstein: Und auf dieser Basis kann man dann wieder gut mit den Klassenlehrer*innen sprechen. Oft haben wir Kinder, die sagen: »Na ja, wenn mir das jetzt nicht am Anfang gleich geglückt ist, dann ist die Stunde sowieso gelaufen.« Und wenn man das gut überträgt und das gemeinsame Gespräch mit der*dem Klassenlehrer*in sucht und klar macht, du musst nicht um 8:00 Uhr pünktlich auf deinem Stuhl sitzen und ruhig sein. Wenn du es um zwei Minuten nach acht schaffst, ist das auch noch gut. Und auch zehn nach acht ist noch okay. Blöd ist halt, wenn du bis zur Pause immer noch nicht sitzt. Sich also bewusst zu machen, dass es nicht nur schwarz und weiß gibt, sondern ganz viele Graustufen.

Nun ist es so, dass Lehrer*innen traditionell eine hierarchische Rolle innehaben. Wie ist es bei Ihnen als Coach*innen? Erscheint Ihre Rolle da als eine übergeordnete oder ist es von Anfang an horizontal?

Wallenstein: Ich glaube, schon in der Hospitation erleben die Eltern, dass es anders ist. Man kann viel vorher erzählen und deswegen lade ich gerne zur Hospitation ein, damit sie sich das angucken. Beratungen mit Förderlehrer*innen haben sowieso einen anderen Stand an der Schule und auch eine andere Herangehensweise. Und ich sage auch oft, dass ich auch nicht weiß, wie es geht. Ich habe mal das gehört, ich habe mal das ausprobiert und vielleicht passt da etwas für ihr Kind. Ich erzähle auch mal, wie blöd vielleicht mein Morgen war und dass auch bei mir nicht alles rosarot ist und ich mir wünschen würde, dass wir einen Ablauf hinkriegen, der entspannter ist. Wir sind nun mal alle nur Menschen und das kann man auch zeigen.

Hahlgans: Ich sehe das genauso. Und wir haben nochmal den absoluten Vorteil, dass wir aus einer anderen Perspektive gucken können. Wir sind keine Lehrer*innen, wir sind keine Schule. Und die Kritik, die manche Eltern haben, die ist ja oftmals sehr berechtigt. Man kann den Eltern vermitteln, dass man sich auf Augenhöhe befindet.

Wallenstein: Was wir machen, ist, einen Blumenstrauß an Möglichkeiten anzubieten. Ich habe keinen Zauberstab, sondern wir sammeln in der Gruppe und mit den Kindern und schauen, okay, welche Möglichkeiten haben wir denn? Es gibt immer mindestens fünf Möglichkeiten und dann kann man sagen: »Das ist der Blumenstrauß und welche Blume ist denn die schönste für Sie?«

So ein Team besteht bei Ihnen in Hessen aus einer*einem Multifamilientrainer*in und einer*einem Förderschullehrerin. Lernen Sie sich vorher kennen oder werden Sie zusammengewürfelt und dann muss man mal sehen, was man da so treibt?

Hahlgans: Zunächst einmal wird man zusammengewürfelt, das ist schon so. Da gibt es keine Auswahlmöglichkeiten in dem Sinne. Das spielt sich in der Regel aber sehr gut ein, weil wir uns nach der Familienklasse noch zusammensetzen und zu zweit austauschen und den Tag besprechen. Und wir haben auch Supervision zusammen. Wir reflektieren regelmäßig: Wie war der Tag heute, wie wars für dich, wie wars für mich? Bei einer Kollegin fahren wir immer noch zum Bäcker, in der anderen Schule setzen wir uns nochmal im Lehrerzimmer zusammen. Und auch die Förderschullehrer*innen haben ja tolle Ideen und Methoden, die man vielleicht auch mal in die MFT-Einheit einbauen kann. Und sie kennen die Kinder zum Teil sehr gut, haben nochmal anderen Kontakt zu den Eltern, das ist alles sehr wichtig.

Wallenstein: Die Förderschulkräfte bringen aufgrund ihrer Ausbildung eine hohe Professionalität mit und Dinge, die ich überhaupt nicht kann, die ich nicht gelernt habe. Das kann ich auch gut so sagen und kann mir da den Rat holen, genauso wie umgekehrt. Und sie haben häufig auch ein Fach studiert. Ich habe eine Kollegin, die ist sehr musikalisch, die hat dann ein Anfangslied gemacht. Oder jemand anderes mit einer kunsttherapeutischen Ausbildung, die man in die MFT-Einheit einfließen lassen kann. Ich kann ja auch nur lernen.

Hahlgans: Das ist natürlich auch wieder von Person zu Person verschieden. Manche würden sich auch gerne mehr in unseren Bereich mit hineinfinden. Und ich kann eher die Grenzen ziehen zum schulischen Bereich. Das fällt mir leicht, da ich wirklich nicht so viel Ahnung davon habe.

Wallenstein: Und das Angebot der Supervision ist in den Fällen ein großes Plus. Wir haben da nochmal einen Raum mit Distanz zur Schule und zur Familienklasse, wo man Dinge nochmal anders besprechen kann, weil es ein geschützter Rahmen ist.

Wie nimmt das Kollegium an Schulen die Familienklassen auf?

Wallenstein: Das ist unterschiedlich. Die einen freuen sich darauf, haben vielleicht auch schon einmal von dem Konzept gehört, andere Lehrer sind skeptisch. Ich habe die Erfahrung gemacht, dass – wenn es gelingt, dass sie hospitieren – man ein Kollegium zunehmend gewinnt. Mit jeder positiven Erfahrung, die jemand berichtet, wächst die Akzeptanz.

Hahlgans: Ich habe eine Familienklasse, zu der gehören zehn Verbundschulen. Die können alle Kinder und Familien für die Familienklasse vorschlagen. Da war es mal so, dass eine Schule sagte, die Familienklasse war überhaupt nicht erfolgreich. Das war ein Fall in drei Jahren. Das hat sich dann leider so verfestigt, dass die erstmal nicht mehr wieder auf die Idee kamen, jemand Neues in die Familienklasse zu schicken. Aber wenn die Familienklasse an einer ortsansässigen Schule ist und da sind mehrere Familien, dann kommen die meistens schon zu uns und fragen, ob es noch Plätze gibt. Und oftmals sind es dieselben Kolleg*innen, die fragen. Die sind sehr begeistert davon bzw. sie finden das richtig gut. Und dann gibt es welche, die wissen es gar nicht so richtig. Dafür stellen wir uns immer wieder mal im Kollegium vor. Wir machen also auch regelmäßig Werbung für die Familienklasse in den Schulen.

Wallenstein: Ich habe eine Schule, da ist die Familienklasse in jeder Gesamtkonferenz ein kurzes Thema. Da wird kurz geschildert, dass noch Plätze frei sind und was gemacht wird. Einfach um im Gedächtnis zu bleiben. Auch wenn es viele Wechsel im Kollegium gibt, ist es wichtig, einfach die Familienklasse noch einmal kurz vorzustellen. Oder mal durchs Lehrerzimmer zu laufen, einen Kaffee zu trinken und sich vorzustellen. Ich gehe auch oft zu den Infoveranstaltungen der Elternabende der ersten Klasse, einfach um uns vorzustellen.

Irgendwann ist für das Kind und die Familie die Familienklasse zu Ende, aber wie geht's dann weiter? Kann gewährleistet werden, dass die Intervention nachhaltig ist?

Wallenstein: Wir evaluieren das natürlich. Wir haben Fragebögen, die wir sowohl am Anfang als auch am Ende der Familienklasse und dann noch einmal ein halbes Jahr nach Ende an die Kinder, die Eltern und die Klassenlehrer*innen ausgeben. Die sind anonymisiert, aber wir können noch einmal nachprüfen und statistisch auswerten, wie nachhaltig ist es. Dafür gibt es Sachstandsberichte vom Kinderdorf. Und wir sind natürlich immer noch im Gespräch mit den Kindern. Die Kinder kommen auch gerne nochmal vorbei in der Pause und stecken den Kopf rein oder man begegnet den Lehrer*innen und kriegt eine kurze Rückmeldung. Ich hatte es auch schon mal, dass eine Familie in der Familienklasse war und diese wirklich gut für sich genutzt hat. Dann gab es aufgrund eines Lehrerwechsels nochmal Unruhe und die Familie hat sich nochmal gemeldet. Die war dann nochmal sechs Wochen bei uns in der Familienklasse und danach war es wieder stabil.

Hahlgans: Bei mir gab es auch einen ähnlichen Fall. Das Kind stand nun vor dem Wechsel in die fünfte Klasse und die Familie hat die Familienklasse genutzt, um sich mit den anderen Eltern zu beraten und herauszufinden, wo die Reise jetzt hingehen soll.

Wo kann man die Familienklassen noch weiter unterstützen, wo vielleicht etwas professionalisieren, andere Strukturen mit aufgreifen?

Wallenstein: Das ist eine schwierige Frage, wenn man so begeistert ist von seiner Arbeit und so viele positive Erfahrungen mit dem Konzept gemacht hat. Ich würde jeder Familie, also egal an welcher Schule, die Möglichkeit wünschen, in das System reinzugucken und ihr Kind zu unterstützen. Gerade ist es in der Diskussion, ob Lehrkräfte oder BFZ-Kräfte eingesetzt werden. Ich würde mir wünschen, wenn es so wie bisher bleibt. Ein multiprofessionelles Team, in dem alle von der Unterschiedlichkeit profitieren. Die BFZ-Kräfte haben einen besonderen Status. Sie haben eine andere Perspektive von außen auf dieses System, können anders beraten. Und wenn es personelle Engpässe gibt, dann müssen die Lehrer*innen natürlich zum Vertretungsunterricht oder sich erst einmal den Stand erarbeiten, dass sie das nicht müssen und weiterhin die Familienklasse durchführen können.

5 Wissenschaftliche Untersuchungen

Lena Varuna Wuntke & Joachim Köhler

Die Umsetzung des Konzepts der Familienklasse in fast allen Bundesländern und die steigende Tendenz zu deren Ausweitung zeigen das große Engagement und die Einsatzbereitschaft der Praktiker*innen und Coach*innen. Vor diesem Hintergrund sowie angesichts der Umsetzung in unterschiedlichen Modellen und den damit einhergehenden Zielsetzungen, mit denen das Konzept zur Anwendung kommt, erscheint eine wissenschaftliche Begleitung umso relevanter. Bisher allerdings kann die Forschungslage auf dem Feld der multisystemischen Familienarbeit an Schulen in Deutschland maximal als partiell und explorativ bezeichnet werden (Castello et al., 2016; Wuntke et al., 2023). Dies mag sich zum einen daraus erklären, dass die noch recht junge Idee der Multifamilienarbeit an Schulen zunächst an den verschiedenen Standorten und Bundesländern etabliert werden muss. Auf der anderen Seite fehlt es derzeit an einer systematischen Darstellung und Beschreibung ebendieser verschiedenen Standorte, ihren jeweiligen konzeptionellen Überlegungen und den gesetzten Zielstellungen, zu dem dieses Buch unter anderem einen ersten Beitrag leisten soll. Dennoch machen erste Ergebnisse aus qualitativ und quantitativ erhobenen Daten deutlich, dass die Konzeption durch ihre multisystemische Ausrichtung großes Potential besitzt, vielfältige Veränderungsprozesse anzustoßen (Behme-Matthiessen et al., 2012; Dawson et al., 2020). Wissenschaftlich fundierte Aussagen zu Wirkfaktoren, zur Effektivität und Nachhaltigkeit des Ansatzes liegen im deutschsprachigen Raum bislang jedoch nicht vor und auch international gibt es kaum belastbare empirische Studien, die zeigen, ob – und wenn ja, wie – die Familienklasse effektiv zum Abbau von Verhaltensproblemen und zum Aufbau prosozialer Verhaltensweisen beiträgt (Wuntke et al., 2022). So wird im Folgenden dargestellt, welche Möglichkeiten zur Beforschung des Konzepts der Familienklasse sich anbieten und welcher Erkenntnisgewinn und somit auch Nutzen sich daraus für die Praxis ergibt. Ebenso wird ein Überblick über die bisher erfolgten und anstehenden Studien gegeben.

5.1 Multifamilienarbeit im klinischen Bereich

Im therapeutischen Setting findet die Multifamilienarbeit schon seit den 1940er Jahren Anwendung und wurde hier zur Behandlung psychotischer Patient*innen gebraucht (Blanck et al., 2020). Der Einbezug der Familie in das geschlossene Format der Therapie war hierbei zunächst nur auf Erwachsene ausgerichtet, wurde aber in den kommenden Jahrzehnten auch bei Kindern und Jugendlichen angewandt. Der wohl entscheidende Unterschied zur Multifamilienarbeit an Schulen ist, dass im klinischen Bereich nicht vornehmlich präventiv, sondern therapeutisch-reaktiv gearbeitet wird. Ebenso fanden und finden viele dieser Therapien im geschlossenen Kontext statt und die Familienmitglieder werden in den therapeutischen Prozess mit einbezogen.

Multifamilienarbeit im therapeutischen Setting kann als umfangreich untersucht bezeichnet werden. Die recht große Fülle an Studien zeichnet sich vor allem dadurch aus, dass die diversen Behandlungskontexte je nach Krankheitsbild unterschiedlich beforscht wurden. Blanck et al. (2020) wenden ein, dass Schlussfolgerungen auf das Verfahren der Multifamilientherapie und deren Wirksamkeit im Vergleich zu anderen therapeutischen Verfahren durch die Verwendung unterschiedlicher Untersuchungsmethoden schwerlich möglich seien. Es gibt jedoch auch gegenteilige Einschätzungen. So stellen Gellin et al. (2017) heraus, dass die positiven Auswirkungen und die anderen Therapien überlegenen Effekte der Multifamilientherapie auf die Symptomatik der Klient*innen, deren soziale und berufliche Funktionsfähigkeit, kognitive Fähigkeiten, subjektive Lebensqualität, die Zahl stationärer/ambulanter Behandlungen, den Einsatz von Medikamenten sowie auf die psychische Verfassung der Familie als bewiesen gelten können. Sicher sei jedoch noch nicht eindeutig, welche Wirkfaktoren dafür entscheidend sind. Es kann angenommen werden, dass in der Arbeit im multisystemischen Setting die allgemeinen Faktoren der Gruppentherapie wie Verständnis, gegenseitige Unterstützung, Lernen durch Beobachtung sowie Gruppenkohäsion wirken (Blanck et al., 2020). Im Besonderen hält Born (2012) hierzu in einer Befragung von Multifamilientherapeut*innen das positive Erleben in der Gruppe, die Ressourcenaktivierung, den Perspektivwechsel, das Modelllernen, die Förderung von Selbstwirksamkeit und die Beziehung auf Augenhöhe fest.

5.2 Multifamilienarbeit im pädagogischen Bereich

In Deutschland sind Familienklassen zumeist im nicht klinischen Bereich anzutreffen. Ihre Ankopplung in den diversen Formen an die Schulen der Bundesländer, welche oben ausführlich dargestellt worden ist (▶ Kap. 3), sowie die anders geartete Zielsetzung bringen eine sich vom klinischen Setting unterscheidende Schwerpunktsetzung mit sich. Hierbei können die bisher getroffenen Aussagen durchaus als theoretisches Fundament für eine Beforschung im nicht klinischen Kontext betrachtet werden. Es gilt jedoch zu betonen, dass anhand der präventiven Ausrichtung sowie des schulischen Rahmens, der auf Bildung und Erziehung abzielt, inhaltlich wie auch forschungstheoretisch ein anderer Schwerpunkt gesetzt werden muss. Bisher ist die Studiendichte zu Familienklassen übersichtlich, sodass im Folgenden einige ausgewählte Untersuchungen vorgestellt werden. Der Entwicklungsbericht der Familienklassen des Albert-Schweitzer-Kinderdorfes in Wetzlar wird oben ausführlich dargestellt (▶ Kap. 3) und daher in diesem Kapitel nicht mit aufgeführt.

Im Rahmen quantitativ ausgerichteter Forschung ist eine Studie aus London hervorzuheben, welche die Wirksamkeit von Familienklassen im Rahmen einer Kontrollgruppen-Studie untersuchte (Morris et al., 2013). Die Trainingsgruppe umfasste hierbei 50 Familien, bestehend aus Teilnehmer*innen der intensiven Form der Maßnahme am erwähnten Malborough Family Education Centre in London (vier Vormittage Familienklasse pro Woche; ▶ Kap. 1) und Teilnehmer*innen einer ambulanten Maßnahme (einmal wöchentlich) einer allgemeinen Schule. Die Kontrollgruppe bildeten 28 Familien mit Unterstützung durch verschiedene psychosoziale Interventionen, aber ohne Familienklasse. Die Studie wirft die Frage auf, ob Familienklassen zu einer Verbesserung der emotionalen, verhaltensbezogenen und sozialen Funktionen auffälliger Schüler*innen führen und verweist im Ergebnis auf eine signifikante Reduktion des als problematisch gekennzeichneten Verhaltens in der Trainingsgruppe.

Die Erhebung möglicher Ergebnisse anhand von standardisierten Verfahren wird dem Konzept Familienklasse jedoch nur teilweise gerecht (Bischoff-Weiß, 2012, S. 85). Der besondere Einbezug der Eltern und Schüler*innen sowie die interdisziplinäre Zusammenarbeit im Familienklassen-Team und der (Stamm-)Schule legen vielmehr die Berücksichtigung mehrerer Perspektiven nahe. Neben Forschungsdesideraten im Bereich des Verhaltens, die vorrangig auf die Untersuchung von Ereignissen und Effekten der Familienklasse in Bezug auf verbesserte Verhaltensweisen und Lernleistungen sowie mehr Anwesenheit der Schüler*innen abzielen (Dawson et al., 2020), stellt somit das subjektive Erleben der Akteur*innen einen interessanten Forschungsschwerpunkt dar. Neben den Eltern und den pädagogischen Fachkräften können die Schüler*innen hier als relevanteste Quelle identifiziert werden. Im Rahmen einiger Evaluationsstudien im deutschsprachigen Raum wurden unterschiedliche Aspekte der Familienklasse untersucht. Zu nennen wäre hier u. a. der Evaluationsbericht der Berner Fachhochschule, der im Auftrag der Volksschule Kriens Familienklassen an zwei Standorten untersucht hat. Ziel der Untersuchung war es, anhand (teil-)standardisierter Befragungen der Akteur*innen die »Vorgehensweisen, Prozesse und Interaktionen« in der Familienklasse sowie die »Wirkungen der Familienklasse in Bezug auf die Familien, die Schule und das institutionelle Umfeld« (Erzinger & Disler 2015, S. 3) zu untersuchen. Leider lässt sich anhand der nur fragmentarischen Beschreibung der Erhebungs- und Auswertungsmethoden nicht nachvollziehen, wie die Ergebnisse konkret generiert wurden. Außerdem wurden neben den Einschätzungen der Pädagog*innen vorrangig die der Eltern und nicht die der Kinder wiedergegeben. Einige ausgewählte Einordnungen lauten:

- Die Familienklasse fördere den Austausch und die Kommunikation zwischen den Beteiligten,
- die Beziehungsgestaltung zwischen Kindern und Eltern und das wertschätzende Setting würden von allen Beteiligten als große Bereicherung erlebt; Themen und Ziele der Familien könnten so angegangen werden,

- eine veränderte Wahrnehmung der Eltern-Kind-Beziehung sowie der Kommunikation zwischen Schule und Elternhaus; weniger eindeutig zu beantworten sei die Veränderung des Verhaltensrepertoires der Kinder (Erzinger & Disler, 2015, S. 13 ff.).

Ein weiterer Evaluationsbericht stammt aus Berlin (Schwenzer, 2013), in dessen Rahmen untersucht wurde, »inwiefern die Familienklasse die im Konzept entwickelten Ziele erreicht, welche weiteren wichtigen Effekte durch das Angebot bei den Kindern und ihren Eltern erzielt werden und inwiefern sich das Verhältnis der ›Unterstützer‹ des Kindes verbessert« (S. 9). Anhand von leitfadengestützten Interviews wurden die Eltern, Klassenlehrkräfte, Sonderpädagog*innen und Jugendamtsmitarbeiter*innen befragt sowie Hospitationen durchgeführt. Auch in dieser Studie fehlen wichtige Informationen zur Nachvollziehbarkeit, zum Beispiel wie die dargestellten Kategorien gebildet und welche Analyseentitäten im Material betrachtet wurden. Dennoch sollen ausgewählte Ergebnisse, die die Sicht mehrerer Akteur*innen (in Klammern) widerspiegeln, aufgezeigt werden:

- Die Eltern entwickelten einen realistischeren Blick auf das Kind (Jugendamt, Schule, Eltern).
- Der Kontakt bzw. die Kooperation zwischen Lehrer*innen und Eltern hat sich verbessert (Jugendamt, Schule).
- Es gab positive Entwicklungen bei den Kindern (Schule, Eltern).

Ebenso kann von einer qualitativen Evaluation in Schleswig-Holstein in der Tagesklinik und Schule von FiSch berichtet werden (Bischoff-Weiß, 2012). Es handelt sich hierbei um eine explorative Studie, innerhalb derer Interviews mit verschiedenen Statusgruppen, die Analyse von Gesprächsprotokollen und Zielerreichungsdaten sowie die schriftliche Befragung der Eltern und Lehrkräfte der Stammschulen realisiert wurden. Im Rahmen der Studie wurden auch sieben Kinder zu ihren Erfahrungen und wahrgenommenen Veränderungen befragt. Auch in diesem Bericht fehlen relevante Informationen zur Auswertung und Einordnung der Ergebnisse (Stichprobe, Erhebung, Auswertung etc.). Die Autorin weist außerdem darauf hin, dass die Interviewsituation mit einer fremden Person für die Schüler*innen sehr ungewöhnlich gewesen sei und es daher zu sozial erwünschten Antworten und einer Verzerrung der Ergebnisse gekommen sein könnte. Die Analyse ergab, dass die Kinder

- gern an FiSch teilgenommen haben,
- sowohl das FiSch-Team als auch die Anwesenheit der Eltern in der Schule als positiv bewerten,
- sich an ihre Ziele erinnern und sich anstrengen, diese zu erreichen, und
- zwischen ›eigenen‹ und ›fremden‹ Zielen unterscheiden.

Die hier abgebildeten Studien bestätigen partiell die Grundannahme, dass die Familienklassen einen positiven Effekt sowohl auf das Verhalten als auch auf die Selbstwirksamkeit der Schüler*innen und Eltern haben kann. Sie zeigen jedoch auch auf, wo weiterer Forschungsbedarf gerade in Hinsicht auf die Multiperspektivität des Ansatzes der Multifamilienarbeit liegt.

5.3 Ausblicke für Wissenschaft und Forschung

Die noch sehr übersichtliche Studienlage zum multisystemischen Förderangebot Familienklasse berichtet über die Gestaltung, Wirkungsweise und Effekte vornehmlich aus Sicht der Pädagog*innen und Eltern (Bischoff-Weiß, 2012; Erzinger & Disler, 2015). Die moderne Kindheitsforschung betrachtet Kinder als (Ko-)Konstrukteure ihrer Lebenswelt, die – wie alle übrigen Gesellschaftsmitglieder auch – in konkreten aktuellen Verhältnissen leben, ihre sozialen Beziehungen mitgestalten und eigene Muster der Verarbeitung ihrer lebensweltlichen Umwelt ausbilden (Heinzel, 2012).

Um potentielle Wirkmechanismen der Familienklasse auch aus Sicht der Kinder expliziter darstellen zu können, wurde in einer aktuellen Studie daher das subjektive Schüler*innenerleben in der Familienklasse erhoben (Wuntke, in Vorb.). Unter der Hauptfragestellung »Wie erleben Schüler*innen das Familienklassenzimmer in Mecklenburg-Vorpommern (M-V)?« wurde untersucht, was Schüler*innen im und durch das Familienklassenzimmer erleben, wie sie die pädagogische Maßnahme wahrnehmen, was ihnen daran (nicht) gefällt, ob sich Elemente des Konzepts in ihrem Erleben wiederfinden und ob bei den Erzählungen Erlebens- und Verhaltensveränderungsprozesse deutlich werden. Die Daten wurden anhand episodischer Interviews (Flick, 1995) mit semistrukturiertem Leitfaden erhoben, bei denen sowohl narrativ-episodisches als auch semantisches Wissen abgefragt wurde. Die befragten zwölf Grundschüler*innen waren während der Durchführung der Interviews entweder Teil des Familienklassenzimmers oder hatten dieses vor einigen Wochen bzw. Monaten verlassen. Die Stichprobe bestand aus sechs Jungen und sechs Mädchen der ersten, zweiten und dritten Klassen. Neun der Kinder waren zum Zeitpunkt der Interviews seit einigen Wochen im Familienklassenzimmer, drei der Kinder hatten dieses vor einigen Wochen bzw. Monaten – längstens einem halben Schuljahr – verlassen. Die Auswertung und Interpretation der Ergebnisse erfolgte mit Hilfe der inhaltlich strukturierenden qualitativen Inhaltsanalyse nach Kuckartz (Kuckartz & Rädiker, 2022). Im Zuge dessen wurde ein Kategoriensystem mit vier Hauptkategorien (Konzepterleben, emotionales Erleben, soziales Erleben sowie Lern- und Entwicklungserleben) und jeweils präzisierenden Subkategorien entwickelt.

Grundsätzlich stützen die vorliegenden Ergebnisse die bereits gezogenen Schlussfolgerungen über die Wirkung und Wirksamkeit der Familienklassen, konnten diese aber noch weiter spezifizieren. Abgesehen von einigen unangenehmen Erfahrungen, wie anfänglicher Unsicherheit, persönlichen Misserfolgen und sozialen Konflikten, berichten die Kinder von dem Familienklassenzimmer als einem sehr angenehmen und anregenden Schulort, an dem sie auf individuellere

d) Was sind die empfundenen und expliziten Annahmen zu den Wirkfaktoren des Familienklassenzimmers?

Die Beantwortung dieser Fragestellungen kann neben der bereits erwähnten Einsicht zur Selbstkonstruktion der Lehr- und Fachkräfte auch einen Hinweis darauf geben, ob und inwiefern das systemische Denken bei Lehrkräften einen Haltungswechsel gegenüber den Akteur*innen und Systemen Schüler*innen, Eltern und Schule bewirken.

Die beiden vorgestellten, explorativ angelegten Studien geben einen ersten Einblick auf das weite Feld der empirischen Forschung, welches das Konzept der Familienklasse ermöglicht. Es wird deutlich, dass die wissenschaftliche Betrachtung auf dem Gebiet der Familienklasse sich noch im Anfang befindet, jedoch vielversprechende Perspektiven für zukünftige Untersuchungen eröffnet. Die Erkenntnisse aus diesen Studien legen somit den Grundstein für weiterführende Forschungsarbeiten und tragen damit zur Vertiefung des Verständnisses im Bereich der Familienklasse bei, was gerade vor dem Hintergrund ihrer zunehmenden Verbreitung von Interesse ist.

6 Resümee

Joachim Köhler, Lena Varuna Wuntke, Yvonne Blumenthal & Kathrin Mahlau

Aktuell suchen die Bildungspolitik und die Bildungspraxis nach Strukturen, die individuelle und ganzheitliche Bildung miteinander verbinden. In einem Schulsystem, in dem Bildungschancen immer noch stark vom Elternhaus abhängen (ifo-Chancenmonitor, 2023), müssen Wege gefunden werden, um Schule, Elternhaus und alle darin agierenden Personen miteinander in Kontakt zu bringen und so allen Kindern gleiche Teilhabechancen zu ermöglichen. Mit der Familienklasse ist ein Beschulungsansatz gefunden worden, in dem Schüler*innen mit besonders komplexen Risikokonstellationen in ihrer Entwicklung und ihrem Lernen soziale und emotionale Kompetenzen entwickeln, Selbstvertrauen aufbauen und Selbstwirksamkeit erfahren sowie ihre Lernleistungen verbessern können.

Die Familienklasse beeinflusst zudem in ihrer komplexen Struktur nachhaltig die Beziehungen zwischen Eltern und Kind, zwischen Eltern und Lehrkräften sowie zwischen den Kindern untereinander und den Lehrkräften. Zentral ist die Auffassung, dass Bildung und Erziehung durch die partnerschaftliche Zusammenarbeit von allen an der Bildung der Kinder beteiligten Personen besser gelingen. Die damit einhergehende inklusive Haltung vermittelt wichtige Maßstäbe für eine Schule, in der alle Kinder faire Bildungschancen erhalten sollen.

Resümierend werden im Folgenden Bedingungs- und Gelingensfaktoren zur Etablierung multisystemischer Familienarbeit im Bildungsbereich Schule festgehalten. Wie richtet man eine Familienklasse ein? Welche Grundvoraussetzungen sollten dafür gegeben sein? Welche Faktoren tragen dazu bei, dass in Familienklassen wirkungsvoll und nachhaltig gearbeitet werden kann?

Da im Konzept der Familienklasse prinzipiell ein systemischer Ansatz verfolgt wird, welcher die verschiedenen Akteur*innen Eltern, Kinder, Fachkräfte, aber auch die Schule als Ganzes in ihrer Funktionalität zueinander in Augenschein nimmt, bietet es sich an, diesem Ansatz folgend, sich den verschiedenen Umsetzungsebenen zu nähern. Anhand der Erfahrungen der Praxisakteur*innen in diesem Herausgeberband und den bereits vorliegenden theoretischen und empirischen Erkenntnissen (u. a. Wuntke, Blumenthal, Föllmer & Mahlau, 2022) werden Empfehlungen auf den vier Systemebenen des Familienklassencoachs, der Familienklasse, der Anbindung an die Schule bzw. Stammklasse und der Schuladministration gegeben. Hierfür ist das Modell von Urie Bronfenbrenner (1981) besonders geeignet, da es Einflussfaktoren der menschlichen Entwicklung darzustellen versucht und ihre Zusammenhänge beleuchtet.

Die Ausführungen können als allgemeiner Hinweisgeber beim Aufbau und der nachhaltigen Verankerung von Multifamilienarbeit im Bildungssektor gesehen werden. Wie in der Abbildung dargestellt, wird, ausgehend vom kleinsten Subsystem, dem Familienklassencoach-Team, der Blick schrittweise auf die anderen Bezugssysteme in Gestalt der Familienklasse, der Heimatschule und schließlich auf die administrative Ebene erweitert (▶ Abb. 7).

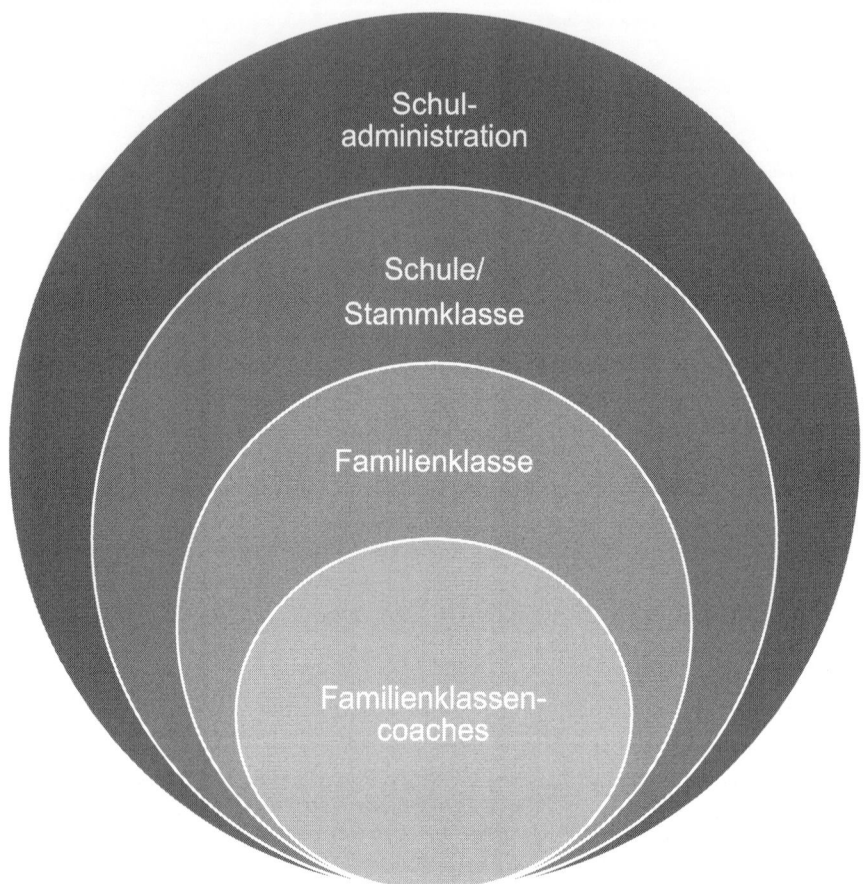

Abb. 7: Systemebenen der Multifamilienarbeit im Bildungsbereich

Empfehlungen für die nachhaltige Etablierung von Multifamilienarbeit im Bildungsbereich

Familienklassencoach*innen

- Um ein Angebot der Multifamilienarbeit im Bildungsbereich aufzubauen, werden zwei Coach*innen benötigt. Ein Team kann z.B. aus Regelschullehrkräften, Sonder- und/oder die Pädagoginnen und Pädagogen bestehen.
- Mindestens eine*r der Coach*innen muss in den Grundprinzipien der systemischen Arbeit, ihres Denkens und Handelns umfassend und fundiert fortgebildet sein. Eine Übersicht über stattfindende Fort- und Weiterbildungsprogramme bietet hierbei die Webseite der Bundesarbeitsgemeinschaft für Multifamilientherapie.
- Die Grundtechniken systemischer Arbeit, wie Perspektivwechsel und bestimmte Fragetechniken, sollten beherrscht und »ausgehalten« werden können.
- Eine auf Augenhöhe stattfindende Kooperation und die klare Rollenverteilung im Team (Wer macht was? Wer nimmt welche Rolle ein?) sind essenziell für die gelingende Zusammenarbeit. Empfehlenswert ist die Aufteilung in »Kindercoaching«, in dem sich um die Belange der Schüler*innen gekümmert wird (z. B. Besprechung von Verhalten, aber auch Stoffvermittlung), und »Elterncoaching«, in dem die*der Coach*in für alle Fragen der Eltern (z. B. Erziehung, häusliche Hausaufgabensituation) zur Verfügung steht.
- Ein gut harmonierendes und geschultes Coaching-Team ist in der Lage, ein Angebot multisystemischer Familienarbeit aufzubauen und an einem Standort (Schulen öffentlicher oder freier Träger) zu etablieren.
- Die Coach*innen planen, organisieren und moderieren den Ablauf der Familienklasse, teilen sich bei der Durchführung die Verantwortlichkeiten und reflektieren nach jeder Sitzung das Erlebte, um daraus neue Impulse für ihre Arbeit zu entwickeln.
- Stolpersteine, wie zu hohe und zu unklar formulierte Ziele für die Kinder, sollten vermieden werden.
- Die Erlebnisse in der Familienklasse können spezifische Herausforderungen mit sich bringen. Im Idealfall haben die Coach*innen die Möglichkeit, begleitend zur Durchführung der Familienklasse in Supervisionen, Fort- und Weiterbildungen, Hospitationen und/oder Netzwerktreffen die eigene Praxis zu reflektieren und weiterzuentwickeln. Sollte dies noch nicht bestehen, ist es ratsam, entsprechende Strukturen aufzubauen. Hierfür bietet es sich an, auf bereits bestehende Netzwerke, auch über die einzelnen Bundesländer hinaus, zurückzugreifen.

Familienklasse

- Die Coach*innen gehen mit der gesamten Multifamiliengruppe eine Wechselbeziehung ein, wenn sie etwa gemeinsame Gespräche, Reflexionen, Übungen, Spiele oder andere geleitete Gruppenphasen initiieren und moderieren. Die da-

durch entstehenden Dynamiken, die maßgeblich durch die Zusammensetzung der Gruppe beeinflusst werden, können zu wirksamen intra- und interfamiliären Veränderungen führen und u. a. weitere Dynamiken entstehen lassen, etwa zwischen den anwesenden Bezugspersonen, zwischen den Kindern oder zwischen einem Elternteil und einem anderen Kind.
- Es bietet sich an, die Konstellation innerhalb der Familienklasse so zu gestalten, dass die auftretenden Problemlagen sich ähneln. Es muss vorab die Einschätzung erfolgen, inwieweit die Kinder und Familien in ihren individuellen Bedarfen zueinander passen, um eine Sprengung des Systems zu vermeiden.
- Voraussetzung für eine wirkungsvolle Zusammenarbeit ist die regelmäßige Teilnahme eines Elternteils und die Offenheit, sich auf Methoden und Maßnahmen der multisystemischen Arbeit einzulassen.
- Mitunter kann es schwierig sein, Erziehungsberechtigte für die Familienklasse anzuwerben. Neben einem grundlegenden Veränderungswillen seitens der Eltern als Voraussetzung sollte den Eltern, insbesondere beim Erstgespräch, eine generelle Willkommenskultur und Wertschätzung entgegengebracht sowie ihr Expertentum für die Erziehung und Förderung ihres Kindes herausgestellt werden. Bei Eltern, die der Familienklasse skeptisch gegenüberstehen, hat es sich als hilfreich erwiesen, die Einschätzung anderer Eltern zur Familienklasse einzuholen und zu präsentieren. Das gilt insbesondere auch, wenn die Bezugspersonen wenig Deutsch sprechen. Sollte die Bezugsperson von Schwierigkeiten mit ihrem Arbeitgeber bzgl. der regelmäßigen Freistellung an einem Vormittag berichten, kann die*der Coach*in mit Einverständnis der Bezugsperson mit dem Arbeitgeber sprechen.
- Ausschlusskriterien bzw. Hürden bei der Arbeit in der Familienklassen können hochstrittige Eltern, psychisch- oder suchtkranke Eltern, (vermutete) Kindeswohlgefährdungen und/oder sexualisierte Gewalt sein.

Anbindung an die Schule/Stammklasse

- Schüler*innen besuchen eine Familienklasse, damit die (Re-)Integrierung in die Schule und der Umgang mit den schulischen Anforderungen besser gelingt. Eine enge Verbindung zwischen Familienklasse und Heimatschule, Stammklasse und Klassenlehrkraft ist daher essenziell, damit ein Wissens- und Lerntransfer stattfinden kann.
- Für ein effektives und nachhaltiges Wirken der Familienklasse ist es bedeutend, dass das Schulkollegium nicht nur mit der multisystemischen Methode vertraut ist, sondern diese befürwortet und aktiv unterstützt. Dies zeigt sich etwa im Interesse an den Tätigkeiten und Abläufen (Hospitationen), der Zuarbeit (schulische Arbeitsaufträge für Familienklassentag, Zielpunkteplan/kontinuierliche Beurteilung des schulischen Verhaltens des Kindes) oder der aktiven Mitgestaltung (z. B. Beteiligung an den Auswertungsgesprächen in der Familienklasse).
- Schulleitungen, als sogenannte »change-agents« (Stamann, 2015), kommt eine ebenso wichtige, wenn nicht sogar ausschlaggebende Rolle zu. Ihnen obliegt es, Rahmenbedingungen zu schaffen, die ein Hervorbringen und die Verbreitung

von Innovationen ermöglichen bzw. unterstützen. Die ideelle und organisatorisch-strukturelle Unterstützung der Schulleitung, etwa anhand der Ermöglichung von Kooperation und Austausch oder der Bereitstellung von Räumlichkeiten und Abminderungsstunden, hat somit einen maßgeblichen Einfluss auf die positiven Transfereffekte der Familienklasse in den Schulalltag.

Schuladministration

- Für einen langfristigen Erfolg von Familienklassen sind ein kontinuierliches und qualitativ hochwertiges Fort- und Weiterbildungsangebot sowie Maßnahmen der Qualitätssicherung zu gewährleisten. Neben der Organisation und Förderung von Netzwerkveranstaltungen im Verbund, auf denen die Akteurinnen und Akteure sich austauschen und vernetzen können, sollten Instrumente der weiteren Professionalisierung (Hospitationen, kollegiale Fallberatung, Supervision, etc.) institutionell verankert werden.
- Die institutionelle Verankerung von Multifamilienarbeit im Bildungssektor etwa anhand von Gesetzgebung, Richtlinien oder Strategien begünstigt die nachhaltige Bereitstellung von Ressourcen. Dazu sollten wichtige Stake-Holder und Entscheidungsträger, wie Ministerien, Schulämter und/oder freie Träger von dem Konzept und dem Mehrwert der Multifamilienarbeit im Bildungsbereich überzeugt werden.

Die Familienklasse stellt einen entscheidenden und innovativen Ansatz in der deutschen Bildungslandschaft dar und spielt eine herausragende Rolle bei der Förderung von inklusivem Lernen und im Bereich der emotionalen und sozialen Entwicklung. In einer Zeit, in der Vielfalt und individuelle Bedürfnisse in der Gesellschaft zunehmen, erweist sich die Familienklasse als wegweisende Initiative, um diesen Herausforderungen auf schulischer Ebene zu beggnen und eine förderliche Lern- und Entwicklungsumgebung zu schaffen. Gerade der systemische Ansatz, der auch die Familie der Kinder hinzuzieht, ermöglicht eine engere Zusammenarbeit zwischen Lehrer*innen, Schüler*innen und deren Familien. Sie schafft eine Plattform, auf der Schüler*innen mit unterschiedlichen Fähigkeiten, Hintergründen und Bedürfnissen gemeinsam lernen können. Dies fördert nicht nur das Verständnis und die Akzeptanz unter den Schüler*innen, sondern trägt auch zur Entwicklung sozialer Kompetenzen bei. Die enge Einbindung der Familien ermöglicht außerdem eine effektive Unterstützung der Schüler*innen auch außerhalb des Klassenzimmers. Ein weiterer wichtiger Aspekt der Familienklasse ist ihre Rolle bei der Förderung von Chancengleichheit im Bildungsbereich. Durch die gezielte Unterstützung von Schüler*innen und ihren Familien, insbesondere wenn es um soziale und erzieherische Herausforderungen geht, trägt die Familienklasse dazu bei, Barrieren abzubauen und ein gerechtes Bildungssystem zu schaffen. Es ist eine Investition in die Zukunft, die darauf abzielt, die Vielfalt der Schüler*innen zu berücksichtigen und sicherzustellen, dass Bildung für alle zugänglich und förderlich ist.

Mit diesem Buch ist die Motivation verbunden, Akteur*innen in Bildung und Erziehung einen umfassenden mehrperspektivischen Einblick in die Hintergründe und die Praxis der Familienklassen zu geben. Dazu haben wir einen besonderen Fokus auf die Expertise der Praktiker*innen gelegt, die mit ihren langjährigen und vielfältigen Erfahrungen überzeugend aufzeigen, wie lohnenswert und aussichtsreich schulische Multifamilienarbeit ist. Sie spricht nicht allein die Ressourcen einer Lehrkraft an, sondern begegnet den wachsenden Herausforderungen einer inklusiven Beschulung von Kindern mit multiplen Entwicklungsrisiken durch die systemische Vernetzung der Trias Kind – Schule – Eltern. Sich auf den Perspektivwechsel von einer traditionellen hin zu einer systemischen Sichtweise einzulassen und die Schritte zu wagen, eine Familienklasse in der Schulpraxis zu realisieren, erfordert zunächst viel Mut und Engagement von allen Beteiligten. Eine Investition, die sich lohnt.

Abbildungs- und Tabellenverzeichnis

Abb. 1: Superhighway of Learning (Dawson et al., 2020, S. 12) 20
Abb. 2: Familiengruppenprozess anhand der ZPART-Struktur (Dawson et al., 2020, S. 29) 22
Abb. 3: Verbreitung von Familienklassenzimmern in Deutschland (Wuntke, Blumenthal, Köhler & Mahlau, 2023, 2023, S. 149) 25
Abb. 4: Modell der vier Grundpositionen (IWES) 54
Abb. 5: Wochenplan SchulFAN (FamilienANlauf e. V.) 68
Abb. 6: Wochenplan Cuxhaven (Landkreis Cuxhaven) 69
Abb. 7: Systemebenen der Multifamilienarbeit im Bildungsbereich 134
Tab. 1: Gemeinsamkeiten und Unterschiede der Umsetzung der Familienklassen in Deutschland (in Anlehnung an Föllmer, 2021, S. 36; Wuntke et al., 2023, S. 149) 27
Tab. 2: Aufgaben- und Ablaufplan FiSch (Quelle: Institut für Weiterbildung und Entwicklung Schleswig IWES) 50

Literaturverzeichnis

Adolf, C., Asen, E., Früchtel, F. & Stratmann, K. (2016): Multifamilientherapie – um mit anderen Familien zusammen Erziehungsfragen zu bearbeiten. In: F. Früchtel, Straßner, M. & C. Schwarzloos (Hrsg.), Relationale Sozialarbeit: versammelndem, vernetzende und kooperative Hilfeformen (S. 222–237). Basel: Beltz Juventa.

Ainsworth, M. (1969): Objectiv relations, dependency, and attachment: A theoretical review of the infant mother relationship. In: Child Development, 40, 969–1025.

Andersen, T. (1987): The reflecting team. In Family Process, 26, 415–428.

Asen, E. (2007): Changing ›Multi-Problem Families‹ – Developing a Multi-Contextual Systemic Approach. In: Social Work and Society. International Online Journal, Vol. 5 (3): Festschrift Walter Lorenz. Online verfügbar unter: https://ejournals.bib.uni-wuppertal.de/index.php/sws/article/view/130. Zugriff am 10.07.2024.

Asen, E. (2017a): Entwicklung der Multifamilientherapie. In E. Asen & M. Scholz (Hrsg.), Handbuch der Multifamilientherapie (S. 20–24). Heidelberg: Carl Auer.

Asen, E. (2017b): Das Mentalisierungsmodell und seine praktische Umsetzung in der Multifamilientherapie. In: E. Asen & M. Scholz (Hrsg.), Handbuch der Multifamilientherapie (S. 40–57). Heidelberg: Carl Auer.

Asen, E. & Scholz, M. (2017): Handbuch der Multifamilientherapie. Heidelberg: Carl Auer.

Asen, E., Stein, R., Stevens, A., McHugh, B., Greenwood, J. and Cooklin, A. (1982): A day unit for families. In: Journal of Family Therapy, 4, 345–358.

Beelmann, A. & Raabe, T. (2007): Dissoziales Verhalten von Kindern und Jugendlichen. Erscheinungsformen, Entwicklung, Prävention und Intervention. Göttingen: Hogrefe.

Beesdo, K., Knappe, S. & Pine, D. S. (2009): Anxiety and anxiety disorders in children and adolescents: Developmental issues and implications for DSM-V. In: Psychiatric Clinics of North America, 32, 483–524.

Behme-Matthiessen, U. & Pletsch, T. (2020): Multifamiliencoaching und Multifamilienarbeit. In: U. Behme-Matthiessen & T. Pletsch (Hrsg.), Lehrbuch der Multifamilientherapie. Grundlagen, Methoden und Anwendungsfelder (S. 139–147). Berlin: Springer.

Behme-Matthiessen, U., Pletsch, T., Bock, K. & Nykamp, A. (2012): Handbuch Familienklasse. Aachen: Shaker.

Behrndt, S. M., Brandenburg, B. & Schulz, A. (2021): Familienklassenzimmer in Mecklenburg-Vorpommern. In: Psychotherapie im Dialog, 22(01), 85–89.

Bischoff-Weiß, J. (2012): Evaluation. In: U. Behme-Matthiessen, T. Pletsch, K. Bock & A. Nykamp (Hrsg.), Handbuch Familienklasse. Multifamiliencoaching im Unterricht (S. 84–108). Aachen: Shaker.

Blanck, C., Goll-Kopka, A., von der Lippe, H., Röttger, U. & Schadow, J. (2020): Forschung zur Multifamilientherapie. In: U. Behme-Matthiessen & T. Pletsch (Hrsg.), Lehrbuch der Multifamilientherapie. Berlin: Springer.

Blumenthal, S., Blumenthal, Y. & Mahlau, K. (2022): Kinder mit Lern- und emotional-sozialen Entwicklungsauffälligkeiten in der Schule. Diagnostik – Prävention – Förderung. Stuttgart: Kohlhammer.

Böhnisch, L., Lenz, K. & Schröer, W. (2009): Sozialisation und Bewältigung. Eine Einführung in die Sozialisationstheorie der zweiten Moderne. Weinheim: Beltz Juventa.

Bolz, T., Wittrock, M. & Koglin, U. (2019): Schüler-Lehrer-Beziehung aus bindungstheoretischer Perspektive im Förderschwerpunkt der emotionalen und sozialen Entwicklung. In Zeitschrift für Heilpädagogik, 70(11), 560–571.

Born, A. (2012): Multifamilientherapie in Deutschland. In Praxis der Kinderpsychologie und Kinderpsychiatrie, 61, 167–182.
Bronfenbrenner, U. (1981): Die Ökologie der menschlichen Entwicklung. Stuttgart: Klett.
Casale, G. & Hennemann, H. (2019): Schulklima und Pädagogik bei Gefühls- und Verhaltensstörungen. Aktueller Forschungsstand und erste Ergebnisse bei Schülerinnen und Schülern mit Symptomverhalten. In: Emotionale und soziale Entwicklung in der Pädagogik der Erziehungshilfe und bei Verhaltensstörungen ESE, 1(1), 56–72. DOI: 10.25656/01:25183.
Castello, A., Bierkandt, S. & Suchy, J. (2016): Familienklassen. Schulische Intervention im Multifamiliensetting. In: Zeitschrift für Heilpädagogik, 5, 227–233.
Cooklin, A., Miller, A. and McHugh, B. (1983): An institution for change: developing a family day unit. In: Family Process Journal, 22, 453–468.
Dawson, N. &. McHugh, B. (2017): Elternpräsenz in der Schule: Von der Familienklasse zur Familienschule. In E. Asen & M. Scholz (Hrsg.), Handbuch der Familientherapie (S. 263–277). Heidelberg: Carl Auer.
Dawson, N. & McHugh, B. (1994): Parents and children: participants in change. In: E. Dowl & E. Osborne (Hrsg.), The family and the school: a joint systems approach to problems with children. London: Routledge.
Dawson, N., McHugh, B. & Asen, E. (2020): Die Familienklasse. Multifamiliengruppenarbeit in Schulen. Dortmund: verlag modernes lernen.
Dietrich, F. (2019): Inklusion und Leistung – Rekonstruktionen vom Verhältnis von Programmatik, gesellschaftlicher Bestimmtheit und Eigenlogik des Schulischen. In: E. von Stechow, P. Hackstein, K. Müller, M. Esefeld & B. Klocke (Hrsg.), Inklusion im Spannungsfeld von Normalität und Diversität (S. 195-205). Bad Heilbrunn: Klinkhardt.
Erzinger, B. & Disler, S. (2015): Familienklassenzimmer (FKZ) der Volksschule Kriens. Evaluationsbericht. Bern: Berner Fachhochschule, Soziale Arbeit.
Essau, C. A., Conradt, J. & Petermann, F. (1999): Frequency and comorbidity of social phobia and social fears in adolescents. In: Behavior Research and Therapy, 37, 831–843.
Färber, C. (2019): Subjektivierung in der Pädagogik. In: N. Ricken, R. Casale & C. Thompson (Hrsg.), Subjektivierung, Erziehungswissenschaftliche Theorieperspektiven (S. 75–92). Weinheim: Beltz Juventa.
Fend, H. (2008): Neue Theorie der Schule. Einführung in das Verstehen von Bildungssystemen. Wiesbaden: Springer Verlag.
Flick, U. (1995): Psychologie des technisierten Alltags. Reinbek bei Hamburg: Rowohlt.
Föllmer, J. (2021): Das Familienklassenzimmer – eine systemische Methode für die Förderung von Kindern mit emotionalen und sozialen Schwierigkeiten. Unveröffentlichte Examensarbeit. Universität Greifswald.
Fonagy, P. & Allison, E. (2014): The Role of Mentalizing and Epistemic Trust in the Therapeutic Relationship. In: Psychotherapy, 51(3), 372–380.
Fonagy, P., Gergely, G. & Target, M. (2015): Affektregulierung, Mentalisierung und die Entwicklung des Selbst. Stuttgart: Klett-Cotta.
Fuller, F. & Brown, O. H. (1975): Becoming a Teacher. In: K. Rayn (Hrsg.), Teacher Education. 74th Yearbook of the National Society for the Study of Education, Teil 2. Chicago: National Society for the Study of Education.
Gelin, Z., Cook-Darzens, S. & Hendrick, S. (2017): Evidenzbasis. In: E. Asen & M. Scholz (Hrsg.), Handbuch der Multifamilientherapie (S. 354–375). Heidelberg: Carl Auer.
Gerspach, M. (2014): Übertragung/Gegenübertragung und die gesellschaftliche Institution der ›Verhaltensstörung‹. In: G. Feuser, Herz, B. & Jantzen, W. (Hrsg.), Emotion und Persönlichkeit, Behinderung, Bildung und Partizipation. Enzyklopädisches Handbuch der Behindertenpädagogik (S. 178–199). Bd. 10. Stuttgart: Kohlhammer.
Heinzel, F. (2012): Methoden der Kindheitsforschung: Ein Überblick über Forschungszugänge zur kindlichen Perspektive (2. Auflage). Weinheim/Basel: Beltz Juventa.
Hennemann, T., Casale, G., Leidig, T., Fleßkes, T., Döpfner, M. & Hanisch, C. (2020): Psychische Gesundheit von Schülerinnen und Schülern an Förderschulen mit dem Förderschwerpunkt Emotionale und soziale Entwicklung (PEARL). Ein interdisziplinäres Ko-

operationsprojekt zur Entwicklung von Handlungsempfehlungen. In: Zeitschrift für Heilpädagogik, 71, 44–57.

Hövel, D., Hennemann, T. & Casale, G. (2015): Schulische Prävention von Gefühls- und Verhaltensstörungen. In: D. Jahreis (Hrsg.), Basiswissen Inklusion. Bausteine einer Schule für alle (S. 43–72). Stuttgart: Raabe.

Huberman, M. (1991): Der berufliche Lebenszyklus von Lehrern: Ergebnisse einer empirischen Untersuchung. In: E. Terhart (Hrsg.), Unterrichten als Beruf. Neuere amerikanische und englische Arbeiten zur Berufskultur und Berufsbiografie von Lehrerinnen und Lehrern. Köln/Wien: Böhlau.

ifo-Chancenmonitor (2023): Chancenmonitor 2023: Bildungschancen hängen stark vom Elternhaus ab. Pressemitteilung vom 18. April 2023. Online verfügbar unter: https://www.ifo.de/pressemitteilung/2023-04-18/chancenmonitor-2023-bildungschancen-haengen-stark-vom-elternhaus-ab, Zugriff am 07.02.2024.

Ihle, W. & Esser, G. (2008): Epidemiologie psychischer Störungen des Kindes- und Jugendalters. In: B. Gasteiger-Klicpera, H. Julius & C. Klicpera (Hrsg.), Sonderpädagogik der sozialen und emotionalen Entwicklung. Band 3 Handbuch Sonderpädagogik (S. 49–62). Göttingen: Hogrefe.

Internationale Klassifikation der Krankheiten 11. Revision (2023): ICD-11. Online verfügbar unter: https://www.bfarm.de/DE/Kodiersysteme/Klassifikationen/ICD/ICD-11/uebersetzung/_node.html, Zugriff am 19.05.2023.

Jansen, F. & Streit, U. (2006): Positiv lernen. Heidelberg: Springer Medizin.

Klipker, K., Baumgarten, F., Göbel, K., Lampert, T. & Hölling, H. (2018): Psychische Auffälligkeiten bei Kindern und Jugendlichen in Deutschland – Querschnittergebnisse aus KiGGS Welle 2 und Trends. In: Journal of Health Monitoring, 3(3), 37–45. DOI 10.17886/RKI-GBE-2018-077.

Köhler, J. (in Vorb.): Professionskonstruktionen und subjektive Wirkungszuschreibungen von Fachkräften im Familienklassenzimmer in Mecklenburg-Vorpommern. Dissertation: Universität Greifswald.

Kuckartz, U. (2018): Qualitative Inhaltsanalyse. Methoden, Praxis, Computerunterstützung (4. Auflage). Weinheim/Basel: Beltz Juventa.

Kuckartz, U. & Rädiker, S. (2022): Qualitative Inhaltsanalyse. Methoden, Praxis, Computerunterstützung (5. Auflage). Weinheim/Basel: Beltz Juventa.

Kultusministerkonferenz (KMK, 2022): Sonderpädagogische Förderung in allgemeinen Schulen (ohne Förderschulen) 2021/2022. Online verfügbar unter https://www.kmk.org/fileadmin/Dateien/pdf/Statistik/Dokumentationen/Aus_SoPae_Int_2021.pdf, Zugriff am 19.05.2023.

Kunter, M., Baumert, J., Blum, W., Klusmann, U., Krauss, S. & Neubrand, M. (Hrsg.) (2011): Professionelle Kompetenz von Lehrkräften. Ergebnisse des Forschungsprogramms COACTIV. Münster: Waxmann.

Laakmann, M., Petermann, F. & Petermann, U. (2015): Soziale Angst und Unsicherheit im Kindesalter. In: Nervenheilkunde, 34(1), 65–70. DOI:10.1055/s-0038-1627553.

Laqueur, P., La Burt, H. A. & Morong, E. (1964): Multiple family therapy: further developments. In: International Journal of Social Psychiatry, 10, 69–80.

Leitner, S. & Thümmler, R. (2022): Die Macht der Ordnung. Perspektiven auf Veränderung in der Pädagogik. Weinheim/Basel: Beltz Juventa.

Lemmens, G. M., Eisler, I., Dierick, P., Lietaer, G., & Demyttenaere, K. (2009): Therapeutic factors in a systemic multi-family group treatment for major depression: patients' and partners' perspectives. In: Journal of Family Therapy, 31(3), 250–269.

Linderkamp, F. (2022). Lern- und Verhaltensstörungen: Bedingungsgefüge und Implikationen für die sonderpädagogische Diagnostik. In: Blumenthal, Y., Blumenthal, S. & Mahlau, K., Kinder mit Lern- und emotional-sozialen Entwicklungsauffälligkeiten in der Schule. (S. 31–41). Stuttgart: Kohlhammer.

Lindsay, G. (2007): Educational psychology and the effectiveness of inclusive education/mainstreaming. In: British Journal of Educational Psychology, 77(1), 1–24.

Liu, Q. X., Fang, X. Y., Yan, N., Zhou, Z. K., Yuan, X. J., Lan, J., & Liu, C. Y. (2015): Multi-family group therapy for adolescent Internet addiction: Exploring the underlying mechanisms. In: Addictive Behaviors, 42, 1–8.

McFarlane, W. R., (1983): Multiple family therapy in schizophrenia. In: McFarlane, W. R. (Hrsg.), Family therapy in schizophrenia (S. 141–172). New York: Guilford Press.

Morris, E., Le Huray, C., Skagerberg, E., Gomes, R. & Ninteman, A. (2013): Families changing families. The protective function of multi-family therapy for children in education. In: Clinical Child Psychology and Psychiatry, 19, 617–632.

Müller, T. (2021): Epistemisches Vertrauen in seiner Bedeutung für die Pädagogik bei Verhaltensstörungen. Menschen. In: Zeitschrift für gemeinsames Leben, Lernen und Arbeiten, 5, 19–28.

Omer, H. & Schlippe, A. (2010): Stärke statt Macht: Neue Autorität in Familie, Schule und Gemeinde. Göttingen: Vandenhoeck & Ruprecht.

Opp, G. (2003): Symptomatik, Ätiologie und Diagnostik bei Gefühls- und Verhaltensstörungen. In: A. Leonhardt & F. Wember (Hrsg.), Bildung, Erziehung, Behinderung. Grundlagen und Methoden der pädagogischen Rehabilitation (S. 504–517). Weinheim: Beltz.

Petermann, F., Döpfner, M. & Görtz-Dorten, A. (2016): Aggressiv-oppositionelles Verhalten im Kindesalter. Göttingen: Hogrefe.

Petermann, U. & Petermann, F. (2015): Training mit sozial unsicheren Kindern (11., überarbeitete und erweiterte Auflage). Weinheim: Beltz.

Petermann, U. & Petermann, F. (2023): Training mit aggressiven Kindern (14., vollständig überarbeitete Auflage). Weinheim: Beltz.

Petermann, U., Petermann, F. & Blumenthal, Y. (2016): Einführung in die Arbeit mit dem Förderprogramm »Training mit aggressiven Kindern« im Primarbereich. In: K. Mahlau, S., Voß & B. Hartke (Hrsg.), Lernen nachhaltig fördern Band 3. Grundlagen und Förderung im Bereich der emotionalen und sozialen Entwicklung (S. 67–76). Hamburg: Kovac.

Plag, J. & Hoyer, J. (2022): Die soziale Angststörung – ein Update. Fortschritte der Neurolologie Psychiatrie, 90(10), 471–487. DOI: 10.1055/a-1803-8526.

Rigter, H., Henderson, C., Pelc, I., Tossmann, P., Phan, O., Hendriks, V., Schaub, M., & Rowe, C. (2013): Multidimensional family therapy lowers the rate of cannabis dependence in adolescents: A randomised controlled trial in Western European outpatient settings. In: Drug and Alcohol Dependence, 130(1–3), 85–93.

Scholz, M. (2017a): Paradigmenwechsel in der Therapeutenrolle. In: E. Asen & M. Scholz (Hrsg.), Handbuch der Multifamilientherapie (S. 25–32). Heidelberg: Carl Auer.

Scholz, M. (2017b): Das »erweiterte Fünfschrittemodell«. In: E. Asen & M. Scholz (Hrsg.), Handbuch der Multifamilientherapie (S. 33–40). Heidelberg: Carl Auer.

Schwenzer, V. (2013): Evaluation der Familienklasse. Evaluationsergebnisse zu einem Angebot von familie e. V. Berlin: Camino – Werkstatt für Fortbildung, Praxisbegleitung und Forschung im sozialen Bereich gGmbH.

Stamann, C. (2015): Personalentwicklung als Innovation – Schulleitung als ›change agent‹ im sozialen System Schule. In K. Kansteiner & C. Stamann (Hrsg.), Personalentwicklung in der Schule zwischen Fremdsteuerung und Selbstbestimmung. Bad Heilbrunn: Klinkhardt.

Tewes, A. (2021): Störungen des Sozialverhaltens. socialnet Lexikon. Bonn: socialnet. Online verfügbar unter https://www.socialnet.de/lexikon/28460, Zugriff am: 21.05.2023.

Tillmann, K.-J. (2010): Sozialisationstheorien: Eine Einführung in den Zusammenhang von Gesellschaft, Institution und Subjektwerdung. Reinbek bei Hamburg: Rowohlt.

Visser, L., Büttner, G. & Hasselhorn, M. (2019): Komorbidität spezifischer Lernstörungen und psychischer Auffälligkeiten. Ein Literaturüberblick. Formal und inhaltlich überarbeitete Version der Originalveröffentlichung. In: formally and content revised edition of the original source. Lernen und Lernstörungen 8(1), 7–20. DOI: 10.25656/01:17755.

Wengler, S. & Asen, E. (2012): Multifamilientherapie. In: J. Wirth & H. Kleve (Hrsg.). Lexikon des systemischen Arbeitens: Grundbegriffe der systemischen Praxis, Methodik und Theorie (S. 277–280). Heidelberg: Carl Auer.

Wichmann, A. (2019): Quantitative und Qualitative Forschung im Vergleich. Denkweisen, Zielsetzungen und Arbeitsprozesse. Berlin: Springer.

Wilson, D. & Sperber, D. (2012): Meaning and relevance. Cambridge: Cambridge University Press.
Wuntke, L. V. (in Vorb.): Das Schüler*innenerleben im Familienklassenzimmer. Zeitschrift für Heilpädagogik.
Wuntke, L. V., Blumenthal, Y., Föllmer, J. & Mahlau, K. (2022): Multisystemisches Arbeiten in der Schule anhand des Förderkonzepts Familienklassenzimmer. In: D. Raufelder, O. Steinberg & C. Retzlaff-Fürst (Hrsg.), Qualitätsoffensive Lehrer*innenbildung: Einflussfaktoren und Gelingensbedingungen. Ergebnisse aus Mecklenburg-Vorpommern (S. 65–74). Opladen: Budrich.
Wuntke, L. V., Blumenthal, Y., Köhler, J. & Mahlau, K. (2023): Das Familienklassenzimmer. Verbreitung in Deutschland und konkrete Umsetzung des multisystemischen Konzepts an Schulen in Mecklenburg-Vorpommern. In: Zeitschrift für Heilpädagogik, 4, 148–155.